Die Chroniken des SANAT KUMARA

Ich bin bereit

Martina Violetta Jung

Erweiterte Fassung 2021

www.drmartinaviolettajung.com

Coverumsetzung: Kirsten Lenz, Köln

ISBN: 978 8692506917

INHALT

EIN WORT VORAB

Jeder spirituell interessierte Mensch befindet sich bereits in einem mehr oder weniger intensiven Dialog mit seiner Seele. Als spirituelle Schriftstellerin und Malerin verfolge ich das Ziel, das innere Wissen und die intuitiven Fähigkeiten meiner Leser noch weiter aufblühen zu lassen. Ich möchte für sie den komplexen Wahrheiten des 21. Jahrhunderts vor und hinter dem Schleier der fünf Sinne und der festgezurrten Überzeugungen mit Worten und Aquarellen so nah wie möglich kommen. *Die Chroniken des SANAT KUMARA* laden die Leser nicht nur ein, aus ihrer Komfortecke des Denkens und Glaubens zu kommen, sondern auch selbst nachzuforschen. Die *Originalausgabe* jedes Bandes ist für mich die e-Buch-Ausgabe. Sie ermöglicht es mir als Selbstverlegerin, dem Leser zum Text farbige Aquarelle zu zeigen, die weitere, mit dem Pinsel codierte Botschaften enthalten. Die Leser der Taschenbücher müssen vorerst leider noch mit schwarz-weiß Abdrucken der Aquarelle Vorliebe nehmen.

Mit diesem Band beginnt eine Serie von aufeinander aufbauenden spirituellen Romanen, die ich meinen Lesern und Betrachtern im Abstand von etwa eineinhalb Jahren versprechen kann. Zwischenzeitlich verkürze ich allen Erwartungsfrohen die Wartezeit. Auf meiner *Homepage* www.drmartinaviolettajung.com können Sie tiefer in die spirituelle Symbolwelt der Romanserie eintauchen und erfahren, was andere Leser aus der ganzen Welt denken.

In einem monatlichen *Brief der Geheimnisse,* einem

Newsletter von mir persönlich, beantworte ich zudem Ihre Fragen, berichte von meinem aktuellen Schreibprozess und stelle vor, welche Bücher ich gerade lese und wie ich selbst lerne, bewusster zu werden. Darüber hinaus lasse ich Sie in mein Skizzenbuch schauen, in dem die Aquarelle für den jeweils nächsten Band erste Gestalt annehmen. Wer schon zu diesem frühen Zeitpunkt dabei sein will, meldet sich bitte über die E-Mail chrosanatkumara@icloud.com an. Ich freue mich auf unseren Dialog!

Erlebnisse und Gespräche mit anderen inter- und multidimensionalen Licht- und Energiearbeitern haben mir enorm geholfen, diesen ersten Band der Romanserie *Die Chroniken des SANAT KUMARA* zu schreiben und zu illustrieren. Einige haben mich auch mit ihren Büchern und privaten Aufzeichnungen inspiriert. Ich danke euch allen von Herzen und freue mich auf unser kreatives Zusammenwirken in den kommenden Jahrzehnten.

Herzlichst

Ihre und Eure
Martina Violetta Jung

EMPFANG IN SHAMBALA

Chroniken-Zeit 18.761.997 – 01.01

Ich bin TRUSIAN, unterwegs zum Planeten Erde, um den Menschen dort zu helfen, ihr Bewusstsein in noch unvorstellbarem Maße zu erweitern. Der Herrscher der Welt und das geistige Oberhaupt der Erde, der SANAT KUMARA, will die Menschenfamilie bis zum Ende des 21. Jahrhunderts zurück zu ihrer Bestimmung im kosmischen Plan führen. Dazu werden auch die Gesetze der Dualität und der Polarität aufgelöst. Er hat mich gebeten, ihm dabei mit einem Aspekt meiner Seele als Leiterin eines Spezialteams beizustehen. Alle anderen Seelen aus unserem Team sind bereits mit einem oder zwei Aspekten in der dichten Materie der Erde inkarniert, während mir erst noch ein Training bevorsteht, um in einem Landmenschenkörper agieren zu können. Heute stellt der SANAT KUMARA die Seelen unseres Teams in der Großen Halle von Shambala offiziell der geistigen Gemeinschaft der Erde vor.

Ich habe das ätherirdische Ende des Sternentors nach Shambala nun fast erreicht und fühlsehe schon den roten Ausgangspunkt. Dort unten muss es sein.

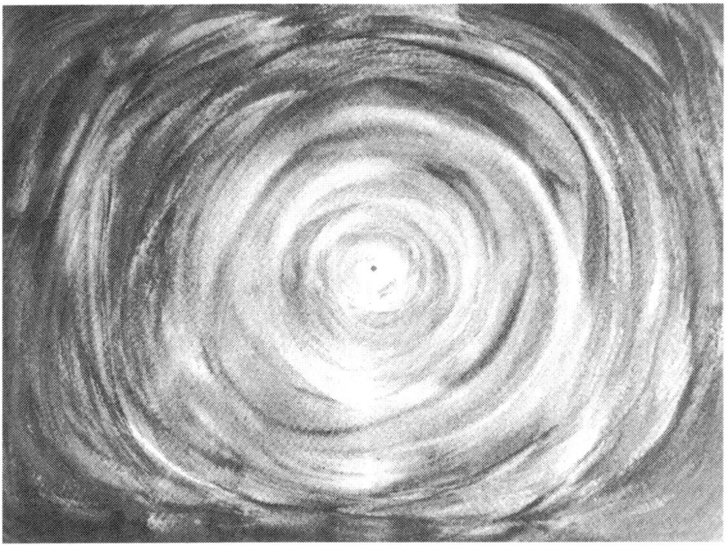

Als sich das runde Sternentor wie ein Wasserspiegel öffnet und ich aus der höheren Dimension eintrete, steht die Meisterlehrerin GUAN YIN und Chefdiplomatin des SANAT KUMARA strahlend zum Empfang bereit. Wie wundervoll meine gute Freundin wiederzusehen. Ihr kreisrund wirbelndes Potential von violettem Licht um den unveränderlichen Kern des göttlichen Schöpfer-funkens verbeugt sich protokollarisch korrekt. Ich verbeuge mich ebenfalls, lasse meinen Energiewirbel aufleuchten und telepathiere: *Herrlich dich zu sehen. Ich freue mich, dass es losgeht.* Wir verbinden unsere Energiefelder mit einander, wie Seelen, die sich seit Ewigkeiten nahestehen, und tauchen für einen Moment in unsere jeweiligen Bewusstseinswelten ein. Für meinen Geschmack weicht sie ungewohnt schnell wieder zurück. *Warum so hastig, GUAN YIN?*

Entschuldige, TRUSIAN, aber wir sind wirklich

spät dran. Über tausend Seelen und Seelenaspekte der geistigen Gemeinschaft der Erde, Vertreter von Sonnensystem, Milchstraße, anderen Galaxien, ja selbst kosmische Repräsentanten sind versammelt. Aber das beeindruckt dich nicht, ich weiß. Von was hast du dich denn diesmal nicht losreißen können?, telepathiert sie mit neckischem Unterton mehr als dass sie fragt. Ich muss innerlich lächeln. Wie gut sie mich kennt.

Diesmal, liebe GUAN YIN, irrst du dich. Auf dem Weg hierher im Conree System habe ich mich erinnert, dass die Erde nicht mehr angebunden ist. Das Umsteigen in einem der Himmelshäfen in das richtige Sternentor hat alles verzögert.

Bei unserem Besuch hat der SANAT KUMARA doch betont, dass die Erdbevölkerung diese Anbindung in der Zeit von Atlantis absichtlich unterbrochen hat.

Ich hielt das zuerst für einen Scherz, GUAN YIN. Deshalb habe ich die Information wohl nicht mit höchster Priorität abgespeichert. Wer koppelt sich schon freiwillig von den wichtigsten Nachrichtenströmen und Kontakten im Universum ab?

Die Wettermacher von damals, TRUSIAN. Sie haben geglaubt, sich über Mutter Natur stellen zu können. So haben sich die Landbewohner bis heute überwiegend zu kosmischen Analphabeten entwickelt. Sie beherrschen weder Lichtsprache, Telepathie, inneres Wissen, noch die Gesetze des Universums. Nur die indigenen Völker haben diese Fähigkeiten weitgehend bewahrt und die täglich steigende Zahl der Lichtarbeiter und Heiler taucht nun wieder darin ein. Du wirst die im Verstand erstarrten Nachfahren der Wettermacher bald mit all ihren Eigenheiten kennenlernen. Sie halten die Massen der Landmenschen in abhängiger Lohnarbeit, Angst und Konsumsucht. So sind sie am besten zu manipulieren und zu kontrollieren. Aber jetzt komm, alle warten schon auf uns.

Sie führt mich durch weite Korridore aus weißem filigranem Stein, der diamantartig glänzt. Ich fühlsehe überall Bewegung. Die Decke ist aus massivem Gold, wie alles auch bei uns, was empfängt. An den Wänden erzählen Mosaike kosmische Geschichten und irdische Mythen von Kontakten zwischen den Erdenmenschen mit den kosmischen Brüdern und Schwestern. Ich fühlsehe Amphion, der mit einem Saiteninstrument Musik macht und riesige Steine zu einer gewaltigen Stadtmauer aufeinandersetzt. Ich entdecke Zeus, der die schönsten Frauen der Erde mit oder gegen ihren Willen schwängert. Ich erkenne den schakalköpfigen ANUBIS mit Was-Zepter und Anch in den Händen. Ich fühlsehe wie die Feuer-, Wasser-, Luft -und Erddrachen verschiedener Kulturen und Lichtstufen das Feuer des Lebens verbreiten. Ich entdecke göttliche Dreiecke sowie Spiralen, die, je nach Fließrichtung, kosmische Energie anziehen oder aussenden, allesamt mit Diamanten, Smaragden, Rubinen und anderen Edelsteinen geformt. Dazwischen tausend Türen zu tausend von mir noch nicht geschauten Welten. W*as ist das, GUAN YIN?* Mein Energiewirbel deutet völlig verzückt auf ein Wandmosaik, in dem Kreise von innen nach außen harmonisch fortfließen, wie wenn man einen Stein in ruhiges Wasser wirft. Im innersten Kreis erstrahlt ein Mann mit dunkler Haut und dunklen Haaren. Die äußeren Kreise werden immer heller und größer. Ich meine, der dunkle Mann rufe aus der Tiefe. Oder ist das eine optische Täuschung?

Das ist ein Eingang zum Tunnelsystem. Es verbindet das Königreich von Shambala mit verschie-

denen innerirdischen Grotten, Tempeln, untergegangenen Städten und Landmassen wie Lemurien und Atlantis, Untergrundbasen, Kraftplätzen, Drachenhöhlen und beschützt lebenden Gemeinschaften. Ich weiß, dass das faszinierend für dich klingt, aber komm bitte weiter, alle warten schon.

Ich möchte das Tunnelsystem anschauen und verstehen, GUAN YIN ...

Bist du meinen Rat gefolgt und hast in den Chroniken gelesen?

Ich hatte weniger Oblanraum als erhofft, um mich vorzubereiten. Mein unvorhergesehenes Inkarnieren erfordert Veränderungen und die müssen besprochen und von allen angenommen sein ... Jedenfalls habe ich schon gelernt, dass der SANAT KUMARA, LORD MAITREYA und der inkarnierte Aspekt einer Tochter Seele als Hüterin des Schlüssels für die Aktualisierung des Plans der Erde zuständig sind. Ich habe mich auch in abertausende Geschichtsbücher und Mythologien vertieft. Die von Landmenschen verfassten Geschichtsbücher quellen über von glorreichen Männern, ihren Kämpfen, blutigen Schlachten und den Gewinnern. Die Chroniken sind dagegen durchtränkt von Leid, Blut, Tod, Verwüstung und Frauen, die das Leben mit letzter Kraft irgendwie zusammenhalten. Mythologie, Mystik, inneres Wissen, Empfänglichkeit für höhere Einsichten werden mit den Jahrhunderten zunehmend beiseitegedrängt, als gefährliche Hexerei oder Hokuspokus abgetan ...

Und überwiegend nicht verstanden. Aber das wird dank deiner Hilfe nun bald vorbei sein. Es wird Zeit das alle wieder erkennen, dass Gott fließende Energie und in jedem Lebewesen vorhanden ist.

Völlig fasziniert, meine liebe GUAN YIN, bin ich von dieser Geschichte Xiyouji (Die Reise in den Westen), ja, so heißt sie. Als Göttin der Barmherzigkeit rettest du immer den Tag, wenn der einfältig lebensfremde Mönch und seine rüpelhaften Beschützer sich nicht mehr zu helfen wissen. Warum hast du mir nie erzählt, dass du bei Millionen von Menschen, die in Körpern auf dem festen Land in Asien leben, den Status einer Göttin hast?

Ich bin, wie du, mit meiner Seelenfamilie schon recht weit auf dem Weg zurück zum Schöpfer und zur Schöpferin vorangekommen, aber Göttin GUAN YIN, weit entfernt. Das ist vereinfachtes Wunschdenken der Landmenschen, mit dem sie das Astralreich der Erde verstopfen.

Erklär mir das bitte kurz.

Die Astralebene ist ein Durchgangstunnel für Bewusstsein zu höheren Ebenen, dass weißt du. Von den inkarnierten Seelenaspekten der Landmenschen leider dazu entfremdet, ihre egoistischen Wünsche und Ambitionen zu speichern und miteinander zu verbinden. Du findest dort Verlangen nach dem neusten Smartphone, dem schnellsten Rennwagen, dem schönsten Kleid, Sex mit zum Objekt degradierten Körpern, dem Gewinn einer Meisterschaft, hasserfüllte Rachepläne, Strategien für die Kontrolle über Rohstoffe, Strategien für Kriege mit Atomwaffen oder Künstlicher Intelligenz und auch mich als Göttin der Barmherzigkeit. Einfach alles, was sich jemand wünschen und mit Emotionen anfüllen kann, der noch nicht höheres Bewusstsein erlangt hat. Dort hat sich so viel angesammelt, dass im Moment noch zu wenige die Astralebene als Tunnel zu höheren Ebenen nutzen können. Berge von emotionalem Gedankenschrott findest du dort, die es aufzulösen gilt.

Vorstellungskraft ist das mächtigste Werkzeug ... Aber erst wirklich mächtig, wenn es von den Zielen und dem Wissen der eigenen Seele getragen ist.

Du wirst bald selbst sehen, was Menschen aus der Erde gemacht haben, TRUSIAN. Sie wissen nicht mehr, dass sie lediglich ein Bruchteil, ein inkarnierter Aspekt, einer weit größeren Seele sind, die einen Funken des Schöpfers als unveränderlichen Kern mit all seiner Kraft in sich trägt. Die Masse der Menschen ist ahnungslos, zu was jeder Einzelne von ihnen wahrhaftig im Stande ist und zu welcher Seelenfamilie sie gehören. Sie wissen nicht, dass wir Meisterlehrer ihnen nur einen kleinen Schritt voraus sind. Sie wissen nicht, dass wir wie ältere Geschwister für sie da sind, um ihnen ihre eigene Göttlichkeit wieder bewusst zu machen. Sie lieben es in ihrer begrenzten Bilderwelt zu verharren und die Lösung von Problemen nach oben zu delegieren. ‚Lieber Gott, bitte mach, dass die Pandemie endet.' ‚Allmächtiger, strafe den und den', oder, ‚Allah, vernichte die Ungläubigen'. ‚Göttin der Barmherzigkeit, bitte hilf, dass mein Leid soundso endet'. Sie klagen, wenn etwas nicht ihren Vorstellungen entspricht und wettern sogar: ‚Wie kann Gott das zulassen?'. Und diejenigen, die an keine höhere Macht glauben, die spielen selbst Gott. Sie herrschen aus ihrem eigenen Kopf heraus nach Gutdünken, so als unterlägen auch kosmische Gesetze der Machtbefugnis ihres begrenzten Verstandes. Sie haben noch nicht durchschaut, dass Logik keine objektive Instanz ist.

Ich möchte gern alles darüber wissen, GUAN YIN. Ich muss dringend besser verstehen ... Aber ich gehe davon aus, dass auch auf der Erde hinter jedem schwarzen Schaf ein Engel aus den lichten Welten schützend die Flügel ausbreitet.

Lies die gesamten Chroniken während deines Trainings in der weißen Pyramide. Aber sag mir bitte noch kurz, wie groß sind nun zu Hause wirklich die Probleme, die entstehen, weil ein Aspekt von dir für ein Erdenjahrhundert inkarniert?

Die vom SANAT KUMARA vorgetragene Bitte hat uns in allen Elementarteilchen gerührt. Wir sind uns fühlsehend einig geworden, wir müssen ihr entsprechen.

Diplomatischer kann man sich kaum um eine Antwort drücken, TRUSIAN. Am Anfang werden dir die 5200 Erdenwochen nicht vergehen wollen und je älter du wirst, je schneller zerrinnen sie dir wie Sand in der Eieruhr.

In der was?

Wir sind am Eingangsportal der Großen Halle angelangt. Eine hohe Flügeltür, darauf abgebildet ein gleichförmiger sechseckiger Stern, schwingt offen in den Raum hinein, während eine zarte Sphärenmusik erklingt und aufsteigt. Als Chefdiplomatin weiß GUAN YIN, wie man einen großen Auftritt inszeniert. Sie geht in solchen Momenten ganz auf und eigentlich müsste ich sie nun damit necken. Ihr Lichtwirbel zwinkert mir zu und im selben Moment legt sie sich als äußere Form einen menschlich anmutenden Körper gekleidet in eine violette Lichtrobe zu. Mit ihrem nun zierlichen Gesicht und schwarzen, hochgesteckten Haaren lacht sie mich an und sagt: *Ich entspreche immer dem Komfort derjenigen, mit denen ich in Verbindung trete. Schwäche du bitte deine Lichtintensität für die Sicht der Wesen aus der fünften Dimension ab.* Ich folge ihrem Hinweis gern und reduziere die Schwingungsintensität meiner Seelengestalt.

Nun können wir Seite an Seite in die Große Halle von Shambala treten. Auch sie ist aus filigranem, diamantartig glänzendem, weißen Stein gebaut, der meinem Schwingungsempfinden schmeichelt. Darüber wölbt sich eine Massivgoldkuppel, die ich bis in jede meiner Lichtzellen fühlsehe.

Tu wenigstens ein bisschen beeindruckt, neckt GUAN YIN mich.

Lichtwesen, überwiegend eiförmig, einige oval, ganz wenige rund in ihren sphäroiden Erscheinungen aber auch solche in von Menschenseelen genutzten Körpern, wenden sich auf beiden Seiten des Mittelganges zu uns.

Auch herabgeschwächt in der Intensität zeigen dein Seelenfunken und sein Lichtwirbel jedem, wie bewusst entwickelt du bist.

Du machst mich verlegen, GUAN YIN.

Ich weiß, je mehr ein Lichtwesen tatsächlich

kann, desto bescheidener. Der SANAT KUMARA ist genauso. Dabei stupst sie mich an.

Vorn auf dem Podest erstrahlt der SANAT KUMARA zwischen zwei mächtigen goldenen Thronen als junger Mann mit schulterlangem, goldblondem Haar und blauen Augen in einer rosafarbenen Lichtrobe. Er hält die gesamte Erdschöpfung mit allen Lebewesen in seinem Herzensbewusstsein. Ein jegliches Geschöpf ist ihm liebend bewusst und das strahlt er auch aus.

Was für ein erhabenes Fühlsehen. Nun verneigt er sich in unsere Richtung, den Stab seiner Macht in der Hand. Ein Lichtwesen in einem eiförmigen blaugrünen Wirbel links vorn nutzt den Moment, um mir persönlich zu telepathieren, während GUAN YIN und ich Seite an Seite auf das Podium zuschreiten.

Willkommen, TRUSIAN. Mein Name ist GUNAH.

Danke, dass Sie diesen Dienst für unsere Menschenfamilie bringen. Darf ich so neugierig sein und fragen, wie Sie an diese Mission zum blauen Planeten gekommen sind?

Seien Sie gegrüßt, GUNAH. Tja, ich weiß nicht, wer dem SANAT KUMARA empfohlen hat, mich in seine Planungen einzubeziehen. Er hat jedenfalls die kosmische Bürokratie hoch und runter bemüht: einen Stellaren Rat des Sonnensystems, einen Galaktischen Rat der Milchstraße, einen Kosmischen Rat dieser Ecke des Universums, die Leitung unseres Sternbildes und die oberste Führung des Planeten Oblan ...

Haben Sie Erfahrung in der dichten Materie?

Im vorangegangenen Universum, in diesem nicht. Bei uns Zuhause in der Führungsakademie schwingen die Lehrer in der achten Dimension, aber wir können in allen 24 Dimensionen dieses Universums tätig sein.

Haben Sie sich wirklich freiwillig bereiterklärt, diese Mission im Experimentierfeld der dritten Dimension anzunehmen? Wissen Sie, dass die Menschen die mutigsten und abenteuerlustigsten Seelen im Universum sind?

Wenn nur ein Prozent der Geschichten über sie wahr sind, ist liebende Hilfestellung dringend geboten.

Es wird schwer, TRUSIAN, sehr schwer.

Der SANAT KUMARA hat sich gewiss gut überlegt, warum er wen in dieses Team berufen und mit welcher Aufgabe betraut hat.

In einem Landmenschenkörper verlieren Sie den überwiegenden Teil Ihres Bewusstseins. Sie werden glauben, Ihr Körper, Ihr Verstandeswissen, Ihr Geld und Ihre Macht über Menschen, Ressourcen und Länder seien der Maßstab, Dinge möglich zu machen. Wie wollen Sie da Ihre gewohnte Führungsarbeit leisten? Wissen Sie, wie viele vor Ihnen daran schon gescheitert sind?

Niemand muss die Dunkelheit mühsam herausschaufeln, es genügt, das eigene Licht zu entzünden ...

Ich wünsche uns von ganzem Herzen Erfolg. Wir haben ihn dringend nötig.

Verraten Sie mir, wer Sie sind, verehrter GUNAH?

Das wird der SANAT KUMARA bei der offiziellen Vorstellung gleich tun. Aber so viel vorweg, ich komme nur zum Einsatz, wenn dieser Thriller auf des Messers schärfster Schneide steht.

Dann fokussiert er seine Gedanken wieder auf den Herrn der Welt. Warum sagt er das? GUAN YIN zeigt keine Reaktion. Schneidet er auf, ist es nicht wichtig, oder will sie nicht zugeben, wie schwierig es tatsächlich wird?

Wir haben nun etwa ein Drittel des Weges zum SANAT KUMARA zurückgelegt, als ich auf der rechten Seite des Mittelgangs individuelle Inkarnationen, einzelne Aspekte einer Seele, entdecke. Sie sind aus der integrierten, persönlichen Akasha-Aufzeichnung aller Leben der Seele hervorgerufen und beginnen, weithin vernehmbar, einen mentalen Plausch. GUAN YIN telepathiert: *Alles ehemalige Dichter und Denker aus verschiedenen Epochen und Kulturen der Landmenschen. Jeder von ihnen hat einen bemerkenswerten Abdruck in den Chroniken hinterlassen.*

Ich fühlsehe in meinem Energiefeld ihre Frustration darüber, wie wenige ihre Botschaften verstanden haben und nach ihnen leben. Es ist gewiss nützlich, ihrem Erfahrungsschatz zu lauschen, bis wir vorn angekommen sind.

Ein Aspekt telepathiert: *In Hölle, Fegefeuer, Paradies, dreimal verwies ich auf die Sterne, jeweils mit dem letzten Wort pries ich ihre Macht über Mensch und Erde. Verstanden haben den Wink nicht mal die Gelehrten. Meine bildhafte Beschreibung der Hölle, Blutströme, Schmerzensschreie, Feuerqualen ... beim Teufel, es fasziniert sie nur das schmerzverzerrte Angesicht. Doch hier in Shambala erfreut mich heute manch frohgemut frisches Licht.*

Meint er unser Team?

Ein anderer telepathiert: *Ja, ja, mein Freund, mir ging es einige Jahrhunderte später auch nicht besser. Es irrt der Mensch, solang' er strebt, zu erkennen, was unsere Welt im Kosmos mit göttlichem Gesetz verwebt im Innersten zusammenhält.*

Noch ein Aspekt schaltet sich ein: *Im Lied des Geistes wagte mein Krieger Arjuna lange vor euch diesen Kampf. Er verband sich in der Mitte des Schlachtfelds mit der Kraft seiner Seele und trat seinem eigenen Fleisch und Blut entgegen.*

Einander aufmerksam zuhören scheinen diese Aspekte nicht zu kennen. Die Geschichten, die man sich in der Galaxie über Landmenschen erzählt, haben wohl einen wahren Kern ... Millionen von Egos, die selbst aus Überfluss noch Hungersnot erschaffen.

Ein weiterer Aspekt meint: *Ich hinterließ den Chinesen in 81 Versen, wie Handeln und Nichthandeln, der Weg der Mitte, zur Einheit sich verbindet. In Sinn und Leben herrschen Harmonie und Frieden. Jeder sollte wissen, wie sie zu erlangen sind und woran sie sich zeigen: Großes Licht kennt keine Verzierung, großes Leben scheint nicht, ein großes Juwel hat eine raue Schale.*

Nach dieser Beschreibung bin ich wie geschaffen für diese unterstützende Mission.

Und noch ein Aspekt schaltet sich ein: *Herr*

Kollege, gestern war ich auch schlau, ich wollte die Welt verändern. Heute bin ich weise, ich will mich selbst verändern.

Ein sechster Aspekt fixiert mich schließlich energetisch und meint: *Schaut doch, schaut ... sie ist gekleidet in den sphäroiden Glanz der kosmischen Strahlen über den Chakra-Energien. Exzellenz unter dem Deckmantel der Einzigartigkeit.*

Ein siebter erwidert: *Sagt der Kollege, dem die Landmenschen zu seiner Zeit attestiert haben, ein Genie zu sein, das eine Schraube locker hat. Heute können sie von deinem Jerusalem nicht genug bekommen. Wollen wir hoffen, dass sie jetzt schneller begreifen, was ihnen als Spielern auf der Bühne der Chroniken offenbart wird.*

Ich bin beruhigt, dass ihnen die kosmischen Energien und ihre Bewandtnis vertraut zu sein scheinen. Der einströmende siebte violette Strahl wird auch die Menschenfamilie zum Erkennen der Einheit allen Lebens und geistiger Offenheit führen. Die Schwächen des rubinrot-goldenen Strahls werden zunehmend verschwinden, weil sie keine Energie mehr vorfinden, um sich zu nähren.

Wir sind an den Treppenstufen hinauf zum Podium angekommen. GUAN YIN leuchtet weithin strahlend auf und bedeutet dem SANAT KUMARA mit einer Verbeugung, dass sie nun an ihn übergibt. Ich verbeuge mich ebenfalls vor ihm, steige zu ihm hinauf, bewege mich, wie von ihm bedeutet, rechts neben ihn und verbeuge mich nochmals vor allen Anwesenden. Der SANAT KUMARA bittet mich, auf dem Thron rechts von ihm meinen Raum einzunehmen. Er hebt und senkt sodann majestätisch den Stab seiner Macht. Mein Kennerblick sagt mir, er ist aus Orichalcum, mit zwei

Diamanten an den Enden kunstfertig nach Venusart in Form gebracht. Der SANAT KUMARA erhellt sodann seine flammend rosa Lichtmenschengestalt, und ich bin auch jetzt wieder ergriffen von der Liebesallgewalt, die er ausstrahlt. Alle Wesen sind auf ihn fixiert, seine Herzenskraft durchflutet uns und zusammen bilden wir einen Wirbel, der sich in niedrigere und höhere Sphären ausweitet. Ein wundervolles Erlebnis. Auch die individuellen Inkarnationen der Dichter und Denker sind verzückt verstummt.

Verehrte Lichtgeschwister, GAUTAMA BUDDHA, KRISHNA, MUTTER MARIA, YESHUA, MOHAMMED und einige mehr bewiesen den Menschen durch ihre Taten die Gesetze der göttlich-kosmischen Ordnung und des Lichts. Mit verstreichender Erdenzeit haben Priester und Propheten verwässert und fehlinterpretiert, was sie lehren, einige selbst räuberische Wölfe im Hirtenmantel. Eigennützige weltliche Herrscher haben aus ihren Lehren nützliche Machtinstrumente und Pfeiler für männlich dominierte Kulturen erschaffen. Die Landmenschen wollen bis heute unsere Lehrer des Lichts nicht sehen als das, was sie sind und waren: Wegweiser für den Weg zurück zum Schöpfer und zur Schöpferin. Die Fähigkeiten unserer großen Frauen, IMMACULATA, MUTTER MARIA, GUAN YIN, OMSTARA, LADY NADA und ISIS - um nur einige zu nennen - werden seit Jahrtausenden belächelt, ignoriert, beiseitegeschoben, absichtlich fehlinterpretiert, herabgewürdigt und ausgebremst. Und das meine ich beschreibend, nicht wertend. Die Menschen werden nun erkennen, dass Wahrheit nicht in Stein und Dogmen erstarrt und kontrolliert werden kann. Wahrheit ist vorrübergehend, denn sie weitet sich beständig aus. Ihr Kern ist unvergänglich wie der Schöpfer und die Schöpferin, doch ihre Einzelheiten entwickeln sich fort, wenn die Wesen bewusster werden. Die Erde kehrt nun zurück in die göttliche Balance, in der sie einst schon gewesen ist. Das menschliche Zellbewusstsein verfügt über eine Programmierung, die es im Wassermannzeitalter erlaubt, die von der Seele bestimmten Lebensaufgaben während einer Inkarnation wieder vorbehaltlos zu erkennen und zu verwirklichen. Die menschlichen Zellen können sich ihres göttlichen Codes wieder uneingeschränkt erinnern. Was über Jahrtausende Geheimwissen, wird Allerwissen, denn der Sinn des eigenen Lebens gehört zum geheiligten Kern eines jeden. Die Zeiten der Unterdrückung und Ausbeutung sind vorbei. Der Untergang von Atlantis wird nun geheilt werden. Und die Landmenschen werden sich erinnern, dass mit jedem Fisch, den sie verspeisen, sie einen Teil ihrer selbst verzehren.

Ich vernehme ein zustimmendes Raunen, insbesondere von Tochter und Core Seelen. Ich pflichte ihnen bei. Es gibt Lektionen zu lernen, Karma auszugleichen und Missionen auszuführen. Doch nur wer seine wahren Lebensausgaben während der Inkarnation kennt und auch wirklich ausführt, vermag einen sinnvollen Beitrag zu leisten. Und die dunklen Kräfte werden sich jetzt täglich weiter zurückziehen, wenn ...

Der SANAT KUMARA fährt fort. *Ich habe euch heute alle in die Große Halle gebeten, um den offiziellen Startschuss für die Mission „Es werde Licht" zu geben. Ein herzliches Willkommen, TRUSIAN und dem gesamten Team, das zwischen euren Reihen versammelt ist!*

Applaus erfüllt die Halle, alle verbeugen sich zum Podium hin.

Wir hinken dem Plan für Menschenfamilie und

Erde so weit hinterher, dass wir unsere galaktischen Freunde um Hilfe ersucht haben. Der Frequenzsprung der Erde von der dritten in die fünfte Dimension hat eingesetzt und wird eine Bewusstseinserweiterung all ihrer Wesen ermöglichen. Leider widersetzen sich die Mächtigen unter den Landmenschen bisher dieser unausweichlichen Veränderung und den notwendigen Anpassungen ihrer Lebensart.

Breite Zustimmung strömt durch die Energiefelder der Versammelten. Sie wissen wohl alle genau, wovon der Herr der Welt spricht ... Ich muss noch so viel über die Menschenfamilie der Erde lernen. Mit Menschen auf anderen Planeten hatte ich schon zu tun.

Der SANAT KUMARA fährt fort. *Der Zustand der Menschenfamilie auf der Erde hat jüngst der Vertreter vom Mars im Stellaren Rat zu mir gesagt, sei wie ein Klumpen Metall gegen die Feder von Ma'at. Kaltherzig und gierig ginge es zu, unwürdig der Seelenaspekte, die vor ihrer Inkarnation versprachen, mit gottgleichen Lebenskräften zu kreieren und dem Plan der Erde zu dienen. Unbedarft und unbedacht haben Landmenschen durch ihr Verhalten Teile des Aufgabenpakets des gesamten Sonnensystems zunichte gemacht. Hätten wir hier aus Shambala und von anderen Ätherstützpunkten nicht stets mit großem Aufwand über sie gewacht, die Erde in dichter Materie wäre bereits ein zerstörter Planet und die der Erde verbundenen Menschenseelen als Flüchtlingsstrom in der Galaxie unterwegs.*

Die zustimmenden Gedanken der Versammelten werden lauter und das Energiefeld des SANAT KUMARA noch weiter.

Es ist höchste Zeit, die Menschenfamilie auf das Niveau des aktualisierten göttlichen Plans zu heben und den Frequenzsprung durch verschiedenste Maßnahmen zu unterstützen. Die multidimensionale Natur und Lebendigkeit der Erde ist für die Erfüllung unserer Aufgabe in der Galaxie fundamental. Die Erde muss unbeschwert von den Untugenden der Landmenschen leben und atmen können. Raubbau und Ausbeutung müssen enden. Geschätzte Versammlung, TRUSIAN lehrt seit 240.000 Jahren an der Führungsakademie des Oblan. Seit 104.000 Jahren ist sie auch in leitender Stelle mitverantwortlich für die Ausbildung der Mitglieder des Königsreichs der Diener im Universum und weit über den Oblan hinaus als kompetent und bescheiden geschätzt, ja verehrt. In Milliarden Erdenjahren hat sie zuvor im gesamten Universum in unterschiedlichen Aufgaben zunächst gelernt und dann gedient. Sie hat sich nicht nach dieser Mission gedrängt. Sie und die Ihren schieben aus Solidarität und Mitgefühl ihre eigene Entwicklung für unser Fortkommen auf. Inkarnieren gehört nicht mehr zu ihrem Weg zurück zum Schöpfer und zur Schöpferin. Wir sind ihr von ganzem Herzen unendlich dankbar.

Der SANAT KUMARA verneigt sich vor mir. Ich erhebe mich vom Thron, verneige mich ebenfalls und alle Anwesenden können an meiner sich zusammenziehenden Kombination aus Frequenz, individueller Signatur, Größe und Farbnuancen ablesen, wie verlegen mich dieser Empfang hier macht. Und ich fühle mit den Seelen, die für unseren gemeinsamen nächsten Schritt auf mich warten müssen.

Ehre, Ruhm und Macht interessieren TRUSIAN und ihre außerirdischen Gefährtinnen im Team nicht. Deshalb sind sie für LORD MAITREYA, WISEONE, BETHOLD und mich die erste Wahl.

Eine zustimmende Welle von Sphärenklängen und Lichtblitzen erfüllt den ganzen Saal, doch HONGYETSEE hat eine Frage an den SANAT KUMARA.

Ich fühlsehe sein Unbehagen und ihn in der ersten Reihe in menschlicher Form mit weißem Lichtkleid und blauer Schärpe des Königreichs der Diener. Eine wahrlich weit entwickelte Seele, die ich schon ewig kenne und schätze.

Herrscher der Welt, mit Verlaub, wenn die Landmenschen mit ihrem freien Willen den göttlichen Willen, ihre Seelenaufgaben und die kosmischen Gesetze so wie bisher mit Füßen treten, müssen wir dann nicht weit mehr Seelen und Seelenaspekte für diese Mission unterstützend bereitstellen? Haben wir wirklich alles Mögliche und Unmögliche bedacht und vorbereitet, damit TRUSIAN als Lucia wie geplant inkarniert, aufwächst, lernt, begreift und dann mit dem Team ihre Aufgaben erfüllen kann?

Der SANAT KUMARA und sein Team haben entschieden, dass ich am 5. Januar 2000 als Tochter einer dunkelhäutigen Kongolesin und eines weißhäutigen Deutschen mit dem Namen Lucia in Kinshasa, in der Demokratischen Republik Kongo, das Dunkel der dichten Materie erblicke.

Die Tatsachen sind was sie sind, meine Lichtbrüder und -schwestern und ich will HONTYETSEEs Anmerkung durchaus wahrhaben, fährt der SANAT KUMARA fort und reißt mich aus meinen Gedanken. *An vorderster Front werden die geistigen Lehrer aller Zeiten, die Meisterlehrer der inkarnierten Menschen, geführt von LORD MAITREYA bald auf die Erde zurückkehren. Sie werden Seite an Seite schreiten und auf der Erde bleiben. Niemand wird sie so noch für eigene Zwecke auseinanderdividieren oder ihre Lehren verfälschen können. Ihr Lichtnetzwerk wird sich täglich weiter ausweiten.*

Ich liebe komplexe Aufgaben. Doch der Herr der

Welt hat noch mehr zu sagen und ich zügele meinen Gedankenstrom.

Wir haben zudem ein Team von Zwölf um TRUSIAN geformt. Die kosmische Bedeutung der Zahl dürfte allen vertraut sein. Dazu gehört ihr Deva-Pendant NÃO, die Lucia auch als Chaperone im Deva-Reich führen wird, denn auch die Wunden des Misstrauens der Devas aufgrund der Gräueltaten der Menschen müssen geheilt werden. Erst wenn das wirklich geschehen ist und die Devas als gleichwertige Partner anerkannt sind, werden sie den Landmenschen dringend benötigtes Wissen zugänglich machen.

WISEONE, BETHOLD, LUDOR und NÃO, die gleich vorn in der linken Reihe stehen, lassen ihre Lichtwirbel erstrahlen und versprühen Einheitsklänge, die wie Vögel umeinanderkreisen, sich vereinen und dann in den Kosmos aufsteigen. WISEONE führt das Deva-Engel Königreich der Erde, BETHOLD das der Elfen, LUDOR ist Chef aller Devas von Afrika. Vor dem Fall von Atlantis haben sich das Deva-Engel-Königreich von dem der Elfen getrennt, so viel weiß ich schon. Sie beraten jedoch über eine Wiedervereinigung in den nächsten Chroniken-Jahren. Alle drei haben wie NÃO am Gespräch mit mir auf dem Oblan teilgenommen. Doch schon fährt der SANAT KUMARA fort und ich habe keine Zeit, Erinnerungen nachzuhängen.

Die Landmenschen haben millionenfach katastrophale Ursachen in Gang gesetzt und tun es täglich weiter. Kolonialisierung, Völkermord, Industrialisierung, Ausbeutung ... Mitgefühl mit Menschen und Mutter Erde ist ihnen fremd geworden. Das Große Wesen ZONCRIET ist heute über alle Maßen geschwächt. AMAYA, von den Landmenschen aus Mangel an tiefergehender Einsicht schlicht Mutter Natur genannt, leistet Schwerstarbeit.

Hinzu kommt, dass alle Menschen, Tiere, Pflanzen und Mineralien die Auswirkungen des Handelns der Landmenschen tragen müssen und dies erhöht Last und Schmerz zusätzlich. Das kosmische Gesetz der karmischen Balance ist was es ist. Stürme, Fluten, ungekannte Wetterphänomene werden nun wüten. Beben, Vulkanausbrüche, Feuersbrünste werden die Erde erneut erglühen. Viren, Plagen und Pandemien werden Menschen zu kosmischer Einheit erziehen. Immer mehr werden mit Goethes Worten flehen: „Herr, die Not ist groß! Die ich rief, die Geister, werd' ich nun nicht los." Aber Goethe kann ihnen nicht helfen ... wir können und werden es tun, wenn sie uns als Gemeinschaft um Hilfe anrufen.

Ich bin bereit! Als ich das denke, bekomme ich eine blitzartige Einsicht ins Erdenleben. Gerade in diesem Augenblick wird ein junger Mann von seinem Vater angebrüllt und mit dem Schlag der flachen Hand ins Gesicht gezüchtigt. Er ermahnt den Sohn, dass er zuallererst Deutscher und Ingenieur sei. Nur deshalb stünde er hoch über den anderen und könne seine Zukunft sichern. Die Szene ist aktuelle Erdenrealität in dichter Materie, sie ist wahr, und sie betrifft mich ... irgendwie. Ich muss mich heftig schütteln.

Der SANAT KUMARA fährt fort. *Der Schleier der irdisch-materiellen Amnesie wird sich nun mit jedem Wesak Fest weiter lichten. Die selbsternannten irdischen Eliten können dies mit Geld, Macht, Manipulation und Technologie nicht aufhalten. Ihre illusorischen Vorstellungen von Machtverteilung und Wirtschaftskraft als Maßstab ihrer Existenzkämpfe werden bald wie Kartenhäuser ineinander stürzen. In Gedanken sind einige bereits unterwegs im Raumschiff zu neuen Lebensräumen auf dem Mars. Sie glauben nicht mehr an die*

Zukunft der Erde. Doch wer heute schon wie auf dem fiktiven Raumschiff Aniara lebt, steuerlos treibend sich vergnügend, lügend, betrügend und die Wahrheit unterdrückend, dem wird auf dem Mars niemand ein zweites Mal Zutritt und Lebensraum gewähren. Ihr wisst doch, die Marsianer sind eigen in Entwicklungshilfefragen.

Eine Welle von sphärischer Zustimmung wogt durch die Große Halle. Sie wissen wohl, was der SANAT KUMARA meint, wenn er *Aniara* sagt. Ich weiß es nicht. GUAN YIN telepathiert mir, es gebe einen gleichnamigen Film, den ich aus den Chroniken herunterladen solle. Das werde ich sicherlich tun. Doch ich bin zuversichtlich, zuversichtlicher als wohl alle anderen außer dem SAMAT KUMARA und den Conree Seelen hier in der Großen Halle. Alle außerirdischen Teammitgliedern wissen um Kraft und Fähigkeiten der weißen Bäume, Devas und Elementals, Engel und Elfen, Töchter und Core, Oblan und Conree, Drachen und Einhörner, wissen um Funktion und verbindende Kraft des Conree Systems. Wir wissen auch um die Beiträge von Völkern wie den der Aldebaraner, Cygnusier, Plejadier, Scafaree, Sirianer, Tokaden und Venusier. Wir wissen selbst von den gefiederten Himmelsleuten, die neu in dieser Galaxie sind. Wir wissen um die Lehren der Astrophysik, der Astronomie, der Kosmochemie, der Sphärenmusik und der Multiversum-Mathematik. Die kosmischen Zyklen und Gesetzte sind uns seit Äonen vertraut. Als ich das denke, entdecke ich die Core Seele ANUBIS Seite an Seite mit der Conree Seele SHO in der Menge und verneige mich in ihre Richtung. Welch eine freudige Überraschung. Doch schon fährt der SANAT KUMARA weiter fort:

Entweder kehren nun alle gemeinsam zurück zum Weg des Lichts, oder alle straucheln, voran die selbsternannten Eliten. TRUSIAN und ihr Team wissen genau, welche Aufgaben sie bis zum Ende des 21. Jahrhunderts zu erfüllen haben. Ein erster großer Schritt auf dem Weg zum Erfolg besteht darin, die Erde wieder an das Conree System anzubinden!

Donnernder Applaus durchwogt die Große Halle von Shambala.

Der nun täglich zunehmende siebte Strahl, das violette Licht, fügt der SANAT KUMARA hinzu, *wird Materie hin zu Geist veredeln und vereinen helfen, Alchemie in seiner reinsten Form. Für aufgeschlossene Landmenschen ist dies der benötigte Seelenlift. Die besessene Zähigkeit, mit der sie an Altem festhalten, ist einerseits bewundernswert. Andererseits ist es herzzerreißend, mit welch kindlicher Vorsicht sie sich ihrer eigenen Göttlichkeit in Babyschrittchen nähern. SAINT GERMAIN wird sie auf diesem Weg nun an die Hand nehmen und unterweisen. Das Goldene Zeitalter untersteht seiner Leitung. Doch zunächst zu den einzelnen Teammitgliedern und dann zu all ihren Aufgaben. TRUSIAN wird jetzt zum dreidimensionalen Materie- und Körpertraining in die weiße Pyramide einziehen. Sie erhält Unterricht über die gesamte Erdgeschichte samt Geographie, Traditionen, Gebräuche, Gewohnheiten und Lebensbedingungen. Die Meisterlehrer YESHUA, SAINT GERMAIN, GUAN YIN, MORYA, SHO und einige mehr sowie Devas unter der Leitung von WISEONE und ERZENGEL MICHAEL geben ihr und dem ganzen Team während der Mission Geleit und Schutz. ZCÖLIAHC, Geschichtsprofessor und Hüter der inneren Erde, wird ihr als künftigen Wissenschaftlerin ebenso beistehen. Sie alle stehen vor einer*

Überzahl grimmiger Verteidiger des Alten, die mit ihrem freien Willen mehr Dunkelheit erschaffen als notwendig. Die inkarnierten Seelenaspekte von SOLAS und THEODAR haben es übernommen, Lucia-TRUSIAN im irdischen Geschäftsleben des Rohstoffabbaus und Rohstoffhandels beruflich zu verankern und heimisch zu machen. Die gesamte Linie von Lucia-TRUSIANs weiblichen Vorfahren wird hingegen von unseren Außerirdischen Verbündeten gestellt. Wir müssen kosmische DNS, weibliche Empfänglichkeit und göttliche Balance auf dem Planeten verbreiten.

Plötzlich dringen tausende, Todesangst durchtränkte Hilfeschreie wie tiefschwarze Unwetterwolken zu uns. *Was ist das, SANAT KUMARA?*, will ich wissen.

In den immer trockener werdenden Bundesstaaten Kalifornien und Nevada der USA setzen verheerende Überschwemmungen ein, die Mutter Erde reinigen und erfrischen müssen, um Balance herzustellen. Landmenschen ertrinken in den Fluten und verlieren ihr Hab und Gut. Geschätzte Lichtgeschwister, ihr wisst, was zu tun ist, um liebend zur Hilfe zu eilen ...

LIER, 12. DEZEMBER 2019

Mein Leben kratzt und beißt ... so hab ich mir den Abend vor meinem 20. Geburtstag echt nich vorgestellt. Robin is von seinem Vater Knall auf Fall nach Singapur beordert worden. Nix mit romantischem Abend zu zweit in seiner Studentenbude. Statt mit Dimitri und Tasha in Aachen zu feiern, bin ich familienpflichtbewusst nach Haus gefahren. Jetzt sitz ich mit meinen Eltern, Papas Zwillingsbruder Luc, Mamas Arbeitskollegen Raymond und Patentante Tilly an einem runden Tisch im proppevollen belgisch-bürgerlich Restaurant auf dem Grote Markt in Lier. Stickig is die Luft hier drin, und laut sind alle Wortwechsel. Warum läuft bei mir nie mal was, wie es soll?

Ich stocher appetitlos in meinem Salat, löffel brav den letzten Klecks Tomatensuppe, trink von meinem Wasser und pick mir zum Abschluss ne kalte Fritte mit einem Stipps Mayo vom Teller. Meine Gedanken sind bei Robin. So was hat sein Vater noch nie gemacht, hat er mir versichert. Während ich über unsere gemeinsame Zukunft nachdenk, diskutieren die anderen über Käsekroketten, Gänseleberpastete und gegrillte Rinderlende, die belgische EU-Politik, anstehende Skiferien in Ischgl und eine Kulturreise nach Rajasthan. Bis auf Tilly und mich sind alle schwer angesäuselt von Trappistenbier und Rotwein aus großen Kelchen. Ich bin heut Abend wieder nur ein Grund, den sie brauchen, um sich vollzudröhnen. Wär ich nich gekommen, sie hätten einen anderen Grund gefunden.

Wie zur Bestätigung frotzelt mein Onkel, der

Priester Luc, dünn wie ein Stock, schmales Gesicht, gelbe Zähne und kreisrunder Haarausfall, von schräg links über den Tisch: „Sie ist halt aus der Art geschlagen, unsere Lucia." Dabei schaut er mich mit zusammengekniffenen Augen herausfordernd an.

„Was jeder, der ein bisschen mehr von dir weiß, Onkel Luc, sicher auch sagt", geb ich wie aus der Pistole geschossen zurück.

„Was? Dein Onkel Luc aus der Art geschlagen? Wie kannst du so was sagen?", faucht Mama, mir genau gegenübersitzend, dazwischen und schaut mich streng strafend an. Dann wendet sie sich um, will prüfen, ob es nur ja niemand gehört hat. Mamas deutsch-belgische Familienehre hat diesmal Glück. Auch an den Nachbartischen wogt das Geschwätz-Geräuschlevel des Krampfadergeschwaders entsprechend dem Alkoholpegel. „Wenn es nach dir ginge, Lucia, müssten wir unser Fleisch mit den Rauchern draußen auf der Straße stehend essen." Dabei schaut sie mich verächtlich an, so als sei ich die ewige Störerin des Friedens.

„Sie meint das bestimmt nicht so", mischt Papa sich mit vom Rotwein roter Nase links neben mir ein. Was soll er auch anders sagen? Nur auf seinem Richterstuhl im Justizpaleis in Antwerpen hat er was zu melden, wenn er die kleinkriminellen Drogendealer aburteilt. Hier am Tisch, mit seinem ausgefransten violett-weiß gestreiftem Beerschot-Fan-Schal um den Nacken, gibt er genau wie sein eineiiger Bruder ein jämmerliches Bild von Mann ab. Würde er keine Hornbrille tragen und Luc links neben ihm Kontaktlinsen, man könnte die beiden in ihren karierten Hemden mit dunkelblauem Pulli drüber immer noch verwechseln.

„Was bist du denn heute so kratzbürstig, mein

liebes Kind?“ Papa schaut mich liebevoll an und legt mir seinen Arm um die Schultern.

Ich hab doch nich angefangen, und sein liebes Kind bin ich auch nich. Ich hab milchschokoladenbraune Haut und schwarzafrowilde Locken. Mama hat immer mit aller Gewalt, will heißen Chemie, versucht, sie zu glätten, damit ich halbwegs ausseh wie eine Westeuropäerin.

Lucia

Ihr wollt bis heut vertuschen, dass ich im Kongo geboren bin, in der Stadt Kolwezi. Mysteriös und dunkel is alles drum herum. Alle meine Fragen dazu bekamen nie ne Antwort. Die einzige Antwort, die Mama zulässt, is mein belgischer Pass. Alle hier am Tisch haben so einen, schön und gut. Aber Mama und Luc geben vor, die besseren Menschen zu sein. Glaubt wohl, ich kenn eure Fehltritte nich. Glaubt wohl, ich weiß nich, was die Lästermäuler in unserer ach so guten Nachbarschaft ständig wiederkäuen.

„Was macht die Uni, Lucia?“, kommt Raymond mir zur Hilfe.

„Bestens“, erwider ich freundlich lächelnd.

„Schade, dass du nicht mehr auf meine Schule gehst. Als Rektor gibt man gern mit seiner besten Schülerin an.“

Irgendwie mag ich diesen gutaussehenden Mitfünfziger, der in seinen Tweed-Sakkos mit Einstecktuch und Cordhosen in leuchtenden Farben immer wie ein aus dem Ei gepellter Intellektueller aussieht. „Montag seh ich meinen Prof an der Uni, um das Thema für meine Bachelorarbeit abzusprechen. Eine Ausarbeitung hab ich schon vorbereitet, um ihn von meiner Idee zu überzeugen. Ich möcht über das Anthropozän schreiben, das Zeitalter der Erdzerstörer, denn das sind wir Menschen. Ich denk, er lässt mich machen, woran ich Spaß hab. Ins Ausland brauch ich dafür nich. Aber er hat angedeutet, er hätt noch ein Projekt für mich reinbekommen bei einem Unternehmen in der Schweiz, und gutes Geld gäb es dafür auch.“

„Du sollst die Wortendungen nicht immer verschlucken. Es heißt *nicht*, mit t, t“, funkt Mama wieder dazwischen. Dann zwinkert sie Raymond rechts neben ihr zu. „Bei deiner Intelligenz könnte man meinen, du tust das nur, um mich zu ärgern oder bloßzustellen. Solche Bildungsschnitzer sind unverzeihbar.“

„Du magst deinen Prof, nicht wahr?“

„Ja, Raymond, echt cooler Typ, fachlich mega und nich so angestaubt wie seine Kollegen. Glaub, er mag mich auch, ich mein die Art, wie ich mich reinhäng.

Hat neulich nach der Vorlesung auf dem Gang zu mir gesagt: *Sie sind die Genialste, die ich je in diesem Studiengang erlebt hab.*"

„Du sollst die Wortendungen nicht verschlucken. Es heißt *habe*, mit e, e."

„Deinem Prof geht es so wie mir." Raymond hebt sein Glas und sagt: „Auf unsere Lucia." Alle stoßen auf mich an. Auch Mama fühlt sich genötigt mitzumachen, wenn Raymond das Glas erhebt.

„Und nach dem Bachelor, was hast du vor?", will er noch wissen. Aber so weit kommt es nich.

„Bachelor in Was-war-das-doch-wieder?", prustet Onkel Luc angeheitert gestikulierend dazwischen.

„Georessourcen-Management", sag ich langsam, damit er es hört. Verstehen ist eher unwahrscheinlich, Behalten noch weniger, und dabei ist er eigentlich nich auf den Kopf gefallen. Is Priester geworden, hat er mal zu Papa gesagt, um nich arbeiten zu müssen.

„Und was macht man da so mit?" Luc lässt nich locker, setzt aber gleichzeitig sein Bierglas wieder an den Mund und trinkt, so als interessiere ihn die Antwort eigentlich nich.

Aber er kriegt sie trotzdem. „Nutzen und Eingreifen in die Ressourcen der Erde sorgfältig bewerten und steuern. Energierohstoffe, Erdwärme, Wasservorräte, Metalle, Mineralien ... menschliche Lebensräume und natürliche Gleichgewichte auf dem Land und im Wasser schützen ... Ignoranz gegen Wissen und hoffentlich mit der Zeit auch Gier gegen Grips austauschen. Ja, das is wohl ne gute Kurzfassung."

„Aha, und wo arbeitet man damit dann so?"

„Am Rechner, im Labor, in Minen, in der Wildnis, in der Tiefsee, in der Arktis, in Katastrophengebieten."

„Brrr ... das klingt nicht gemütlich. Wie steht es mit nem Freund? Immer noch keinen?", schwenkt er breit grinsend auf sein Lieblingsthema um. Er setzt das Bierglas ab und stiert mich an. „Komm schon, sag mir nicht, du hast keinen. Die Jungs müssen doch ganz scharf auf dich sein, so schön wie du bist."

So nich, Luc. Nich schon wieder die Nummer. Früher hab ich bei dem Thema immer Kontra gegeben, jetz hab ich keinen Bock mehr drauf. Ich zuck nur mit den Achseln. Ja, die Jungs sind hinter mir her, aber die allermeisten sehen nur, was Luc sieht – eine schöne junge Frau. Aber welche kluge Frau will schon so einen zum Freund? Ihr mit eurem beschränkten Weltbild seid ja nich zum Vorzeigen.

„Pass auf", gibt Luc noch eins oben drauf, „dass du nicht als alte Jungfer endest."

Ich schneid ihm eine Fratze, und er gibt sich wieder dem Trappistenbier hin.

„Mir sagt sie auch nie was", beschwert sich Mama lauthals, stupst Raymond mit dem Ellenbogen an und schenkt ihm ein weiteres Zwinkern. Sie hat heut Abend ewig vor dem Spiegel gestanden, ihren Bob mit dem Fön endlos gestylt, immer wieder Schminke nachgelegt. Von mir wollt sie wissen, ob sie zu dem neuen Wollrock mit Twinset, die nötig waren, weil sie wieder an Gewicht zugelegt hat, lieber ihre Nickelbrille oder das schwarze Designermodell aus Kunststoff tragen soll. Bevor wir losgingen, hat sie sich auch noch von oben bis unten mit diesem grässlich süßlichen Parfum eingenebelt.

„Nun lasst doch endlich Lucia in Ruh. Ehe ihr euch verseht, wird der Blitz in eurem Turm einschlagen", meldet sich Tilly rechts neben mir heute

Abend das erste und wohl auch einzige Mal zu Wort. Tilly ist eine elfenbeinartige, zierliche Person mit einem grauen Bubikopf und immer wieder neuen, knallbunten frechen Brillen. Die heute is kreisrund und quietschgelb. Ihr Outfit ist wie Tilly, sie passt nich is Bild, genau wie ich.

„Der Astronomische Uhrturm und auch alle anderen Türme in Lier sind öffentliche Gebäude und haben deshalb einen Blitzableiter. Rede also nicht schon wieder solchen Unsinn, Tilly."

„Wartet nur ab ... die Wahrheit naht."

„So wie du aussiehst und isst, naht eher eine gelbe Hungersnot."

Früher, als ich klein war, hat Tilly mit Mama bis zum Umfallen diskutiert. Irgendwann wurde ihr das dann zu dumm. „Du kannst einer Schwarzweiß-Seherin das Farbenspektrum nur schwer erklären", sagte sie einmal zu mir. Jetzt kommt sie nur noch nach Lier wenn ich da bin. Sie sagt fast nix mehr, außer ihre Orakelsprüche, wie Mama sie bezeichnet. Tilly amüsiert sich drüber, dass die anderen sie herablassend belächeln und sich ihre sonstigen Kommentare nur auf Oberflächlichkeiten beschränken. Außer ihr und mir weiß keiner am Tisch, dass der Turm für die 16/7 steht und was das bedeutet. Mama nennt sie nur noch *Silly-Tilly*. Früher nannte sie Tilly *Brillenschlange*. Dabei is Tilly die Intelligenteste von allen, Chefmathematikerin einer großen Versicherung. Tilly hat so wunderbar weiche Gesichtszüge und blaue Augen, die wie Sterne hinter ihrer sonnengelben runden Kunststoffbrille funkeln. Mit ihr kann ich alle mathematischen Fragen bereden. Sie weiß alles über Zahlen, auch das, was man in Schule und Uni nich beigebracht kriegt. Einfach genial. Sie versorgt mich auch mit allem, was Mama nich erlaubt, und das bereitet ihr und mir diebische Freude.

„Gott sei Dank bringt Lucia wenigstens exzellente Noten mit nach Hause“, doziert Mama in ihrem oberlehrerhaften Tonfall. Während sie sich weiter aufplustert und Raymond schöne Augen macht, reicht Tilly mir unter dem Tisch unauffällig einen Umschlag. Ich steck ihn für die anderen unsichtbar in meine kleine Umhängetasche und zwinker Tilly meinen liebevollen Dank zu.

„Mit ein bisschen mehr Wohlverhalten stünde meiner Lucia die Welt offen. Ach, was sage ich, eine Villa, nicht bei uns hier in Lier, nein, in Tervuren oder in Brasschaat, wäre dann kein Problem. Aber was macht sie? Stichelt, wo immer sie kann, als wenn wir alle blind oder taub wären. Ihr habt es ja gerade selbst erlebt.“

Genau, ausnahmsweise hast du es gepeilt. Blind und taub, und genau darum braucht es Faktenliebhaber wie mich. Warum hat Spirit mich mit diesen total bekloppt bürgerlichen Eltern gestraft?

Ping macht‘s in meiner Umhängetasche. Ich zieh vorsichtig das Smartphone raus und halt es unterhalb der Tischkante. 22:46 Uhr, noch ne Nachricht von Robin. Am späten Vormittag erfährt er, warum sein Vater ihn nach Singapur beordert hat. Ich bin unruhig, er wohl auch. Ich denk jede Minute an ihn und er wohl auch an mich.

„Wer will Dessert?“, fragt Papa laut und holt meine Gedanken zurück an den Tisch. Zum Zeichen, dass er Dessert will, hebt er wie ein Fünfjähriger die Hand. Alle wollen, nur ich schüttel den Kopf. Der Kellner wird wortreich herbeizitiert, Crêpe Suzette, fünfmal.

Ich will hier nur weg und um Mitternacht allein sein, in meinem Bett, ganz mit mir allein, wenn ich schon nich bei Robin sein kann. Der Kellner kommt und räumt die Teller des Hauptgangs ab. Ich steh auf und geh Richtung Toiletten in den dunklen hinteren Teil des Restaurants. Ich ertrag das gerad nich. Ich bin hier aufgewachsen. Ich bin hier römisch-katholisch getauft. Ich war hier bei den Scouts. Alles, wie es sich gehört. Aber ich bin kein Pallieter-Land-Kind. Ich bin keine von ihnen und werd nie eine werden. Ich bin ... ja, wer bin ich eigentlich? Gleich bin ich zwanzig, und ich weiß es noch immer nich ... wer ich bin und wohin ich gehör. Niemand hat mich gefragt: *Wohin möchtest du zu deinem 20. Geburtstag am 13. Dezember essen gehen?* Nee, denn die Antwort *In eins der coolen veganen Restaurants in Antwerpen* will niemand hören. Die Wut schnürt mir den Hals zu, eine Träne läuft mir aus dem Augenwinkel, und niemand ist da, der mich mal in den Arm nimmt. Ich muss hier raus und in mein Zimmer unterm Dach. Ich wart bei den Klos unsichtbar im Dunklen auf ne Gelegenheit, die sie ablenkt, um an ihnen vorbeizuhuschen. Bis dahin steh ich vor nem großen Spiegel und zupf mein olivgrünes Wollkleid zurecht. Darin fühl ich mich so wohl wie in einem Kokon. Ich brauch diesen Kokon, ich hab keinen anderen. Ich weiß nicht einmal, wer ich bin. Wie sieht meine richtige Mutter aus? Wie ich, milch-schokoladenbraune Haut und wilde schwarze Afro-Locken? Ich weiß es nich. Ich weiß nichts über meine Blutfamilie. Ich weiß nur sicher, dass ich nich zu einer Adoptivmutter pass, die das Haar bis zur letzten Strähne diszipliniert und domestiziert. Meine richtige Mutter würd mich und mein Haar lieben, mich umarmen, küssen, mich in allem unterstützen, was ich mir wünsch ... wenn sie nur bei mir sein könnt. Tränen füllen meine Augen. Spirit sei Dank kommt die Gelegenheit aus dem Restaurant anzuhauen schneller als erhofft. Am Nebentisch wird mit viel Klamauk schon Crêpe Suzette flambiert, wohl ne Weihnachtsfeier unter Kollegen. Es duftet nach Orangenlikör, die Funken fliegen, es zischt, und alle Augen wenden sich dorthin. Jetzt aber raus. Ich schnapp unauffällig meine braune Fliegerjacke, drück Tilly liebevoll einen Kuss aufs Haar, sag in Gedanken *Du bist wunderbar*, und blitzschnell bin ich an ihnen vorbei und draußen auf dem Kopfsteinpflaster des Grote Markt in der kalten Nacht.

Zu Fuß durch Frost und Nebel nach Haus, immer noch besser, als dumm zugequatscht zu werden. Meine Schritte verlieren sich auf dem Platz. Auf Höhe des historischen Rathauses aus Sandstein mit Türmchen rechts ab und vorbei am Astronomischen Uhrturm, der mir mit seinem melodischen Sternenspiel zur vollen Stunde vor Mitternacht einen guten Weg wünscht. Wenigstens etwas Liebenswertes. In der Itterbek säuselt das Wasser mir Gute Nacht zu, bis sie in die Nete fließt und ich stromabwärts nach Süden auf dem Deich mitgeh. Die weiten Wiesen wiegen sich im Wind, mein Herz geht auf, mein Lebensmut kommt zurück. Ich zieh mir noch die Mütze über die Locken und tief ins Gesicht. Wie viele Stunden hab ich hier allein nach Wildgänsen, Reihern und Schwalben geschaut und ihnen zugehört? Wie oft hab ich mir gewünscht, mit ihnen fliegen zu können? Hab in die Luft geschaut und einen Wolkenhengst in vollem Galopp auf mich zukommen sehen? Wie oft hab ich mich in den Wiesen bei Kühen und Pferden rumgetrieben und ihnen streichelnd Trost gespendet? Und nun will die Regierung Bäume fällen, den

Bauernhof abreißen und die Wiesen um die Nete zum Überflutungsgebiet machen. Die Unwetter häufen sich, das Wasser sucht seinen Platz und hat keinen. Dumm gelaufen, ihr Schwachköpfe. Aber es geht zuerst zulasten von Tieren und Natur, die schon gebeutelt genug sind. Reißt doch ein paar Straßen auf, damit das Wasser wegsickern kann. Ich lauf weiter über den Deich Richtung Süden und summ vor mich hin.

Mama und Papa haben mich nie verstanden, meine Liebe zur Erde, zu den Steinen, zu den Tieren, meine Sehnsucht nach Verbundenheit mit allem, was lebt. *Irrlicht* nennt Mama mich regelmäßig. Lucia nennt sie mich nur, wenn sie ausholt, um mich zu maßregeln oder zu strafen. Sie will, dass ich Karriere mach. Will, dass man mich als Kind gebildeter Leute einstuft. Weiter auf der gesellschaftlichen Leiter aufsteigen soll ich. Mehr Geld verdienen als eine Lehrerin und ein Richter soll ich. Besser soll ich's mal haben als sie. Aber was heißt denn das? Es geht ihr nich wirklich um mich. Es geht ihr um sich selbst, ihr Ansehen, ihren Status, ihre Wahrheit ... Ganz verstanden hat mich bisher nur eine, Grandmother Mepi ... Sie hat mich *gelesen* von oben bis unten, als wir uns hier auf dem Deich das erste Mal begegneten.

Gleich bin ich zu Haus. Bevor es runter vom Deich in unser Viertel geht, zieh ich die Flasche aus meiner Umhängetasche und schütt das verbleibende Margeritenwasser an einen jungen, kränkelnden Baum. Ich geb ihm auch noch eine Reiki-Behandlung. Dann sag ich den Raben, Tauben, Füchsen, Hasen, Mäusen, Kühen und Pferden Gute Nacht und bieg nach rechts in den Waterschransweg ab. Es geht vorbei an den Villen hinter hohen Hecken und schließlich nach rechts in die Siedlung voller Reihen- und Doppelhäuser. Unser

Reihenhaus liegt still und dunkel da. Fünf Schritte vom Bürgersteig bis zur Haustür auf Steinplatten, eingerahmt von sorgfältig manikürten Buchsbäumchen. Ich schließ auf, zieh mir die wadenhohen braunen Schnürstiefel aus und klopf die Gummisohlen vor der Tür gegeneinander, dass nur ja kein Dreck ins Haus kommt. Die rauen Steinfliesen unter meinen Füßen im Flur sind eiskalt. Ich häng die Jacke ordentlich auf den Bügel an die Garderobe und geh die reparaturbedürftige Wendeltreppe hoch in mein Zimmer. Die Stufen knarren bei jedem Schritt, aber Papa hat halt zwei linke Hände und Handwerker sind Mama zu teuer. Warum nur weht mir heut Abend die Wahrheit meiner Adoptivfamilie so eiskalt ins Gesicht?

In meinem Zimmer unterm Dach mach ich die große Salzsteinlampe an, sofort breitet sich ihr wohliger Schein aus. Der Himmel ist sternenklar, der Mond lacht. Mein Auge wandert über den Sternenhimmel. Tränen rollen, und mein Herz schmerzt. Ich zünd mir ein Räucherstäbchen mit Lavendelduft an und zieh mein Smartphone aus der Umhängetasche. Nix Neues von Robin. Nach Katzenwäsche und Zähneputzen wälz ich mich im Bett hin und her, stier auf die Zeitanzeige, zähl die Sekunden bis Mitternacht. Ich wart darauf, dass was passiert, aber nix passiert. Nur etwas ist anders seit der Nacht, in der ich sechzehn wurde. Damals hörte ich diese gütig liebevolle Stimme in meinem Kopf, die mir ruhig sagte, alles sei okay und bald würd mein neues Leben anbrechen. Gut, seit dem Studium in Aachen bin ich von weniger Kleingeistern umgeben. Ich mach, was ich interessant find, hab nen kleinen Kreis von Freunden aus der ganzen Welt, meinen Robin aus Singapur, den bärig starken und großen Dimitri, der russische Same von der Barentssee, und Tasha, die wunderschöne Südamerikanerin mit Maya-Vorfahren vom Titicacasee. Die drei sehen, was ich seh, nehmen wahr, was ich wahrnehm, meistens jedenfalls, mal auch ganz was anderes. Wir alle studieren aus demselben Grund in Aachen Georessourcen-Management. Wir lieben die Erde, die Steine, die Meere, die Tiere und wollen sie bewahren, schützen vor den bekloppten Menschen für alle Menschen.

Aber soll das schon der Durchbruch gewesen sein, von dem die Stimme sprach? Grandmother Mepi sagt *Nein.* Geduld soll ich haben, was *meins* wär, käm zu mir. Wenn Spirit mir jetzt zuhören würd, dann gäb er mir Geduld ... aber sofort.

Als ich nach unruhigem Schlaf durch ein *Ping* erwach, is mein Kissen nass von Tränen. Unten zanken sich die lauten Stimmen von Mama und Papa ... mal wieder über mich, schätz ich. Ich schau aufs Smartphone, endlich, ne Textnachricht von Robin. Mich durchläuft ein warmer Schauer. Ich erinner mich, als wir uns das erste Mal an der Uni in Aachen begegneten. Unsere Augen trafen sich, und ich spürte es im ganzen Körper.

Happy Birthday, my Darling! We are so far apart, the longing breaks my heart. Forever yours, Robin

MENSCHHEITSPROTOKOLL

Chroniken-Zeit 18.762.019 – 12.13
Projekt: *Es werde Licht*
Avidya Moha (Aspekt von SOLAS) und Dr. Thomas Müller (Aspekt von THEODAR)
Lokalisiert 47° 27' 29.578" N 8° 33' 19.714" E

Als Avidya Moha durch die Passagierschleuse mit dem Strom der Angekommenen in die überfüllte Ankunftshalle des Züricher Flughafens tritt, sucht sein Blick nach Thomas – vergeblich. Alle sind größer als er und verstellen ihm die Sicht. Dann läuft er ein paar Schritte in die Halle, und eine Frau mit zwei kleinen Kindern bringt ihn unerwartet ins Straucheln. Doch Thomas ist schon zur Stelle und bewahrt ihn im letzten Moment kräftig zupackend vor einem Sturz. „Alles okay, Paps?"

Die Frau geht mit ihren Kindern unbekümmert weiter.

„Ekelhaft, diese vielen Menschen. Bloß weg hier", sagt Avidya in seinem gewohnten indisch-englischen Singsang.

Der stattliche Thomas in Anzug und Krawatte mit elegant frisierten dunkelblonden Haaren und randloser Brille über den blaugrünen Augen umarmt den fröstelnden, nimmermüden Fünfundsiebzigjährigen erst einmal.

„Willkommen in der Schweiz, Paps!"

„Alle husten und prusten. Auch die Business Class, voll bis auf den letzten Platz, ekelhaft."

„Wie schön, dich vor Weihnachten noch zu sehen. David wird sich freuen, dass du zu seinem achtzehnten Geburtstag da bist. Eine tolle Überraschung."

„Mir ist kalt. Lass uns fahren ..."

„Ja, eisig, dieser Schneematsch. Aber das Feuer prasselt schon im Kamin und die Hausdame hat das Gästezimmer behaglich für dich hergerichtet. Es duftet nach Zedern, wie du es liebst. Ich bin überrascht ... erfreut ... Wie lang bleibst du, Paps?"

„Zwei Nächte, bis Sonntagmorgen, um genau zu sein, dann dürften du und ich alles besprochen haben."

Thomas schaut ihn fragend an. Er weiß, dass Avidya aufgrund seiner indischen Abstammung Kälte verabscheut und Reisen in der Kälte noch viel mehr. Er schirmt den kleinen alten Mann in Anzug, Wintermantel und schütterem grauen Haar mit seiner ganzen Körpergröße und weit ausgebreiteten Armen gegen die Menschenmassen ab. Doch eine Gruppe chinesischer Geschäftsleute verstellt ihnen den direkten Weg zur wartenden Limousine, und Thomas sieht sich gezwungen, einen anderen Ausgang zu wählen. Als Thomas' Chauffeur sie kommen sieht, springt er artig aus dem Wagen, nimmt Avidya den Aktenkoffer ab, niest und entschuldigt sich. Thomas öffnet Avidya die Wagentür hinter dem Chauffeur, sagt „Nach Hause" zum Fahrer, geht um den Wagen herum, steigt ein und lässt die schallsichere Glasscheibe zum Fahrer hochfahren. Das Leder in der wohlbeheizten Limousine riecht noch frisch und erinnert Avidya daran, dass Thomas diesen nagelneuen schwarzen S-Klasse-Mercedes mit cognacfarbener Innen- und Sicherheitsausstattung erst vor kurzem bekommen hat. Er wollte dieses Sondermodell unbedingt haben, und so hatte Avidya nach mehr als einem Jahr Drängen nachgegeben. Avidya wartet einen Augenblick, bis der

Wagen in den morgendlichen Verkehr eingetaucht ist, bevor er aufs Geschäftliche kommt.

„Wie steht's mit dem Verkauf der Kobaltmine in Kolwezi?"

„Zum 31. März 2020 dürfte alles rund und die Tinte trocken sein. Wir verkaufen an den europäischen Giganten der Rohstoffhandelsbranche, Konzernzentrale drei Straßen von uns entfernt in Zug ... du weißt schon, wer ..."

Avidya nickt.

„Sie kaufen die Gesellschaft, eine Transaktion auf dem Papier hier in der Schweiz. Das lokale Management bleibt. Niemand wird etwas bemerken, und das hiesige Management ist zum Schweigen verpflichtet. Wir haben nur noch eine kleine Ärgerlichkeit mit dem kongolesischen Steuerbescheid für dieses Jahr. Ansonsten sind wir uns über den Kaufpreis einig, Wert nach gängiger Formel plus zehn Prozent."

„Was ist mit dem Steuerbescheid?"

„Entspricht dem gesetzlichen Prozentsatz, wie immer. Unser neuer Manager vor Ort hat nur den Bogen noch nicht raus, wie er den zuständigen Minister bearbeiten muss, damit der einen neuen Bescheid mit einem Steuersatz von nur drei Prozent ausstellt."

„Welcher Trottel zahlt im Kongo schon die gesetzlichen Steuern?"

„Jedenfalls kein ausländisches Unternehmen, das ich kenne."

„Dann flieg gleich nächste Woche runter, um das zu regeln, Thomas." Avidya schaut Thomas direkt in die Augen, um zu erkunden, was er denkt. Thomas schweigt.

Ihr Wagen kommt ruckartig zum Stehen. Der

Chauffeur musste hart bremsen, weil eine schwarze Limousine mit Diplomatenkennzeichen ohne Blinker eingeschert ist. Der Fahrer hebt seine Hand zur Drohgebärde, als er den anderen Wagen mit einem Tritt auf Gaspedal links überholt. Am Steuer der Diplomatenlimousine sitzt ein chinesischer Fahrer.

„Schon wieder diese Chinesen. Benehmen sich, als gehöre ihnen die Welt schon." Thomas' Stimme klingt plötzlich gereizt.

„Lass gut sein, mein Junge." Avidya schüttelt sich und nimmt ihr Gespräch wieder auf. „Wie hast du den Deal eingefädelt?"

„Die Villa ihres CEO steht keine dreihundert Meter entfernt von meiner am Hang von Rüschlikon. Wir treffen uns gelegentlich auf einen Kaffee mit Cognac und Zigarre. Bei schlechtem Wetter ist das vor dem knisternden Kaminfeuer mit Blick auf den Zürichsee genauso wohltuend wie bei Sonne und einer Flasche Wein auf der Terrasse."

„Verstehe, gepflegter Austausch unter Gentlemen."

„Bin erleichtert, wenn wir diese Mine los sind und noch einen dicken Schnitt gemacht haben ... und all das im Stillen."

„Lass nur, Junge, die Kritik daran, wie Kobalt abgebaut wird, landet immer mal wieder in den Medien. Sie schimpfen hochnäsig, schütteln verächtlich den Kopf, zappeln lautstark, aber dann ist wieder Ruhe."

„Nur gut, dass der Abbau und die Lieferkette von Kobalt bis in die Endgeräte undurchsichtig sind."

„Die westlichen Verbraucher interessiert es einen schokoladenbraunen Kobaltdreck, wie das Metall in die Hochleistungsbatterien ihrer Smartphones, Computer, E-Autos und was auch immer an

Elektrozeug gelangt. Glaubst du, auch nur ein Smartphone-Nutzer würde sich noch über die Geschäftspraktiken im Kongo mokieren, wenn sein liebstes Spielzeug dafür nicht mehr in seine Hosentasche passt? Aber die Chinesen interessiert das noch viel weniger."

Thomas presst die Lippen aufeinander und schüttelt den Kopf. Avidya schließt daraus, dass sie sich einig sind.

„Die Welt braucht, was der Kongo hat, mein Junge", bemüht er sich Thomas nochmals zu beruhigen. „Shiva sei Dank machen die Chinesen das Kobaltgeschäft überwiegend mit den armen Wichten, die auf eigene Faust mit Hacke und Schaufel danach graben, verunglücken oder sonstwie den Tod einatmen. Das ist unmenschlicher als unser industrieller Abbau." Avidya sieht häufig des nachts Bilder von diesen armen Wichten vor seinen Augen. Sie rauben ihm den Schlaf, aber er ist hartgesotten genug geworden, um sich davon nicht von seinen Zielen abbringen zu lassen. „Es ist nicht unsere Aufgabe, da Ordnung reinzubringen. Das müssen die Mächtigen im Kongo schon selbst regeln."

Thomas schüttelt den Kopf. „Ja, Paps, du hast ja recht, aber ... du weißt auch, dass sie das nicht tun werden. Von den zwanzig Familien, die das Land beherrschen, sind ein Drittel an der Macht, um die eigenen Bedürfnisse zu stillen, ein Drittel sitzt im Gefängnis, und ein Drittel ist ins Exil geflüchtet, um sich und ihr Vermögen zu schützen. Nur ein paar aufrechte Intellektuelle kämpfen einen aussichtslosen Kampf."

„Lass gut sein, wir bezahlen die Arbeiter nach den lokalen Bedingungen, mehr können und müssen wir nicht tun."

„Die Firma hat ..."

„Lass gut sein. Jeder muss sehen, wo er bleibt. Vergiss nicht, wie viele gemeinnützige Stiftungen wir in England, im Libanon, in Indien und auch in der Schweiz unterstützen."

„Ja, aber ..."

„Lass endlich gut sein. Wegen der Mine im Kongo habe ich den Weg von London nach Zürich nicht gemacht ... auch nicht wegen Davids Geburtstag."

Thomas schaut ihm ins Gesicht und zieht dabei die Augenbrauen hoch. „Ich hatte mich schon gewundert, was es so Wichtiges gibt. Wir telefonieren doch beinahe täglich ..."

„Es ist etwas Ernstes, und ich habe schon zu lange gebraucht, um es überhaupt hören zu wollen."

„Ist etwas mit deiner Gesundheit nicht in Ordnung? Du siehst müde und – entschuldige, wenn ich das sage – eingefallen aus." Die Falten auf Thomas' Stirn legen sich in hohe Wellen und tiefe Täler. Seine Nackenmuskeln spannen sich an, als er auf Avidyas Antwort wartet.

„Die Ärzte geben mir noch maximal drei Monate."

„Was sagst du da?"

„Schau nicht so entsetzt, das macht es mir doppelt so schwer abzutreten. Bauchspeicheldrüsenkrebs ... fortgeschritten. Pritha kommt zum gleichen Schluss. Ich will nicht sterben, hörst du, aber Shiva lässt mir keine Wahl."

Ein Schauer des Entsetzens überläuft Thomas vom Kopf bis zum Magen, der sich schlagartig zusammenkrampft. Tränen treten ihm in die Augen.

Avidya ist gerührt und denkt: *Warum ist* er *nicht mein Sohn?*

„Ich ... ich ...“, stammelt Thomas, „ich kann dir gar nicht sagen, wie mich das schmerzt ... Paps ... ich will das nicht. Gibt es denn gar keine Heilungsmöglichkeit?“ Er zieht ein blütenweißes, gestärktes Taschentuch aus der Hosentasche, schiebt die Brille in die Haare und trocknet seine Augen von Tränen und Schmerz.

„Danke, mein Junge, ich weiß das zu schätzen.“ Avidya legt ihm seine rechte Hand auf den Unterarm und atmet tief aus. „Es muss bald ohne mich weitergehen. Die Macht muss neu geordnet werden, bevor ein Unglück geschieht und der Vijay-Konzern zerfällt. Ich habe mit meiner Amal gesprochen. Ihre beiden Söhne aus erster Ehe können den Konzern nicht leiten. Das Geflecht der Unternehmen, ihre Steuerstrukturen über Länder und Kontinente hinweg, längerfristiges, strategisches Denken, das liegt ihnen nicht. Ibrahim ist ein äußerst tüchtiger und gewiefter Metallhändler, findet immer die gute Balance zwischen Long und Short Selling, aber er ist viel zu hitzköpfig, um große Entscheidungen zu fällen, die dauerhaft Bestand haben müssen. Und Ismael war schon immer der Finanzer, bedächtig kalkulierend und strategischen Risiken ausweichend. Ihm fehlt das Gespür für künftige Entwicklungen und zwischenmenschliches Feingefühl. Aber ohne all das geht es nicht. Amal muss das einsehen. Ihre Söhne können es nicht, und unsere beiden Töchter auch nicht.“

Thomas zuckt merklich zusammen, trocknet weiter seine Tränen. Avidya fängt auch an zu weinen. Er will nicht sterben! Jetzt schon gar nicht, jetzt, wo er es geschafft hat. Jetzt, wo er Macht hat. Wo er ein reicher Mann ist, seinen Logenplatz an den Grand-Slam-Finaltagen in Wimbledon hat, mit den gebürtigen

Britten in den Pausen Erdbeeren mit Schlagsahne isst und Champagner dazu trinkt. Jetzt, wo sie ihn nicht nur beachten, sondern auch achten müssen. Was hat er dafür nicht alles geopfert? Avidya Moha, der Bastard aus Mumbai. Sie hatten ihn nie auf der Rechnung, und jetzt müssen selbst hochnäsige englische Adelige mit Oxford-Englisch nach seinem indisch-englischen Singsang tanzen.

„Aber Amals Söhne werden die Macht wollen, Paps ... sie ...“ Er hält inne und steckt sein Taschentuch wieder in die Hosentasche.

Auch Avidya trocknet sich eine Träne mit einem Papiertaschentuch. „Ja, mein Junge, das werden sie gewiss. Aber Amal wird ihnen sagen, dass es so das Beste ist, auch wünscht sie sich einen ihrer Söhne auf dem Chefsessel. Versteh sie bitte nicht falsch, sie ist eine fürsorgliche Mutter, und wäre ihr erster Mann nicht gestorben ...“

„Ja, wirklich tragisch ...“

Avidya will den Gedanken in seinem Kopf verscheuchen, aber er kommt doch, und vielleicht ahnt Thomas es ja auch. Er räuspert sich. „Du, mein Junge, wirst es tun. Du allein bist dazu befähigt, unseren Konzern zu führen, und hoffentlich später einmal euer Sohn David.“

Thomas presst die Lippen zusammen und fasst sich mit einer Hand an die Kehle. Dann, nach einem Moment des Nachdenkens, erwidert er leise: „Sie können mich jederzeit raussetzen, das ist dir klar?“

„Ich werde dir wie versprochen in meinem Testament Anteile übertragen. Amal, ihre beiden Söhne, unsere Töchter Pritha und Maya müssten sich dann schon verbünden, um dich aus dem Chefsessel zu entfernen. Du weißt, dass die Araber und die Hindus in unserer Familie nicht gut miteinander stehen. Das gibt dir zusätzlichen Schutz.“ Avidya atmet hörbar schwer, seine Gesichtshaut wird fleckig rot. Natürlich bedeutet das für den Rest von Thomas‘ Leben einen Ritt auf dem Vulkan. Sie werden alle mitreden wollen und immer Einwände haben. Sie werden ständig so tun, als könnten sie ihm das Wasser reichen.

„Sie werden mich nicht auf dem Chefposten wollen, Paps. Du weißt es.“

„Ihnen allen fehlt das Vorstellungsvermögen für die ganz großen Dinge. Deshalb müssen du und ich alles festzurren, bevor ich abtrete. Versteh doch, nur deshalb bin ich hier.“

„Warum sagst du es mir allein und nicht gleich, wenn Maya und David dabei sind?“

„Maya kann nichts für sich behalten, und David ist noch zu jung.“

„Er wird heute volljährig, sieht aus wie ich in jungen Jahren. Seine Barthaare sprießen. Zwei Freundinnen hatte er auch schon, alle aus gutem Hause, darauf achte ich. Seit er vor kurzem begonnen hat, Informationstechnologie zu studieren, blüht er völlig auf. Ich bin sehr stolz auf ihn, weißt du? Er hat sein Ding früh gefunden, und allein ... nicht wie ich ...“

Avidya kräuselt die Lippen. Er liebt seinen einzigen Enkel, aber er weiß nie, wie alt er ist, wann er Geburtstag hat und was er so treibt. „David ist ein tüchtiger Junge, kommt ganz nach seinem Vater, Shiva sei Dank.“

Thomas läuft rot an, schämt sich in Anbetracht der Todesnachricht des Schwalls väterlicher Begeisterung. Dann fängt er sich. „Und was sagt Pritha dazu? Als deine Ärztin ist sie doch verpflichtet zu schweigen.“

„Pritha ist weise. Sie beschränkt sich auf ihre Rolle als Ärztin. Sie, Amal und du, und damit lassen wir es gut sein. Alle anderen werden es zusammen erfahren, wenn du und ich der Familie die neue Richtung und die neuen Regeln präsentieren."

„Und Amal ist wirklich einverstanden? Ich meine ..."

„Sie ist einsichtig, was die wahren Fähigkeiten ihrer Söhne anbelangt."

„Gibt es denn keine andere Lösung, Paps?" Er schaut Avidya mit zugekniffenen Augen an, fast so, als würde ihm etwas wehtun.

„Verkaufen ... meinst du das? Kommt nicht in Frage! Traust du es dir etwa nicht zu?"

Thomas reckt sich. „Hab ich nicht bewiesen, dass ich es kann?"

„Das hast du, das hast du. Du bist hart, wenn man hart sein muss, ein geschickter Taktiker, weitsichtig, klug und in der Branche überall gern gesehen. Und du hast, was ich nicht habe: stattliches Aussehen, eine männlich markante, wohlklingende Stimme, weiße Haut, dunkelblonde Haare, einen urdeutschen Familiennamen mit Doktortitel im Ingenieurwesen, und für alle Welt bist du trotzdem der charmante Kanadier."

„Aber bisher hast du für Ruhe und Ordnung in der Großfamilie gesorgt, Paps. Du hast immer ein Machtwort gesprochen, wenn Ibrahim und Ismael aufbegehrten. Ich habe diese Macht nicht."

Avidya schweigt und schnäuzt in sein feuchtes Papiertaschentuch.

LIER, 13. DEZEMBER 2019

Als ich aufwach, hab ich Geburtstagswünsche von Dimitri und Tasha mit Smiley, Küsschen, Kuchen und Blumen auf dem Smartphone. Ein neuer Glücksmoment. Ich summ vor mich hin, schreib schnell zurück und freu mich wahnsinnig darauf, mit ihnen im Studentenwohnheim in Aachen nachzufeiern. Ich öffne auch den Brief von Tilly. Eine Karte, vorn eine Aufnahme des winterlichen Sternenhimmels. Auf die Rückseite hat sie geschrieben: *Deine Gefangenschaft im Turm der Verblendeten ist vorbei. Jetzt wirst du die Sterne sehen. Du bist eine 8, noch im a² in der 3, aber schon auf dem Weg zur 9. Zieh daraus deine Stärke. Immer für dich da, deine Tilly.* Wie viel sie weiß über Numerologie, über das Tarot, über Turm Momente der 16/7 im Leben. Der Blitz schlägt in den hohen Turm ein, der von menschlichen Illusionen gebaut is. Das imaginäre Gebäude stürzt ein und die Menschen fallen runter. Welch schönen Moment haben Tilly und ich gehabt, als wir zusammen mein persönliches göttliches Dreieck nach Pythagoras gezeichnet und berechnet haben. All das Wissen, das in der Schule nich gelehrt wird. Und Tilly hat auch noch zweihundert Euro in den Geburtstagsumschlag gesteckt. Wie lieb von ihr. Ich schick ihr schnell eine Dankes-SMS mit Küsschen. Wenn ich zurück bin in Aachen, bedank ich mich noch mit einem Päckchen von den feinsten Printen, die sie so liebt.

Als ich die knarrenden Treppenstufen runter in den Flur komm, riecht es nach angebratenem Schweinefleisch. Mama weiß, dass mir von dem Geruch übel wird. Wieder so ne subtile Strafaktion. Sie klappert in ihrer Küche mit Geschirr, will heißen: Schimpftirade im Anmarsch. Aber erst mal schellt es an der Haustür. Mama ruft mit krächzender Stimme im Oberlehrerbefehlston: „Mach auf ... Papa hat schon wieder seinen Schlüssel vergessen.“ Ich fass an die Haustürklinke, um zu öffnen, unsicher, wie er mich begrüßen wird. Gratuliert er mir liebevoll oder stinkesauer von gestern Abend, weil ich abgehauen bin, oder is er noch angestänkert vom Streit mit Mama?

Aber da is kein Papa an der Tür. Es is ne Frau. Sie is....! Ich keuch plötzlich, meine Knie zittern. Sie is wie ich. Ihr Haar. Ihre Haut. Wie ich. Aber älter. Meine Mutter? Is das meine Mutter? Ich krieg keine Luft mehr. Die Gewohnheit befiehlt mir, nach draußen zu gehen, um einen Fremden zu begrüßen. Ich stolper fast.

"Es tut mir leid", sagt sie auf Französisch. "Ich wollte dich nicht erschrecken."

Ich krieg kaum die französischen Worte raus. "Wer ... wer sind Sie?"

"Mein Name ist Walikia Keita. Ich bin die Schwester deiner leiblichen Mutter. Ich bin gekommen, um dir zum Geburtstag zu gratulieren."

"Wie ist das ....?"

"Was ist denn hier los?" Mama schallt von hinten wie ein Signalhorn gegen eine Wand aus Schülerstimmen. Ich kann meinen Blick nicht von den Afro-Haaren und der dunkelbraunen Haut abwenden. Wie aus dem Nichts schiebt sich Dad um uns herum und winkt Mama mit einer Tüte Brötchen zu. Er sagt ihr, sie solle uns in Ruhe lassen, schiebt sie hinein und macht die Tür hinter sich zu. Ich stehe allein auf der Eingangsstufe und sehe sie an. Die Zeit steht still. Ich weiß nicht, wie lang wir so stehen, ich und sie.

Irgendwann streck ich ihr die Hand zur Begrüßung entgegen, weiß aber nich, was ich sagen soll.

„Ich bitte um Verzeihung, dass ich dich so überrasche. Ich würde mich gern richtig vorstellen und dir etwas von deiner Mutter und unserer Familie überreichen. Dürfte ich vielleicht hereinkommen?"

Unbeholfene Minuten vergehen. Ich lass sie vor der Tür stehen, erklär Mama und Papa, dass die Schwester meiner leiblichen Mutter da is. Mamas Gesichtszüge werden sofort hart, wie versteinert. Papa geht mit mir zur Haustür, ich stell sie einander vor, und Papa bittet Frau Keita höflich auf einen Kaffee herein. Mama gibt Frau Keita nich die Hand. Papa überspielt das, bittet unseren Gast mit an den Esstisch mit frisch gestärkter weißer Tischdecke, auf dem eine rote Geburtstagskerze brennt und in Geschenkpapier verpackte Bücher liegen. Mama kommt mit einer zusätzlichen Tasse nebst Unterteller des Sonntagsgeschirrs in der Hand und stellt beides mit einer widerwilligen Geste auf den freien Platz am Tisch neben meinen. Wir setzen uns. Mama sitzt steift und starr da. Papa schenkt unbeholfen Kaffee aus, kleckert und fängt sich sofort einen bösen Blick von Mama ein. Ein bizarres Schauspiel. Frau Keita lächelt, Walikia hat sie gesagt, aber ich bin mir nich sicher, ob ich gut genug zugehört hab, bin einfach überwältigt. Sie sitzt links neben mir, Mama ihr gegenüber, mit verschränkten Armen eng am Körper, wie ein Panzer. Papa schaut mich liebevoll an.

„Es tut mir leid, dass ich unangekündigt erscheine, aber ich hielt es für das Beste."

„Willkommen. Bitte trinken Sie einen Schluck und erzählen Sie uns, warum Sie gekommen sind." Dabei lächelt Papa sie freundlich an. Er meint es so, wie er es sagt.

„Ich würde es begrüßen, wenn Sie uns sagen, was das Theater soll und warum Sie uns heute stören.“ Mama lässt keinen Zweifel darüber aufkommen, wie sie das sieht.

„Mein Name ist Walikia Keita, ich bin die Schwester von Lucias Mutter und aus Kinshasa angereist.“

„*Ich* bin Lucias Mutter“, erklingt es böse von gegenüber, während Mama ihren Armepanzer öffnet und die Hände quer über den Tisch nach mir ausstreckt, so als müsste sie ihr Küken vor dem bösen Wolf retten. Frau Keita lässt sich nich aus der Ruhe bringen und fährt lächelnd fort.

„Meine Schwester Amaike und unsere Mutter Shaira, Lucias Großmutter, wurden heute vor zwanzig Jahren auf offener Straße ermordet. Wie durch ein Wunder gelang es den Ärzten im Krankenhaus in Kolwezi, Lucias Leben zu retten. Im Sterben ordnete meine Mutter an, das Kind Lucia zu taufen und es zur Adoption nach Belgien freizugeben, aber das Band der Seele in alle Ewigkeit zu bewachen.“

Meine Kehle zieht sich wieder zusammen, ich will fragen, was … wie … krieg aber keinen Ton raus und knet stattdessen nur meine Hände. Papa greift nach Mamas linker Hand und hält sie schüchtern in seiner.

„Unsere Familie ist diesen Weg mit blutendem Herzen und zitternden Händen gegangen. Wir haben auf einen Schlag drei Frauen in der Familie verloren, aber wir wussten, dass wir Lucia nicht auch zur Zielscheibe machen durften. Wenn jemand so weit ging, auf offener Straße auf wehrlose Frau schießen zu lassen, dann stecken mächtige Interessen dahinter.“

„Zielscheibe von wem?“, fragt Papa und reibt sich mit der linken Hand fahrig durchs Gesicht.

„Wir Keitas sind aufsässig, stemmen uns gegen die Ausbeutung unseres Landes durch ausländische Unternehmen, korrupte Politiker und Provinzbeamte. Wir sind es gewohnt, dass einflussreiche Leute uns das Leben schwer machen ... aber geschossen hatte zuvor noch niemand auf uns.“

„Wer schoss?“ Papa atmet tief aus, so als sei es die schwerste Frage überhaupt.

„Wachmänner einer Kobaltmine.“

„Das sind doch nur die Handlanger.“

„Ja, Herr Peeters, das sehen wir auch so.“

Papa wird fahlweiß um die Nase.

„Kolwezi liegt ganz im Süden des Kongo. Dort lagern rund sechzig Prozent der weltweit verfügbaren Kobalt-Vorkommen. Hier wird das ganz große Geld gemacht und dann in ganz wenige Taschen geschleust. Der Kongo ist an Bodenschätzen eines der reichsten Länder der Welt, aber die Bevölkerung ist eine der ärmsten.“

„Sind die Täter ermittelt und vor Gericht gestellt worden?“

„Nein.“

Papas Nasenflügel beben. Mama bekommt feuchte Augen. Ich hör auf zu zittern, drehe mich mehr zu Walikia Keita.

„Woher wissen Sie, dass Lucia meine Tochter ist? Woher wissen Sie, wo wir wohnen? Man hat uns versichert, die Adoption verlaufe anonym.“ Mamas Augenbrauen sind hochgezogen, die Augen weit aufgerissen und ihre Pupillen starr. Ihre Stimme ist wutverzerrt.

„In einem der korruptesten Länder dieser Welt

ist für Geld auch ein Name von der Adoptionsbehörde zu haben. Den Rest haben wir selbst hier in Belgien herausgefunden."

„Mit Kriminellen wollen wir nichts zu tun haben ..." Mama weist mit der offenen Hand Richtung Haustür.

„Kriminell nennen Sie es, wenn man das Leben der eigenen Familie schützen will und dennoch wissen möchte, wo das Kind ist und wie es ihm geht? Interessant. Wenn das Ihr Urteil über die Kongolesen ist, Frau Peeters, dann lassen Sie uns doch mal das gesamte Bild betrachten. Der Reichtum Belgiens beruht zu einem wesentlichen Teil auf der Ausbeutung meiner Heimat und Mord an meinem Volk seit den Zeiten von König Leopold II."

„Da hört sich doch alles auf!"

Frau Keita lässt ihren Blick einen Moment über Mamas und Papas Bücher in den Regalen im Wohnesszimmer schweifen. „Sie scheinen eine gebildete Familie zu sein. Aber was Sie nicht sehen oder wissen wollen, das gibt es trotzdem. Wenn Sie sich aufregen möchten, dann müssen Sie bei König Leopold II. anfangen. Er hat den Stämmen meiner Heimat, die keine Vorstellung von Privatbesitz und ihre eigene großartige Kultur hatten, unter dem Deckmantel, Barbaren zivilisieren zu wollen und Wohltätigkeit zu verbreiten, zuerst das Land genommen. Dann hat er sie auf seinen Kautschukplantagen und in seinen Fabriken arbeiten lassen, und wer nicht spurte, wer die Produktionsquoten nicht erfüllte, dem wurde die Hand abgehackt, der durfte elendig verrecken. Hätte König Leopold II. und später der belgische Staat die Kongolesen nicht wie Untermenschen behandelt, wer weiß, vielleicht wären wir heute wohlhabend, frei von

Korruption, frei von Bandenkriegen um Coltan im Ostteil des Landes, frei von Ausbeutung und Kinderarbeit in den Kobalt- und Goldminen. Dann müssten wir unsere Kinder nicht durch Adoption vor kaltblütigen Mördern und blutigen Machtkämpfen um Bodenschätze schützen."

Mama reißt den Mund weit auf, will zum Gegenschlag ausholen, will recht haben, wie immer, aber Papa fährt ihr völlig gegen seine Art dazwischen.

„Beruhige dich und hör zu, Elizabeth. Es geht jetzt um Lucia, nur um Lucia."

Frau Keita atmet langsam aus und spricht behutsam weiter. „Als Amaike schwanger wurde, weissagte unsere Mutter ihr, die Seele des Kindes sei für Großes ausersehen."

„Was ist das denn für ein Hokuspokus?", prustet Mama wütend über den Tisch und steht demonstrativ auf. „Wir sind hier in einem zivilisierten Land! Lucia ist anständig erzogen worden!"

Bevor Frau Keita weiterreden kann, greift Papa nochmals bestimmter ein: „Setz dich bitte, Elizabeth, und hör einfach nur zu."

„Ich verstehe, wie Ihre Frau sich fühlt."

„Nein, das verstehen Sie nicht", giftet Mama von oben herab über den Tisch und richtet ihren Zeigefinger wie eine Pistole auf Frau Keita. „Sie schneien hier einfach so rein, wollen mir ein schlechtes Gewissen einreden, um mir dann mein Kind wegzunehmen und es Hokuspokus und Scharlatanen auszusetzen. Das werde ich nicht zulassen."

„Elizabeth, Lucia hat ein Recht zu erfahren, woher sie stammt und was sich damals wirklich zugetragen hat. Wir konnten ihr nie Antworten auf diese Fragen geben. Hör jetzt zu oder geh so lange hinaus, bis

Frau Keita ihren Besuch beendet hat!“

Frau Keita greift mit der linken Hand in ihre Handtasche, die neben ihr auf dem Boden steht, und nimmt zwei in leuchtend bunte Tüchlein gewickelte Päckchen heraus. „Dies“, sagt sie und reicht mir das große Tüchlein mit feuerfarbenen Strahlen, „sind Fotos von deiner Mutter Amaike, deiner Großmutter Shaira, deinem Großvater Elyas und von Mitgliedern der ganzen Familie. Sieh sie dir in Ruhe an, wann immer du willst.“

Ich nehm das Päckchen und drück es an mich, denk einen Moment nach und entscheid mich, es zu öffnen, wenn ich allein in meinem Zimmer bin. Mama stiert mich mit zusammengekniffenen, aber blitzenden Augen an. Ich leg es verlegen auf meinem Schoß ab. Ich will ihr nich noch mehr wehtun.

„Und dies ist der Ring deiner Mutter Amaike.“ Sie gibt mir ein winziges grün-violettes Bündel, darin find ich eine quadratische Samtschachtel. Ich öffne auch sie, und mir strahlt ein zarter Goldring entgegen. Eine Schlange, die sich um den Finger windet und mit dem Kopf in den Schwanz beißt. Der Schlangenkopf hat winzige Augen aus einem rubinroten und einem smaragdgrünen Stein. Ich nehm ihn raus und steck ihn an den Ringfinger meiner rechten Hand. Er sitzt wie angegossen. Ich streck die Hand aus, halt sie in die zaghafte Morgensonne, die durch die Scheiben des Wintergartens hereinfällt, sodass alle meinen Ring sehen können. „Was für ein fantastisches Geburtstagsgeschenk. Er passt wundervoll zu den Ohrringen, die Tilly mir zum Abi geschenkt hat.“

Mama tritt ruckartig zurück, ihr Stuhl schleudert nach hinten und fällt mit einem Knall auf die Steinfliesen. Sie rennt durch die Küche raus in den

Flur. Wir hören jeden ihrer Stakkato-Schritte auf der Treppe, dann knallt oben ne Tür.

„Entschuldigen Sie mich und meine Frau bitte. Das ist doch etwas viel auf einmal“, sagt Papa, steht auf, setzt Mamas Stuhl wieder zurecht, nickt mir zu und geht hinter Mama her.

„Ich möchte dein Leben wirklich nicht in Unordnung bringen.“

„Das ist durcheinander, seit ich denken kann. Ich bin eine Fremde hier. Schau nur.“ Ich zeig auf die Geburtstagsgeschenke auf dem Esstisch. „Bücher bekomm ich jedes Jahr. Die Hälfte der Titel darf ich mir selbst wünschen, die andere Hälfte sucht noch immer Mama aus. Sie versucht jeden Tag, aus mir eine Kopie von sich selbst zu machen. Voll krass, oder? Ich bin doch ne erwachsene Frau, oder etwa nich? Und es sieht doch ein Blinder, dass ich anders bin.“

Frau Keita dreht sich auf ihrem Stuhl ganz zu mir. „Dein Großvater Elyas hat mich beauftragt, heute hier zu sein. Er hat unsagbar darunter gelitten, dich nicht bei sich zu haben, dich nicht selbst erziehen zu können. Aber es wäre verantwortungslos gewesen, dich im Kongo zu behalten. Ich erwarte nicht, dass du das glaubst oder verstehst, aber ich versichere dir, wir waren in all den Jahren bei dir.“

Ich zieh fragend die Augenbrauen hoch.

„Ich sehe dich heute nicht zum ersten Mal.“

„Was?“, entfährt es mir. Ich kann‘s kaum glauben.

„Alle zwei Jahre bin ich nach Belgien gekommen. Erst habe ich die Adresse herausgefunden, dich dann auch beobachtet, auf dem Schulhof, auf dem Nachhauseweg, auf dem Deich und in den Wiesen am Fluss. Ich habe gesehen, wie du mit Pflanzen und Tieren gesprochen hast, wie du in der Sonne sitzend gelesen und dabei immer wieder aufs Wasser und in den Himmel geschaut hast."

„Warum hast du mich nie angesprochen?"

„Wir durften dein Aufwachsen nicht noch komplizierter machen, als es ohnehin schon war. Ich habe mir manches Mal auf die Zunge beißen müssen, wäre an liebsten auf dich zugerannt, hätte dich umarmt und geküsst, wollte dich stundenlang liebevoll halten ... aber es ging nicht. Ich musste schweigend zusehen und tränenüberströmt wieder nach Hause fahren. Zumindest konnte ich deinem Großvater berichten, dass es dir den Umständen entsprechend gut geht, du Natur und Tiere liebst und in deiner Einsamkeit mit ihnen verbunden bist ..."

„Warum erst jetzt? Mit achtzehn bin ich volljährig geworden. Warum bist du nicht schon vor zwei Jahren gekommen?"

„Dein Großvater hat es schweren Herzens so bestimmt. Er lädt dich ein, ihn, mich und die ganze Familie in Kinshasa zu besuchen, sobald du willst. Ein Direktflug von Brüssel nach Kinshasa sollte leicht zu bekommen sein. Die Flugzeit beträgt etwas über acht Stunden. Wir bezahlen den Flug und holen dich dann am Flughafen ab."

Ich bin verwirrt, und doch kann ich es kaum erwarten. „Morgen ... nein, das geht nich ... über Weihnachten ..." Ich denk an Mama und Papa. „Nein, das geht auch nich ... gleich nach Weihnachten ... ja? Noch in diesem Jahr, gleich nach Weihnachten, ja ... geht das?"

„Natürlich, wann immer du willst."

„Aber ... den CO2-Emisionsausgleich zahl ich."

„Abgemacht ... Wir freuen uns alle so sehr auf

dich. Wir warten doch schon länger als du.“ Sie lächelt mir liebevoll zu.

Ich halt mir kurz die Hände vors Gesicht und muss schlucken. Tränen rollen mir aus den Augenwinkeln, und ich lass sie einfach rollen, schäm mich nich. Sie lehnt sich zu mir und umarmt mich, streichelt mir übers Haar. Wie gut das tut. Ich kann mich nich erinnern, wann Mama das zuletzt getan hat, wenn sie es überhaupt je getan hat.

„Sag bitte Walikia zu mir. Tante Walikia.“ Dann lässt sie mich los, und ich fang mich wieder, brauch aber einen Moment, bevor ich wieder sprechen kann. Auch sie hat Tränen in den Augen.

„Wisst ihr, wer ... wer mein Vater is?“

„Wir wissen es, und wir wissen es nicht.“

„Das geht nich ... Das ist unlogisch.“

„Deine Mama hatte mit Billigung deiner Oma eine Liebesbeziehung zu einem deutschen Ingenieur, der an seiner Doktorarbeit über industriellen Minenbergbau im Kongo schrieb. Sie lernten sich im Januar 1999 auf einer Demonstration an der Mine in Kolwezi kennen.“

„Warum sagst du *mit Billigung*, Tante Walikia? Das klingt so komisch. Was gibt es da zu billigen?“

„Im Kongo heiratet ein Mädchen früh und bekommt viele Kinder. Gebildete Leute wie wir warten damit. Es gibt kaum Verhütungsmittel, und HIV ist allgegenwärtig. Aber deine Großmutter war Schamanin, so wie alle Frauen in unserer Familie. Wir können Dinge erfühlen, erahnen, im Feinstofflichen lesen. Deine Großmutter wusste, dass Amaike mit diesem Mann den Kongo verlassen und sie zusammen eine Tochter bekommen sollten, die einer großen Aufgabe dienen würde.“

„Kannst du nicht etwas genauer sein?“

„Offenbarungen sprechen eine andere Sprache als die Forschung.“

„Ach so ... “, sag ich, aber verstanden hab ich‘s nich.

„Ende Juli 1999 verschwand der junge deutsche Ingenieur dann plötzlich, ohne ein Wort, ohne eine Nachricht. Amaike hat deinen Vater verzweifelt gesucht, aber bis zu ihrem Tod nicht mehr gefunden.“

„Aber er weiß, dass es mich gibt?“

„Sie hat ihm gesagt, dass sie ein Kind von ihm erwartet.“

„Wie heißt er?“

„Adam.“

„Vor- oder Nachname?“

„Vorname.“

„Und weiter?“

„Wissen wir nicht.“

„Adam heißen zigtausende Männer überall auf der ganzen Welt“, wend ich mit einem Stich im Herzen ein. Ich möcht endlich Klarheit, keine neuen Rätsel.

„Im Dunkeln bleibt auch, wer solche Angst vor Mutter und Amaike hatte, dass er auf sie schießen ließ.“

„Alles hab ich mir ausgemalt, warum ich zur Adoption freigegeben worden bin, aber das nich. Geträumt ... ja geträumt hab ich Hunderte Male von einem Krankenzimmer, ich hab geschrien und nur weinende dunkle Gesichter um mich herum gesehen.“

Sie lächelt. „Erinnerungen ... Erinnerungen an deine Geburt!“

„Meinst du wirklich?“

„Sehr wahrscheinlich.“

„Aber mein Vater?“

„Fotos haben wir keine. Hätten wir auch nur

eins, glaub mir, wir hätten ihn lange gefunden."

Ich krampfe meine Hände um das kleine Bündel mit den Bildern in meinem Schoß.

„Wir haben nichts, was uns auf seine Spur bringen könnte. Aber ich weiß tief in mir, dass ihr beide euch finden werdet, denn ihr gehört zusammen."

„Du sprichst wie Grandmother Mepi."

„Wie wer?"

„Die Einzige hier, zusammen mit ihren Mann Ilan, die mich wirklich, wirklich versteht. Eine Indianerin, eine Heilerin, eine weise, große Frau. Grandmother Mepi ist Name und Titel zugleich und wurde ihr verliehen, als sie vor Jahrhunderten den Stamm der Regenbogenfarben von Russland über die Beringstraße bis nach Nevada führte. In der jetzigen Inkarnation lebte sie als Maria ihre Fähigkeiten und Lebensaufgabe nich, bis White Bull sie 2012 erinnerte, dazu aufforderte und den Titel Grandmother Mepi erneuerte."

„Klingt für die Ohren deiner Adoptiveltern sicher nach Hokuspokus."

„Kannst du glauben. Aber ich halt's vor ihnen geheim. Eigentlich heißen sie Maria und Wouter, so kennen die Nachbarn sie, aber ich nenn sie bei ihrem wahren Namen."

„Dann bist du nicht allein, und das beruhigt uns. Ich glaube, Lucia, ich sollte jetzt besser gehen. Sobald ich aus dem Haus bin, wird es für deine Adoptiveltern erträglicher."

„Aber erst möchte ich dir noch mein Zimmer zeigen."

„Glaubst du, sie verkraften es, wenn ich mit dir die Treppe bis unters Dach hochgehe?"

„Woher weißt du, wo mein Zimmer ist?"

„Du hast einmal vor dich hin gesummt auf dem Deich, über deine Bude unter dem Dach und dass dir dort der Mond und die Sterne immer durchs Fenster lachen."

Ich steh auf und umarm Tante Walikia. Es fühlt sich so vertraut an. Walikia zieht an der Treppe die Schuhe aus, und wir schweben so geräuschlos wie möglich über die Holzstufen in meine *Drachenhöhle*, wie Mama mein Reich immer abwertend nennt.

Walikia schaut sich achtsam um.

„So aufgeräumt und reinlich, immer?"

„Mama is besser als ein deutscher Feldwebel, wenn es um die Erziehung zu Sauberkeit und Ordnung geht."

„Wow!", entfährt es ihr sanft. „Darf ich?"

„Sicher."

Sie geht erst auf meine Mineralien- und Steinsammlung im Regal und dann auf den runden Beistelltisch neben dem Bett zu, auf dem ich auch mein Margeritenwasser mach. Sie nimmt die besten Stücke meiner Sammlung eins nach dem anderen in die Hand, den großen, graublau über beige, rötlich bis braun funkelnden Achat-Drachenkopf, die violette Amethystdruse, das versteinerte graublaue Schneckenhaus, den Baumgeistkopf aus versteinertem hellbraunen Holz, die Sammlung der vier kleinen Drachenköpfe aus Amazonit, Rosenquarz, Rhodonit und Lapislazuli. Anschließend streicht sie beinahe zärtlich mit den Fingern über die Buchrücken im Bücherregal, während sie die Titel ausgiebig betrachtet. Zuletzt schaut sie über Laptop, Tablet, Smartphone und Schreibtisch hinaus aus dem Fenster und hinweg über den langgezogenen schmalen Garten Richtung der Wiesen vor dem Deich.

„Die Kraft der Seele ist die mächtigste Kraft“, sagt sie und schaut mich liebevoll lächelnd an.

„Wie meinst du das?“

„Im langen Wandregal deiner Adoptiveltern im Wohn- und Essraum habe ich auf den unteren beiden Brettern dicke Bildbände über Kunstgeschichte entdeckt, nach oben hin dünner werdende Bücher über Geografie, Kultur, Kulturreisen und Sprache.“

„Wir sind *Bildungsbürger*, sagt Mama. Darauf bildet sie sich echt was ein.“

„Nur die Geschichten und die Weltsicht der Gewinner.“

So hab ich das noch nie betrachtet.

„Die Bücher in deinen Regalen zeigen mir eine westliche Bildung in vier Sprachen, von der *Unendlichen Geschichte* über *Alice im Wunderland*, die *Chroniken von Narnia* und den *Herrn der Ringe* bis zum *Kleinen Prinzen*. Aber Alexander von Humboldts Entdeckungsreisen, Konrad Lorenz‘ Gänse, Jacques Cousteaus Meeresforschung und einen Bildband über die Sternbilder am Winterhimmel habe ich noch nie im Bücherregal einer so jungen Frau gesehen.“

„Bizarr ... für die meisten ... nich für mich. Meine Welt halt. Humboldt war einer der Ersten, der begriffen hat, dass alles ein zusammenhängendes Ökosystem is. Und seine Zeichnungen erst, voll cooler Infografiken, könnt so mancher Prof an der Uni heut echt was von lernen. Er hat halt nich getrennt zwischen Wissenschaft und Wahrheit. Ich hab, glaub ich, die gleiche Sehnsucht in mir. Nur was man kennt und versteht, das liebt man, und nur was man liebt, das beschützt man. Stimmt doch, oder?“

„Ja, so ist es ... aber ich sehe keine Bücher mit den Geschichten deines Blutes. Keine afrikanischen

Geschichten, die Mensch, Erde und Himmel verbinden und als eins sehen."

„Mama hat solche Bücher nich erlaubt. Sie hat immer gesagt: ‚Sei dankbar, dass du Belgierin bist und nich mehr zu den armen Schluckern gehörst.'"

„Aber in all den Büchern über Kosmos, Erde, Steine und Tiere, da spricht deine Seele."

Jetzt muss ich lächeln. Wie schnell sie mich analysiert, fast so wie Grandmother Mepi, aber die hat nur meinen Körper angesehen.

„Mama lehnt moderne Technik ab, Tante Walikia, und das ist mein Glück. Sie hat keine Ahnung, dass ich mit meinem Geld eBooks kauf und auf meinem Tablet les, was ich will. Natürlich hab ich Geschichten aus dem Kongo gelesen." Ich nehm das Tablet vom Schreibtisch und halt es fast wie eine Trophäe in die Höhe.

„Die Metalle darin, das Tantal für Mikrochips und Halbleiter und das Kobalt für die Batterien, all das ist der Fluch des Kongo."

„Aber wieso? Der Kongo hat viel Coltanerz, um Tantal herzustellen, und die größten Kobaltreserven der Welt."

„Als Belgien uns 1960 in die Unabhängigkeit entließ, hat man den frei gewählten Ministerpräsidenten Patrice Lumumba nach wenigen Monaten entmachtet und umbringen lassen. Er wollte die Reichtümer des Kongo für die Kongolesen. Den Ausländern, insbesondere den Amerikanern, gefiel das nicht. Sie missbrauchen den Kongo bis heute als Rohstofflieferanten zu Billigpreisen."

„Das wusste ich nich. Ich weiß nur, dass Mobutu und anschließend Kabila korrupte Diktatoren waren."

„Jetzt ist nicht der richtige Moment für die Politik im Kongo. Es geht um deine Zukunft und deine Aufgabe ... Du warst immer viel allein, nicht wahr?“

Ich nick nur. „Die Kinder in der Schule waren überwiegend gemein zu mir. Meine Hautfarbe hat sie gestört. Aber noch viel mehr hat ihre Eltern gestört, dass die mit der falschen Hautfarbe die Beste in der Schule war. Und weil die das gestört hat, hat es dann auch ihre Kinder gestört.“ Wie gut es tut, dass Walikia nun da is. Ich schau auf meinen Ring, Mutters Ring, und mich überkommt der Wunsch, Tante Walikia auch etwas Besonderes zu schenken. „Bitte, such dir aus meiner Steinsammlung etwas Wunderschönes aus. Das, was dir an besten gefällt. Ich möcht dir auch ein großes Geschenk machen.“

„Bis du sicher? Du könnest es bereuen.“

„Nein, ich bin heute so glücklich, und ich weiß auch, was dir gefällt, und du darfst ihn haben.“ Ohne auf ihre Antwort zu warten, nehm ich mein liebstes und bestes Stück, den fast 1,3 Kilo schweren Achat-Drachenkopf, und geb ihn in ihre sanften Hände. „Den schenke ich dir und freu mich, dass du ihn so liebst wie ich.“

„Du erkennst und fühlst mich ...“ Sie lächelt wieder sanft. „Das ist das schönste Geschenk heute ... Willkommen zu Hause, Lucia.“

„Irgendwie kann ich das wohl. Stell dir vor, wir alle sähen die Energie der Menschen mit all ihren Facetten statt nur ihre Körper!“

MENSCHHEITSPROTOKOLL

Chroniken-Zeit 18.762.019 – 12.13
Projekt: *Es werde Licht*
Avidya Moha (Aspekt von SOLAS) und Dr. Thomas Müller (Aspekt von THEODAR)
Lokalisiert 47° 18' 22.867" N 8° 33' 10.606" E

Der Wagen mit Thomas und Avidya fährt gegen elf Uhr in die große, elektronisch gesicherte Garage links der Villa. Draußen ist es nun richtig hell geworden. Beide Männer steigen aus. Die Hausdame tritt auf sie zu und nimmt Avidya Mantel und Aktentasche ab. Avidya schaut sich um. Da stehen Thomas und auch Mayas Porsche nebeneinander, als sei die Welt in bester Ordnung. Wenn Avidya etwas an Thomas missfällt, dann ist es seine Liebe für teure Autos. Für Avidya sind das die Spielzeuge des Mittelstandes, mit denen man sie beschäftigt und gefügig halten kann.

Die beiden Männer gehen durch die Garagentür und die Treppe hinauf in die Eingangshalle der Villa. Der grau-weiße italienische Marmor zu ihren Füßen glänzt. In der Mitte des Raumes steht ein runder Rauchglastisch, darauf eine weiße Vase voller Lilien, die sich zu öffnen beginnen. Gegenüber an der Wand befindet sich ein riesiger, golden gerahmter Wandspiegel, der die Eingangshalle doppelt so groß erscheinen lässt. Avidyas Blick wandert weiter hinauf zur hohen Decke, die ein Leuchter aus dunkelrotviolettem Bleikristall zum Funkeln bringt. *Eine Empfangshalle für Hochwohlgeborene*, geht es ihm durch den Kopf. Nur rechts unten in seinem

Augenwinkel, neben der Eingangstür, stören zwei große Kartons mit chinesischen Schriftzeichen diese makellose Optik. Avidya schaut Thomas fragend an.

„Einfach nicht hinsehen, Paps, tu ich auch nicht. Elektronik, hat David sich zum Geburtstag gewünscht. Die Kisten verschwinden gleich im Keller. Er verbaut sie dort in den nächsten Tagen in seinem SAM."

Im Wohnraum, in den sie geradeaus weitergehen, trällert die überdrehte Stimme von Maya Müller. Sie steht an der Wand am gegenüberliegenden Ende des Zimmers, mit einer Hand an den Kaminsims gelehnt, in der anderen ein Glas Gin Tonic. „Namaste, Vater." Maya, zierlich und so groß wie ihr Vater, geht zielstrebig auf ihn zu, um ihn zu umarmen. Ihr langes schwarzes Haar ist unfrisiert, ihr Gesicht wirkt maskenhaft um die glasigen braunen Augen und die blutunterlaufenen Wangen herum. Ein Anblick, an den sich Thomas inzwischen gewöhnt hat, aber peinlich ist er ihm dennoch. Gewaschen hat sich Maya an diesem Morgen nicht. Sie trägt noch ihren seidenen Schlafanzug und darüber einen Morgenmantel.

„Wie siehst du denn aus? So begrüßt man seinen Vater nicht."

Maya verzieht das Gesicht, dreht sich um und geht Richtung Sofa, das gegen die Rückwand des Zimmers rechts vom Kamin steht. David sitzt in einem Sessel rechts davon und beobachtet aufmerksam, was sich abspielt, während er seiner Jagdhündin Bea über den Kopf streichelt. Avidya Gesichtsausdruck zeigt ihm, dass er angewidert ist, während er alles inspiziert und in sich aufnimmt. Der dunkle Echtholzboden strahlt mehr Wärme aus als die Eingangshalle. Der schwarze Steinway-Flügel, eine glänzende Pracht auf einem cremefarbenen Perserteppich. Das Sofa und drei Sessel sind aus edlem, cognacfarbenem Leder. Erst jetzt bleibt Avidyas Blick an seinem Enkelsohn hängen. David hält eine glänzende, holzmelierte Schatulle in der Hand. Als er sich der Aufmerksamkeit seines Großvaters gewiss ist, steht er auf, legt die Schatulle auf den kniehohen gläsernen Couchtisch und geht auf seinen Großvater zu. David ist fast so groß wie Thomas, dessen Ebenbild aus jüngeren Tagen. Nur seine wischmoppartige Frisur missfällt Avidya. Er rümpft darüber die Nase, sagt aber nichts.

„Nicht so fest, du erdrückst mich ja", scherzt er, aber es ist wahrlich kein Scherz, die Umarmung tut weh. Bea schnuppert auch an ihm, bellt kurz auf und wedelt dann mit dem Schwanz.

„Wie schön, dass du gekommen bist, Opa. Ich habe dich schon so lange nicht gesehen." Dann flüstert David ihm leise ins Ohr: „Das ist schon der dritte Gin Tonic heute Morgen."

David wendet sich zu seinem Vater. Sie umarmen sich wie beste Kumpel, Bea wedelt dazu mit dem Schwanz und bellt. Avidya wird beim Anblick der beiden jungen Männer wieder warm ums Herz.

„Shiva sei Dank, die Zukunft des Vijay-Konzerns ist gesichert."

Maya ruft nach der Hausdame und ordert Champagner. „Wir haben zu feiern."

Gleich darauf sagt eine tiefe Frauenstimme: „Sie wünschen, bitte?"

Als Avidya sich umdreht, steht die kräftig gebaute Osteuropäerin mit kurzen Haaren und kräftigen Händen in schwarzer Bluse, schwarzem Rock mit weißer Servierschürze hinter ihm. Sie beobachtet die Familie aus wachen Augen. *Was sie wohl über Maya denken mag*, fragt er sich.

„Für mich Earl-Grey-Tee und ein Kresse-Gurken-Sandwich."

„Jawohl, mein Herr."

Thomas bittet um einen doppelten Espresso, David um eine heiße Ovo, und beide wollen Schokoladentorte zum zweiten Frühstück.

Maya zieht eine Schnute. „Was ist nur mit euch los? Na, ich hoffe, meinen Männern gefallen wenigstens meine Geschenke vom besten Juwelier der Stadt." Sie steht auf, setzt ihr Glas auf dem Couchtisch vor dem Sofa ab, nimmt ein dort liegendes Päckchen und geht auf Thomas zu. Sie überreicht es ihm mit der einen Hand, streckt sich hoch und umschlingt seinen Hals so gut es geht mit der anderen, um ihn zu küssen. Avidya wird vom Zusehen übel.

„Für meinen Goldjungen!"

Thomas atmet tief aus, schiebt sie behutsam von sich weg und setzt sich auf den linken der beiden Sessel an der Wand. „Bitte, Paps, setz dich, hier ist der beste Platz." Er deutet auf den Sessel neben sich. „Von hier hast du die beste Aussicht. Du kannst durch die hohen Fenster über die unteren Häuser auf den Zürichsee blicken, wie die Sonne ihn ganz zum Leben erweckt."

Avidya geht erst zum behaglich prasselnden Kamin, schaut ins lodernde Feuer und reibt sich die Hände an der wohligen Wärme. Seine Augen wandern zur Leseecke. Ein Bücherregal aus Massivholz schließt links an den Kamin an. Es folgen, frei im Raum stehend, mit einem kleinen Glastisch dazwischen, zwei Eames-Sessel mit Automan, und das alles vor den raumhohen Fenstern Richtung See. Vier Jahre ist es her, seit er hier war. Thomas kommt zu vertraulichen Besprechungen unter vier Augen sonst immer nach London, um ihm die Mühen der Reise zu ersparen. Vor vier Jahren war die Einrichtung nicht so edel, und in der Garage stand kein Sportwagen. Avidya wendet sich zurück zu Thomas. Der öffnet, wohl um des lieben Friedens willen, das Geschenk seiner Frau. Dieselbe Schatulle, wie David sie in den Händen hielt, kommt zum Vorschein, darin ein männlich kantiger Chronometer in Roségold mit einem schokoladenbraunen Armband aus Verbundmaterial. Maya kauft für Mann und Sohn mehrmals im Jahr solche Armbanduhren. Thomas zeigt den neuen Chronometer für alle sichtbar vor. „Hm." Sein Gesicht verrät Gleichgültigkeit. Maya bemerkt es, überspielt es aber mit gekünstelter Fröhlichkeit in der schrillen Stimme. „Ihr habt beide die gleichen, wie immer. Jeder soll sehen, dass ihr Vater und Sohn seid."

Bea bellt irritiert.

„Musst du so viel Geld ausgeben?", geht Avidya dazwischen. „So eine Uhr kostet doch bestimmt dreißigtausend Pfund und mehr. Habe ich dich nicht gelehrt, das Geld zusammenzuhalten?"

„Ja, gib Maya an allem die Schuld! Es ist mein Geld. Damit tu ich, was ich will."

David zwinkert Thomas zu, Thomas zwinkert zurück, dann steht David auf und nimmt die Uhr seines Vaters samt Schachtel und Geschenkpapier entgegen. David trägt Uhrengeschenke von Maya seit einigen Jahren immer zu einem Händler nach Genf. Originalverpackt, ungetragen und mit Papieren erzielt er dafür gutes Geld, das Thomas für David anlegt.

„Was für ein Unsinn."

„Red du keinen Unsinn, Vater, es ist eine gewinnbringende Geldanlage", meint Maya.

„Wenn man etwas von Geldanlage versteht",

murmelt David leise vor sich hin, ohne dass seine Mutter es hört.

Die Hausdame kommt herein und serviert Avidya Tee und Sandwich. Sie stellt auch Kuchenteller, Gabeln, Servietten, Espresso und Ovo auf dem Couchtisch ab. Dann eilt sie wieder hinaus und kommt mit einer Schokoladentorte zurück, verziert mit einer 18 aus Mandelsplittern. Ihre Bewegungen sind angespannt. Als sie das leere Gin-Tonic-Glas aufnimmt, ruft Maya: „Noch einen!"

„Es reicht, Maya. Du hast genug. Geh, wasch dich, zieh dich ordentlich an oder schlaf dich aus!", befiehlt Avidya.

Die Hausdame zuckt zusammen und verschwindet eiligen Schrittes in Richtung Küche.

„Ich bin kein Kind mehr. Ich tue, was ich will."

„Du benimmst dich wie eine verzogene Göre."

„Fee, mach die Fenster auf, die Männer brauchen frische Luft", ruft Maya Richtung Eingangshalle, so als ob die Hausdame sie am anderen Ende des Hauses in der Küche über zwei Ecken und durch Wände hören könnte. Zu Avidya gewandt gibt sie zurück: „Sprich lieber endlich wie ein gehobener Engländer. Lass den indischen Singsang weg. Wir sind jetzt wer. Wir haben ein Ansehen zu wahren."

„SAM, öffne die beiden Fenster im Lesezimmer für frische Luft, fünf Minuten."

Es surrt. Zwei Fenster stellen sich auf der gegenüberliegenden Seite des Raumes wie von Geisterhand auf schräg. David sieht Avidyas verblüfften Blick.

„Cool, nicht, Opa? SAM kann noch viel mehr." Er legt die Uhr seines Vaters auf dem Couchtisch ab und trinkt seine heiße Ovo. Die Geburtstagstorte rührt er nicht an. Stattdessen geht er zum Flügel, setzt sich auf den Hocker, richtet ihn und hebt die Abdeckung von der Tastatur. Bea legt sich neben ihn auf den beheizten Holzfußboden. Er streckt zur Lockerung die Finger durch und spielt dann mit Hingabe *As Time Goes By*. Maya erkennt bei den ersten Takten die Melodie, steht abrupt auf, geht an allen vorbei in die Eingangshalle und will die Treppe hoch. Hier versagt ihre Koordination. Thomas springt auf, geht zu ihr und begleitet sie nach oben. Bea blickt ihr nicht einmal nach.

Avidya geht ins Gästezimmer, um sich auszuruhen.

Nach dem Mittagessen stehen Avidya und David im Esszimmer mit einer Tasse Tee in der Hand am Fenster und schauen über den Zürichsee. Kaum ein Boot ist zu sehen. Alles ist friedlich, zivilisiert, sauber, geordnet und rein.

„Paps", bricht es mit beengtem Atem aus Thomas heraus, als er aus der Küche kommend mit seinem Espresso in der Hand zu ihnen tritt, „gib mir bitte einen Rat. In die Entzugsklinik will sie nicht, behauptet, David und ich wollten sie nur loswerden."

„Ich nehme sie übermorgen mit nach London ... telefoniere gleich mit Amal. Sie lockt Maya gewiss mit irgendeiner exklusiven VIP-Einladung für eine Fashion- oder Schmuck-Show nach London. Dann halten wir sie da. Du kannst jetzt wirklich keine derartige Last brauchen ... Und sperr ihre Kreditkarten, die Verschwendung muss endgültig ein Ende haben. Wir verdienen unser Geld nicht, um es zu verschleudern oder angsterfüllt in Safes zu legen. Wir sind Unternehmer."

„Ihre Kreditkarten habe ich schon lange gesperrt. Von mir hat sie das Geld nicht.“

„Und wer kauft ein?“

„SAM kauft ein, Opa, jedenfalls alles, was in den Kühlschrank gehört, den Rest die Hausdame.“

„Und die Uhren? Wie kommt sie an die?“

„Sie muss noch mindestens eine Kreditkarte von ihrer Mutter haben, vielleicht sogar zwei.“

„Oh, meine Amal, das ist mehr, als in ein Leben passt. Mögest du den Rest all deiner Leben als reicher Hindu in Indien wandeln müssen, umringt von Frauen, die deine Ruppia verschwenden wie Blüten in den Ganges.“

Thomas atmet erleichtert aus. „Ich weiß nicht, ob es diesen Fluch braucht, Paps, aber ich bin dir von Herzen dankbar.“

Avidya legt ihm eine Hand auf den Unterarm. „Führ du den Konzern und übergib ihn später an David. Dann hast du deine Pflicht erfüllt, mein Junge.“

„Ich mach nächstes Jahr nach den Sommerferien ein Praktikum in der IT-Abteilung, Opa.“

„Tüchtig wie der Vater, Shiva sei Dank.“

„Aber bevor du den Abteilungsleiter und damit auch mich in den Wahnsinn treibst und die Firma mit neuen Ideen lahmlegst, erhole ich mich eine Woche mit Adam beim Lachsfischen in Québec. Sonst steh ich das nicht durch. Deine Ideen sind aufreibender als zehn unzufriedene Kunden.“

„Warum nehmt ihr mich nicht mit zum Lachsfischen?“

„Das war schon immer ein Männerurlaub zu zweit, und das wird er auch bleiben.“

„Klaro ... Pa, relax, und in deiner IT-Abteilung mache ich nur, was du und der Abteilungsleiter zuvor absegnet. Du tust ja so, als sei das gefährlich. Hier zu Hause läuft SAM doch auch einwandfrei und sicher, oder etwa nicht?“

„Apropos sicher, Paps, um auf die Sicherung der Unternehmensleitung zurückzukommen. Ohne die Zustimmung von Amal ...“

„Ich will davon jetzt nichts hören.“

Thomas lässt enttäuscht die Schultern hängen und trinkt den Espresso aus. Er versteht nicht, warum Avidya in diesem so wichtigen Punkt ausweicht. Aber er reißt sich zusammen, will seinen Schwiegervater nicht drängen, schließlich haben sie noch fast zwei Tage zusammen.

LIER, 13. DEZEMBER 2019

„Niemand kann an deiner Stelle leben oder für dich sprechen“, sagt Grandmother Mepi mit fröhlicher Miene, und das lässt die Fältchen an Augen- und Mundwinkeln deutlicher hervortreten. Ihr Gesicht strahlt über grünblaue Augen, schulterlanges, stufig geschnittenes rot-blond-braun meliertes Haar und schmale Lippen Liebe und Weisheit aus, wie ich es noch nie zuvor in meinem Leben bei einem Menschen gesehen hab. Sie ruht in sich, ist in dieser Welt, aber nicht im Drama der Welt. Ich sitze mit ihr und ihrem Mann Ilan, eigentlich Ilanato Campita, am Esstisch in ihrem Haus. Wir essen gemeinsam früh zu Abend, und ich berichte, was heute Morgen bei uns zu Haus geschehen is. Es zog mich einfach hierher. Bei den beiden muss ich nich auf der Hut sein, muss mich nich verbiegen, muss mich nich ständig verteidigen.

Das frisch gebackene Vollkornbrot is noch warm und duftet herrlich nach Rosmarin. Die Kürbissuppe mit Orange und Ingwer löffelt sich wie von selbst. Während wir erzählen, sausen die beiden Jack-Russell-Terrier um den rechteckigen Tisch herum oder uns um die Füße. Der Kaminofen bollert behagliche Hintergrundmusik dazu. Alles gehört hier dazu. Auch ich, irgendwie. Sogar ein Foto von mir hängt an der langen Wand im Wohnesszimmer zwischen den anderen Fotos von den beiden, ihren fünf Kindern, schon verstorbenen Hunden und Urlaubserinnerungen. Grandmother Mepi sitzt mir gegenüber, Ilan am Kopfende zur Küche hin. Beide tun mir so gut. Nur meine Füße sind kalt, und ich zieh die Beine von den Holzdielen hoch in meinen

Sessel. Kaum sitz ich im Schneidersitz, springt die jüngere der beiden Hündinnen in meinen Schoß und verlangt Aufmerksamkeit. Natürlich streichel ich sie.

„Nun musst du annehmen, was du an einzigartigen Gaben bekommen hast“, sagt Grandmother Mepi und trinkt einen Schluck ihres selbstgemachten Steinwassers.

„Ich wollt ja immer ... aber nix geschah.“

„Alles hat seine Zeit, Lucia.“

„Mein Energiefeld hat sich verändert, nich wahr? Du siehst es?“

„Ja. Einige Blockaden sind weg, aber da sitzt noch ganz was Hartnäckiges ...“

„Kannst du’s mir beschreiben?“

„Wir sollten es auflösen, statt darüber zu reden.“

„Mega ... wann?“

„Was meinst du, Schatz?“

Ihr Mann lacht über das ganze Gesicht, grinst dann breit, so wie immer, und endet in *hihi*. Er ist groß und stark, hat kurzgeschnittenes graues Haar und trägt eine rechteckige Nickelbrille. Er ist der Spaßvogel, und seine Art, die Dinge locker zu nehmen, hat mir schon so manches mal wieder das Lachen ins Gesicht gezaubert. „Ich räum ab, mach sauber, und ihr beide geht ins Behandlungszimmer. Lang wird es wohl nicht dauern, und dann können wir immer noch in die Sauna fahren.“ Er steht auf und fängt an, das Geschirr abzuräumen.

„Aber ihr wolltet doch sofort nach dem Essen los“, wend ich ein und fühl mich schlecht dabei, hier immer unangekündigt reinzuschneien und ihre Hilfe zu bekommen.

„Mach dir mal darüber keinen Kopf.“ Er lacht.

„Echt jetzt?“

Beide nicken.

„Cool!"

„Ich bin in diesem Leben, um Menschen zu ermächtigen, sie selbst zu sein." Mit einem Wink und einem Augenzwinkern bedeutet sie mir, aufzustehen und ihr zu folgen. „Wir müssen alle wieder singen lernen, wie uns der Schnabel gewachsen ist, und unsere Federn dazu kräftig schütteln. Dann klappt's auch mit dem Fliegen."

In ihrem Behandlungszimmer im ersten Stock fühl ich mich immer gut aufgehoben. In der Mitte steht die Behandlungsliege, darüber hängt ein Traumfänger mit hellbraunen Federn von der Decke. In den Regalen an der rechten Wand stehen Fachbücher über energetische Heilung, dazwischen Kristalle, Aura-Soma-Essenzen, verschiedene Klangschalen und Stimmgabeln. Vor dem Fenster geradeaus steht ein Tischchen mit einer Wasserkaraffe mit kleinen bunten Natursteinen, um das Wasser zu reinigen – Bergkristall, Rosenquarz, violetten Amethyst, roten Jasper, grünen Aventurin und orangenen Kalzit kann ich erkennen. Daneben stehen noch zwei Gläser und rechts und links vom Tischchen zwei Stühle. An der linken Wand lehnen drei große Trommeln mit brauner Kuhhaut bespannt.

„Lass uns erst das Gebet des Großen Geistes gemeinsam sprechen." Sie stellt sich vor mich, und wir halten einander seitlich neben der Behandlungsliege stehend bei den Händen. Auf ihr Nicken schließen wir die Augen und sprechen gemeinsam:

„Großer Geist, dessen Stimme ich im Wind höre und dessen Atem allen Menschen auf der Welt Leben gibt, höre mich. Ich brauche deine Kraft und deine Weisheit. Lass mich in Schönheit wandeln und meine Augen allzeit die roten und lila Sonnenuntergänge sehen,

die du mit mir geschaffen hast. Lass meine Hände die Dinge respektieren, die du gemacht hast, und meine Ohren deine Worte und deine Stimme klar und deutlich vernehmen. Lass mich die Lektionen lernen, die du unter jedem Stein und Blatt versteckt hast. Ich suche Kraft, nicht größer als mein Bruder zu sein, sondern meinen größten Feind zu bekämpfen ... mich selbst. Mach mich immer bereit, mit sauberen Händen und geraden Augen zu dir zu kommen, damit, wenn mein Leben zu Ende geht wie die untergehende Sonne, mein Geist ohne Scham zu dir kommen kann.“

Wir öffnen die Augen, sie lächelt mich an und lässt meine Hände los. „Wirklich schön, so gemeinsam mit dir.“

„Ich hab dein Buch *Messages from Great Spirit* auf dem Tablet immer bei mir und les fast täglich darin, meistens morgens.“

Sie lächelt. „Dann mal weiter im Text. Leg dich mit dem Rücken auf die Liege, schließ die Augen und entspann dich. Hast du gehört, entspann dich, lass los. Ich brauche keine Hilfe, um meine Arbeit zu machen.“

Jetzt grinst sie. Wie gut sie mich kennt. Entspannen is für mich megaschwer. Ich bin neugierig, will alles miterleben, was geschieht, will alles wissen und verstehen. Sie bemerkt meine Anspannung, bittet mich, ein paarmal tief auszuatmen und meine Augen endgültig zu schließen. Als ich das schaff, hör ich tiefe, wohltuende Trommelschläge, rhythmisch, ein paar Minuten im ganzen Raum. Dann Stille, ich beginn mich zu entspannen, scann aber innerlich meinen ganzen Körper nach Signalen. Mein linkes Bein is hart, mein Herz klopft wild, vor meinem dritten Auge wächst ein violettes Licht. Ich muss über mich selbst grinsen. Kontrollfreak, hat wohl mit meiner Liebe zur Wissenschaft zu tun. Dann folgt ein weicher heller Ton von einer Klangschale neben meinem rechten Ohr und darauf im Uhrzeigersinn um mich herum. Wieder Stille, mein Körper kribbelt ganz leicht, so als würden meine Zellen im Solarplexus mit dem Ton der Klangschale zusammenschwingen. Das violette Licht beginnt zu tanzen, größer und kräftiger zu werden. Bald darauf schlägt sie eine Stimmgabel an. Ich fühl einen vibrierenden Punkt an meinem linken Knöchel, hör das langsam verstummende Summen der Stimmgabel. Die Schwingung dringt in mich ein und wird immer leiser. Grandmother Mepi schlägt die Stimmgabel mehrmals an, setzt sie seitlich ans Knie, dann an den Hüftknochen. Plötzlich hör ich sie sagen: „Ein Wesen kommt durch, seine Energie ist sehr stark ... es will dir etwas mitteilen... warte, ich muss mich setzen ... diese Schwingung kenne ich nicht."

Eine Weile is es still, sie atmet tief und schwer, so als trüge sie eine unglaubliche Last.

„Du weißt, wer ich bin!"

„Ja", antworte ich. Ich erkenn die Stimme, sie gilt mir. Es ist die vertraute Stimme, die ich seit Jahren immer mal wieder in meinen Kopf gehört hab und die sich an meinem 16. Geburtstag als YESHUA zu erkennen gab. Einen Tag zuvor hatte ich meine Einweihung zur Reiki-Meisterin erhalten und schwebte wie auf Wolken in schillernden Farben. Jetzt, hier im Behandlungszimmer, kommt seine Stimme eindeutig aus Grandmother Mepis Mund. Es is seine Stimme, nich ihre. Ich öffne die Augen, setz mich auf, um auch sehen zu können. Grandmother Mepi hockt auf einem der beiden Stühle. Ihre Gesichtszüge sind noch weicher, noch liebevoller, noch sanfter. Sie wirkt geradezu entzückt während sie mit geschlossenen Augen spricht.

„Du wirst nun vieles los und hinter dir lassen müssen, Lucia. Sei ohne Furcht. Wir waren immer bei dir, haben jeden deiner Schritte geführt, wenn du dich führen ließest, und wir haben dich behütet, wenn du deinen eigenen Willen durchgesetzt hast."

Stille.

„YESHUA?"

„Wenn dein Herz warm und rein ist, so geh nun deinen Weg, auch wenn andere dich bremsen oder aufhalten wollen, ja auch, wenn sie dir grollen, dich beschimpfen oder nicht mitgehen wollen. Es spricht nur ihre Angst. Sie kennen deinen Weg nicht, nur du wirst ihn mit jedem Tag besser verstehen und gehen können. Versuche nichts zu kontrollieren oder zu erzwingen, hörst du? Vertraue deinen Eingebungen, nicht deiner Denkkraft. Das Feuer der Selbsterkenntnis verbrennt nur, was du nicht bist. Hast du das verstanden?"

„Ja ... das hab ich verstanden."

„Dann ist für den Moment alles gesagt, Lucia. Fühl dich geliebt und geehrt!"

„Danke." Es wird mir heiß ums Herz.

„Meinen Dank an Grandmother Mepi! Und ich hoffe, du, Lucia, weißt jetzt, dass ich viele Weg habe, zu dir zu sprechen."

Stille.

Ich bin wie benommen. Grandmother Mepi atmet schwer. Sie öffnet ihre Augen, schenkt sich zittrig ein Glas Wasser ein und trinkt hastig. „Geht gleich wieder, mach dir keine Sorgen." Ich steig von der Liege, setz mich ihr gegenüber an den Tisch, nehm ihre Hände.

„Wer war das? Die Energie war so stark."

„YESHUA."

„Wer ist das?"

„Jesus."

„Erzähl mir nichts."

„Ich hab's lange selbst nicht glauben wollen ... Yeshua kommt von Yah und shua. Yah is der Urgrund, aus dem alles entspring und in den alles wieder zurückkehrt. Shua heißt *Ganz machen, heilen, retten.* Yeshua is ein aramäischer Vorname und der ursprüngliche, der eigentliche Name von Jesus. Yeshua is erst auf dem Konzil von Nicäa im Jahr 325 zu Jesus gemacht worden, weil es Kaiser Konstantin nutzte, den Namen dem Sprachgebrauch im römischen Reich anzupassen und aus ihm einen Gott zu machen. Der YESHUA, der da grade durch dich gesprochen hat, is niemand anders als Jesus."

Sie schaut skeptisch. „Die Energie war jedenfalls überwältigend, voller Liebe, rein ... ich bin noch ganz benommen."

„Ich hab auch gezweifelt, aber er hat es mir selbst bestätigt, als er das letzte Mal in meinem Kopf als Stimme erschien. Nächstes Mal kannst du ihn selbst fragen."

„Ich muss ich erst mal ausruhen ... geh ... geh bitte runter in die Küche und hol mir einen Kaffee, wie ich ihn mag ... und Erdnüsse ... und dunkle Schokolade ... ich muss erst mal wieder ... mein Energiefeld braucht jetzt auch irdische Nahrung."

„Ja, sicher." Obwohl ich unsicher auf den Beinen bin, mach ich mich sofort auf den Weg, während sie sich langsam auf die Behandlungsliege legt, um das zu verkraften.

Ich weiß nich, was das jetzt zu bedeuten hat, aber es is der Hammer und so krass, dass ich das zu Hause nich erzählen kann. Grandmother Mepi, Ilan und ich sitzen noch am Esstisch zusammen, um was Warmes zu trinken. Sie is völlig platt von seiner Energie und hat nich mehr die Kraft für die Sauna. Ich fühl mich mies, dass ich ihnen das verdorben hab. Aber sie sagt, dass alles okay is.

Um mich zu beruhigen, um nachzufühlen, bevor ich Mama und Papa ins Gesicht sehn kann, geh ich eine große Runde auf dem Deich spazieren und summ im Rhythmus der sich im Wind wiegenden Gräser vor mich hin. Obwohl es schon stockdunkel ist, kann ich besser sehen und hören als je zuvor, selbst die Grautöne sind feiner und schärfer, die Rufe der Raben sind noch reiner, das Energiefeld eines Pferdes in der Wiese ist noch deutlicher umrissen. Ich will, dass das nie wieder aufhört. Grandmother Mepi hat gesagt, mein Energiefeld sei jetzt offener und schwinge auf höherer Frequenz. Das stimmt, mein ganzer Körper trillt, alle Zellen schwingen schneller und harmonischer, ich fühl es, und meine Beine werden mit jeder Minute schwerer. Wenn ich jetzt spreche, wie mir der Schnabel gewachsen is ...

„Komm herein, wir haben mit dir zu reden“, ruft Mama laut mit kratzig wütender Stimme aus dem Wohnzimmer, als mein Schlüssel sich im Schloss dreht, um die Haustür von innen abzuschließen. Ich zieh Jacke und Stiefel aus, geh ins Wohnzimmer und setz mich ihnen gegenüber in die Mitte des Sofas.

Mamas Gesichtszüge zeigen mir, dass es hart und bitter zugehen wird. Sie stößt Papa an den Arm, wohl damit er anfängt. Beide sitzen angespannt in ihren Lieblingssesseln, und die Atmosphäre is frostig. „Was heute Vormittag geschehen ist“, beginnt er leise und reibt sich unbeholfen die Hände, „lässt sich nicht mehr ändern. Wenn deine Blutsfamilie dich einlädt, sie zu besuchen, dann besuche sie. Wir sind uns sicher, dass du nach der Reise in den Kongo besser verstehst, was du an uns hast."

„Is das alles?", erwider ich und zieh die Augenbrauen zusammen.

„Das hör sich einer an", krächzt Mama mit feuersprühenden Augen und streckt den Oberkörper durch. „Haben wir dich nicht gelehrt, dankbar zu sein? Hast du noch immer nicht begriffen, dass *wir* dein großes Glück sind?"

„Ihr habt mich eure Wahrheiten und Weisheiten gelehrt, und dafür bin ich dankbar. Aber mein Leben, das kann nur ich erkennen und leben. Meine Religion ist der Baum, nich das Ansehen." Ich steh auf und wend mich um, um zu gehen, will hoch in mein Zimmer. Hab jetzt echt keinen Bock auf solch ein Gespräch.

„Unsere Religion ist der Katholizismus, und das gilt auch für dich, du ungezogenes Gör."

Ich dreh mich wieder zu ihnen. Sie schaut aus, als wär sie kurz davor, aufzuspringen und mich zu ohrfeigen. Nun gut, eine Verbalschlacht soll sie haben. „Das Wort Religion bildet sich aus den Teilen *re* für *zurück* oder *wieder* und *ligare* für *binden* oder *verbinden.* Es geht darum, zu verbinden, nich zu spalten und sich für was Besseres zu halten. Als Sprachlehrerin sollte dir der Sinn der Worte doch auch vertraut sein, oder kannst du nur Grammatik?"

Mama läuft knallrot an und springt auf. „Ich werd's dir zeigen. Setz dich!", kommandiert sie barsch und zeigt mit dem ausgetreckten Finger aufs Sofa.

Ich bleib demonstrativ stehen, woll'n doch mal sehn.

„Das war dein letzter Besuch bei dieser Maria

hier in der Siedlung, hast du mich verstanden? Wir haben dich schon länger beobachtet, wie du dahin gehst, die Nachbarinnen halten mich informiert. Wir wissen, dass du zu dieser Frau gehst, die vorgibt, Menschen zu heilen. Frau De Smet sagt, sie sei nur eine Hochstaplerin mit einer dissoziativen Persönlichkeitsstörung. Frau Janssens hat mir YouTube-Videos von dieser Frau geschickt, auf denen sie vorgibt, irgendwelche Wesen zu channeln. Lächerlich, einfach lächerlich!“

„Du und deine Klatschtanten seid ein Haufen selbstgerechter Ignoranten“, platzt es wütend aus mir raus. Wie ungerecht sie sind. Ich hab das Gefühl, Grandmother Mepi verteidigen zu müssen, stemme beide Hände demonstrativ in die Hüften und winkle die Ellenbogen spitz ab.

„Du!“, schreit Mama. „Du unverschämtes, widerborstiges Kind. Das ist nun der Dank für all die Opfer, die ich für dich gebracht habe. Ins Bett mit dir, aus meinen Augen, bevor ich mich vergesse. Ab morgen ziehen wir hier andere Saiten auf, darauf kannst du Gift nehmen!“

Ich schüttle den Kopf, stemme die Hände noch fester in die Hüften und schrei zurück: „Du bist nich meine Mutter, und die Anrede Mama verdienst du schon gar nich! Ich nenn dich ab jetzt Elizabeth, so wie Papa auch.“ Mein Blut kocht, ich mach auf dem Absatz kehrt und geh Richtung Treppe.

„Sofort kommst du zurück und entschuldigst dich bei mir“, brüllt sie mir nach. Ich lass sie brüllen. Nur Papa tut mir leid. Ich steig die knarrenden Treppenstufen hinauf in meine Bude und pack alles ein, was mir lieb is, auch mein Margeritenwasser. Im Morgengrauen bin ich hier weg, endgültig. So nich,

Elizabeth. Ich bin erwachsen. Vielleicht krieg ich noch vor Weihnachten ein Flugticket von Brüssel nach Kinshasa, oder ich hock halt allein in meiner Studentenbude im Wohnheim in Aachen. Alles besser als hier zu bleiben. Ich kann ohne dich, Elizabeth, selbst wenn du dafür sorgst, dass Papa mir den Geldhahn zudrehen muss. Ich find einen Weg, mein Studium zu finanzieren. Aber ohne Wahrhaftigkeit kann ich nich!

AACHEN, 24. DEZEMBER 2019

Scheiß Weihnachten ... Aachen is überfüllt von Menschen. Sie sehen sich satt am Weltkulturerbe der imposanten Kathedrale in Oktagonform, die für die Vereinigung Westeuropas und sein spirituelles und politisches Wiederaufleben unter Karl dem Großen steht. Sie sehen sich satt am Rathaus mit seiner gotischen Fassade und seiner Krönungshalle sowie dem preußisch-klassizistischen Elisenbrunnen. Aber satt sehen reicht nich. Sie essen und trinken sich mehr als satt, dafür sorgen die unzähligen Restaurants und Cafés in den Kopfsteinpflastergassen und natürlich die anlockenden Gerüche der Weihnachtsmarktstände. Aber ich kann das nich genießen, nix davon. Ich fühl mich nur hundeelend.

Auf meinem Schreibtisch im Studentenwohnheim brennt heute Abend ne rote Kerze. Drum herum stehen Fotos meiner Mutter Amaike, meiner Großeltern Shaira und Elyas, von Tante Walikia, meiner geliebten Tilly, eins von Papa, aber keins von Mama und Robin. Robin stellt sich seit meinem Geburtstag tot, krass, voll krass. Ich weiß nich, warum, kann mir keinen Grund denken. Deshalb fang ich an zu fantasieren und kann nich mehr richtig schlafen, hab Herzschmerzen, wein ständig. Ich text und text Nachrichten, hab sogar angerufen – nicht das kleinste Lebenszeichen von Robin. Absolute Funkstille. Hunger hab ich auch keinen mehr. Um die Familienfotos bilden meine liebsten Steine einen Kreis. Ich summ von Herzen *Stille Nacht, Heilige Nacht* vor mich hin, singen kann ich nich. Früher rief Mama mich täglich an, wollt genau wissen, wo ich bin und was ich mach. Seit ich weg bin, nich ein einziges Mal. Papa auch nich, weil er nich darf. Mama kontrolliert nich nur das Konto, sondern auch sein Handy. Dafür überweist Tilly mir jetzt Geld fürs Studium und schickt Päckchen mit meiner Lieblingsschokolade, Büchern und heimlichen Nachrichten von Papa. Ich schick Päckchen mit Aachener Printen und anderen Leckereien für beide zurück. Gut, dass es die coole Tilly gibt.

Draußen is alles stockfinster, die Kerze is fast abgebrannt. Die Glocken einer Kirche läuten im Hintergrund zur Mitternachtsmesse. Mit meinen Habseligkeiten aus Lier is es hier noch enger zwischen Bett und Schreibtisch, Bücherregal und Kleiderschrank. Die Fotos aus Kolwezi hab ich mir im Drogeriemarkt ausgedruckt und als Mahnwache an die Wand über das Bett gepinnt. Das is meine Wahrheit, an der will und muss ich was ändern. Aber wie?

Es ist still hier im Studentenhaus. Das is eigentlich gut zum Nachdenken. Die Gänge der beiden Stockwerke mit je zwölf Zimmern und zwei Küchen sind leergefegt. Jeder meiner Schritte hallt auf den gewienerten Fliesen in Fluren und Treppenhaus. Dimitri is nach Haus an die Barentssee, Tasha hat er mitgenommen. Dimitri will gegen die Zerstörung seiner Heimat durch Nornickel und Tasha gegen die Südamerikas durch den brasilianischen Vale Konzern kämpfen. Aber es geht ihnen so wie mir: ganz viel Wille, ganz viel Wut, aber kein Geld und keine Macht, das zu tun. Dimitri meint, wir müssten Aktivisten werden wie Greta Thunberg, halbe Wissenschaftler seien wir ja schon. Tasha hat mir heute getextet, dass sie die lange Dunkelheit in Nordrussland nich mag und das ständige Gesaufe der Männer da auch nich. Sie kommt zurück, so schnell sie kann. Alle seien so schwermütig in Russland, so dumpf. So würd sie Dimitri gar nich kennen.

Ich zieh mein Meditationskissen unterm Schreibtisch hervor und platzier es in die Mitte meiner paar Quadratmeter. Ich muss loslassen und abspannen, sonst kann ich gleich nich einschlafen. Ich setz mich aufs Kissen, verschränk die Beine, wackle mit dem Po, bis ich richtig sitz, und streck Wirbelsäule und Hals durch. Ich atme mehrmals kräftig aus und dann ruhig ein. Ich verschließ mit dem Daumen der rechten Hand das rechte Nasenloch, atme durch das linke Nasenloch aus, halt inne und atme wieder ein. Jetzt verschließ ich das linke Nasenloch mit dem Ringfinger der rechten Hand und atme durch das rechte Nasenloch aus. Ich halt inne, atme wieder ein und verschließ das rechte Nasenloch mit dem Daumen. Das wiederhole ich neun Mal und das Gedankengewirr in meinem Kopf is weg. Ich schließ die Augen, überprüf die Sitzhaltung, korrigier nochmals, bis die Wirbelsäule ganz aufrecht und gerade is. Von nun an beobachte ich nur noch meinen Atem. Auf und ab, auf und ab, auf und ab, lass geschehen, was die Natur ohne mich kann. Ein sanft kühler Luftzug strömt an den Nasenlöchern rein, ein fühlbar wärmerer hinaus. Ein – aus – ein – aus – ein – aus. Hellwach, aber ruhig und friedlich. Irgendwann hören die störenden Gedanken auf. Ich fühl mich mit jedem Moment leichter, freier, ungebundener. Ich schweb in einem grenzenlosen Raum.

Willkommen, Lucia vernehme ich wieder die sanfte, liebevolle Stimme YESHUAs. *Wie schön, du hast dich auf den Weg zu uns gemacht.*

„Hab ich das?“

Wer sonst wohl hat es vollbracht?

„Du?“

Nein, dein freier Wille, nicht meiner. Aber der hat erlaubt, dass ich dich führe, und aufgegeben zu kontrollieren, für einen kleinen Moment jedenfalls.

„Warum bist du nich gekommen, als ich dich gerufen hab? Warum hast du nich geantwortet, als ich verzweifelt hier in Aachen angekommen bin nach dem Krach mit den Eltern? Warum kommst du nich, wenn ich mir wegen Robin nachts die Augen auswein?“

Geantwortet habe ich, immer.

„Ich hab deine Stimme wirklich nich gehört.“

Wenn du voller Angst, Wut und negativen Gedanken bist, voll von diesen niedrigen Schwingungen, dann kann ich dich nicht erreichen, selbst wenn ich schreien würde.

„Aber du ... du schreist nich ...“

Ich erreiche nur die, die bereit sind zu hören und zu sehen, was sie bisher nicht hören und sehen wollten.

„Aber, warum hör ich dich jetzt? Warum kommst du jetzt?“

Es ist Zeit, dass du Bekanntschaft mit denen machst, die dich wie ich führen und begleiten, seit du am 13.12.1999 auf die Erde gelangt bist.

„Was?“

Kannst du mich sehen, Lucia? Kannst du sehen, wo du bist?

„Nein.“

Stell deinen Blick feiner, im Äther sind die Schwingungen höher. Blinzle ein paarmal, du kannst es, du musst es nur erlauben ... nicht erzwingen wollen.

Ich blinzle. Aber ich seh nix außer meinem Studentenzimmer.

Du zweifelst. Solange du zweifelst, geht es nicht. Vertrau.

„Aber es muss doch einen Trick geben!“

Nein! Es gibt keine Tricks oder Abkürzungen, um ins ätherische Shambala zu gelangen. Nur mit reinen Gedanken, reinem Herzen, frei von eigenen Wünschen, gelingt es, hier bei uns zu sein. Auch diejenigen, die es mit Drogen zu erreichen suchen, machen sich nur selbst was vor. Sie öffnen ihre Wahrnehmung, kontrollieren weniger, aber nach Shambala gelangen sie nicht.

„Ich will ja, aber es geht echt nich, YESHUA, bitte glaub mir.“

Du willst es zu verkrampft. Leg dich schlafen und lass los. Du wirst schon sehen.

„YESHUA?“

Stille.

„YESHUA?“

Er is weg, ich hör ihn nich mehr. Ich hab versagt, verdammt. Wütend geh ich in die Nasszelle, dreh den Wasserhahn auf, füll meine Handflächen mit kaltem Wasser, drück es ins Gesicht und putz dann meine Zähne. Ich geh zurück in mein Zimmer, lösch die Kerze und leg mich schlafen. „Ich will, dass das jetzt klappt, hörst du, YESHUA! Ich bin bereit, wirklich, hörst du!“ Nix geschieht. Um mich zu beruhigen, sprech ich die Anrufung für den Großen Geist, die Grandmother Mepi mich gelehrt hat.

Irgendwann werd ich wach, es is noch immer stockdunkel. Ich dreh den Kopf zur Seite, such das Smartphone, will wissen, wie spät es is, aber es is nich da. Ich wend meinen Blick wieder Richtung Zimmerdecke, doch die is auch nich mehr da. Stattdessen ne hohe glänzende goldene Kuppel oder ein Gewölbe, kann‘s nich so genau sehen. Aber ich lieg noch. Was is das? Ich leg meine Handflächen neben den

Körper, um das zu verifizieren, und fühl statt Bettdecke warmen Stein. Ich setz mich auf, schau um mich rum und seh einen ganzen Kreis von verschwommenen Wesen, die alle zu mir herabschauen.

Da bist du ja, Lucia.

Ein Wesen, das mit YESHUAs Stimme spricht, gehüllt in ein Lichtkleid, goldgelb und rosenfarben, mit einem schemenhaften Gesicht, reicht mir seine Hände, damit ich aufsteh.

Komm, ich möchte, dass du dich wieder an deine Freunde und Helfer erinnerst und dich zusammen mit ihnen freuen kannst.

Ich erheb mich mit seiner Hilfe. Um mich herum stehen viele schemenhafte Wesen. Sie sind doppelt so groß wie ich, mir alle unbekannt, aber es fühlt sich vertraut an. Ich seh sie nur, wie man kleinste Tröpfchen im Nebel sieht, durch den ein Regenbogen hindurchscheint.

„Wo bin ich? Wer seid ihr? Entschuldigung, aber ich bin verwirrt."

Das gibt sich bald. Lass nur deinen Körper sich erst an unsere Schwingungsqualität gewöhnen.

„Wo bin ich?"

Im alten Amtssitz des Herrn der Welt, du bist in Shambala, dort, wo die spirituelle Gemeinschaft der Erde versammelt war.

„Herr der Welt? Wer ist der Herr der Welt?"

Sein Name ist SANAT KUMARA, aber die Menschen nennen ihn auch Den Alten der Tage oder Die Jugend von sechzehn Sommern.

„Noch nie gehört. Ich dacht immer, Gott sei der Herr der Welt."

Gott ist alles, was ist und was nicht ist. Im Universum hat er Repräsentanten, Vorbereiter, Verwal-

ter, Boten, Baumeister, Bewahrer des Wissens, Bibliothekare, Glyphen-Schreiber, Kommunikatoren, Netzwerker, Diplomaten und viele andere mehr. SANAT KUMARA ist für die Erde die oberste spirituelle Instanz, im Dienst des großen Wesens, das die Seele der Erde bildet. Ihr kennt euch, aber du erinnerst dich noch nicht. Er war es, der dafür gesorgt hat, dass du der Erde zu Hilfe kamst.

Ein Wesen, fast zweimal so groß wie ich, kommt näher. Sein Gesicht kann ich nich erkennen. Es hat ein riesiges pfirsichfarbenes Lichtkleid, wie eine Energiekugel. Ich zitter plötzlich, mein Herz schlägt wild und warm. Das Wesen sagt meinen Namen und umschließt mich dann vollständig. Es geht einfach in mich rein und dann durch mich durch. Ich bin mitten in ihm, in seiner riesigen Energiekugel. Um mich herum seh ich nur zarten, pfirsichfarbenen Nebel. Wir sind eins. Ich hör Applaus. Dann löst sich das Wesen wieder von mir. Ich möcht das nich. Ich fühl mich so wohl, so aufgehoben, so sicher, so freudvoll, wenn ich in ihm bin.

„Warum lässt du mich los? Wer bist du?“

Mein Name ist TRUSIAN. Ich bin deine Seele, und ein kleiner Aspekt meines göttlichen Funkens ist mit dir nun als Lucia inkarniert und dient auf der Erde.

„Aber ... ich versteh nich ...“

TRUSIAN ist mein Name seit Ewigkeiten, und er wird es bleiben, bis ich mich wieder mit dem Schöpfer vereine. Lucia ist dein Name in diesem Erdenleben, aber TRUSIAN ist deine vollständige Wirklichkeit.

In diesem Moment tritt noch jemand an mich heran. Ich blinzel ein paarmal, und das schemenhafte Bild wird schärfer. Ein strahlender Jüngling, blondes Haar und eine zartrosafarbene Lichtrobe. Ich blinzel weiter, und mit jedem Mal seh ich schärfer. Er hat blaue

Augen.

Lass dich nicht täuschen, Lucia, sagt YESHUA. *SANAT KUMARA ist schon vor 18,76 Millionen Jahren von der Venus hierhergekommen, um die geistige Gemeinschaft der Erde aufzubauen und zu leiten.*

Willkommen, wir haben auf dich gewartet, sagt er zu mir, als wär ich eine alte Freundin.

Ich weiß nich, was ich erwidern soll. Mir fehlen die Worte, überwältigt von seinem Licht, dem Frieden und der Liebe, die er mir sendet und die nun jede meiner Zellen durchdringen.

Schau, hier. Er deutet auf mehrere Gruppen von Wesen, die etwas weiter weg stehen und die ich nur schemenhaft erkennen kann. Dann hör ich einen Chor aus vielen Stimmen: *Willkommen in Shambala, Lucia-TRUSIAN, willkommen zurück.*

Ein warmer Schauer durchläuft meinen ganzen Körper.

Wir wollen dir zeigen, was wirklich ist, und hoffentlich erinnerst du es, wenn du wieder auf der Erde bist, in dichter Materie in deinem Körper aus Fleisch, Blut und Knochen. Es ist äußerst wichtig für das Weltgeschehen.

„Warum?"

Du hast eine große Aufgabe übernommen, bevor du inkarniertest. Es ist von größter Wichtigkeit für die Geschicke der Menschheit und der gesamten Erde, dass du sie annimmst und handelst.

„Und was soll das sein?"

Zu meiner Rechten siehst du die Meisterlehrer aller Kulturen und Zeiten im Erdendienst. Ich habe nicht die Zeit, alle Namen zu nennen. Er lacht schelmisch.

Mir fehlen die Worte.

Zu meiner Linken siehst du die Lichtwesen

anderer Planeten: unsere Außerirdischen Alliierten (AAs), man nennt sie auf der Erde auch ETs, Extra Terrestrials, und natürlich die überaus wichtigen Devas und einige Conrees.

Ich seh schattenhafte Lichtgestalten, bin überfordert mit wer das is und was sie tun. „Werde ich denn wieder hierherkommen?"

Sobald dein Körper noch reiner, noch hochschwingender geworden ist. Es wird zunehmend einfacher für dich sein, mit uns zusammenzukommen und uns auch klar zu sehen. Es ist gewollt und notwendig, um deine irdische Aufgabe zu erfüllen. Aber dazu musst du noch einige Entwicklungsschritte durchlaufen.

„Ich ... ich ..."

Ich muss dich aber auch warnen, Lucia.

„Warnen, wovor?"

Wenn du sogleich zurück in deinem Studentenzimmer bist, wirst du dich einsamer fühlen als je zuvor.

„Aber warum denn?"

Wen kennst du, die auch schon hier gewesen sind? Wen kennst du, die erlebt haben, was du nun erlebst? Mit wem wirst du darüber sprechen können.

Es durchzuckt mich wie ein Blitz, mein ganzer Körper scheint einige Zentimeter einzufallen. „Ja", geb ich nach ein paar Momenten kleinlaut zur Antwort, „ich begreif, was du meinst. Nur Grandmother Mepi und ihr Mann glauben mir das sofort. Tilly, Tasha und Dimitri vielleicht auch, aber Robin hätt ..."

Es ist deine selbstgewählte Aufgabe, den Weg im Dienst für Mensch und Erde zu gehen. Du hast gewählt, was sich dir in den Weg stellt, wer sich mit dir bewegen kann und wer nicht. Einige werden dich auslachen. Einige werden dich als verrückt oder krank bezeichnen.

Einige werden dich sogar bekämpfen. Nur die, die auf Erden bereits als Lichterarbeiter tätig sind, werden dir applaudieren. Doch schon bald werden Millionen von Menschen, bisher Ahnungslose, erwachen und dir folgen. Sie werden intuitiv als wahr erkennen, was du erlebst. Sie werden das Neue dem hinzufügen, was die Meisterlehrer vor dir in ihrer Zeit lehrten und jetzt auch noch den Menschen an neuen Informationen zur Verfügung stellen. Das Bewusstsein des Planeten hebt sich spürbar an, denn seine Frequenzen wurden erhöht. Und wenn sich das Bewusstsein des Planeten anhebt, reagieren auch alle Königreiche, die mit der Erde verbunden sind, durch eine Bewusstseinserweiterung. Für die Bewusstseinserweiterung aller Landmenschen müssen wir unsere Lehren und damit ihre Überzeugungen erweitern.“

„Aber ich ...“

Wir sind an deiner Seite, bei jedem Schritt.

„Danke ... aber ...“

Wir lassen mit jedem Tag den Schleier des Nicht- und Halbwissens für alle Menschen ein wenig dünner werden. Ihre Chakren schwingen auf einem höheren Niveau, beginnen zu erwachen. Den meisten macht das noch Angst. Sie klammern sich an einzelne Bücher von geistigen Lehrern, kirchliche Dogmen und auch Steine. Aber jeden Tag werden Tausende auf Erden bewusster und auch mutiger. Du bist eines der großen Lichter in meinen Diensten. Von heute bis zum Ende dieses irdischen Jahrhunderts und noch weit darüber hinaus ... wenn du deine Aufgabe erfüllst und die Menschen dir folgen. Wenn wir versagen, steht die Menschenfamilie erneut vor dem Ende. Lass uns unser Bestes geben, sie auf den Weg zurück zum Licht und ihrer Aufgabe in der Galaxie zu führen.

„Wie meinst du das? Kannst du dich bitte konkreter ausdrücken?“

Du erfährst, was du wissen musst, zu der Zeit, in der du es wissen musst.

„Haltet ihr mich für so einfältig?“

Es gibt so viel zu wissen. Mit deinem irdischen Körper kannst du es nur begrenzt erfassen und dich erinnern. Du weißt ja nicht einmal mehr, dass du mit uns allen in dieser Großen Halle selbst den Startschuss zum Projekt gegeben hast.

„Nein ... daran erinner ich mich nich“, erwider ich kleinlaut.

Am 1.1.1997 versammelten sich genau in dieser Großen Halle Meisterlehrer, Devas, Conrees, Außerirdische Alliierte und weise Erdenseelen, Dichter und Denker aller Nationen und Zeitalter. Sie gaben zusammen mit mir in einer Zeremonie den Startschuss zu dem Bewusstseinserweiterungsprojekt „Es werde Licht“ für Mensch und Erde. TRUSIAN, deine Seele, stand im Mittelpunkt. Wir haben ein Projektteam von Zwölf um dich herum geschart, bevor du in die große weiße Pyramide gingst, für dein Dichte-Materie-Training. Wir wählten auch irdische Eltern aus indigenen Seelenfamilien, die dich auf Erden auf die Aufgabe vorbereiten sollten. Andere werden dich nun bei der Ausführung unterstützen. Wieder andere, wie GUNAH, stehen als Helfer in höchster Not bereit. Wieder andere, wie SAINT GERMAIN, OMSTARA und PHILOHSTAN, öffnen dir die Kanäle zu göttlich-kosmischem Wohlgefühl und Wissen.

„Es tut mir leid, ich erinner mich wirklich nich.“

Du hast die Fähigkeit und deshalb auch die Aufgabe übernommen, einen Meilenstein in der Menschheitsgeschichte auf Erden zu setzen, einen Meilenstein, der deine eigenen Erwartungen, weit, weit übertrifft. Du bist und kannst mehr, als du zu diesem Zeitpunkt verstehen kannst. Aber große Aufgaben machen auch Angst. Angst vor der Verantwortung, Angst vor dem Versagen, Angst vor dem, wie die anderen um uns reagieren, Angst vor der Einsamkeit.

„In meinem Leben steht schon jetzt kein Stein mehr auf dem andern ...“

Du würdest nicht so reden, wenn du TRUSIANs galaktischen Lebenslauf kennen würdest. Du würdest keine Sekunde in Zweifel ziehen, dass du alles mitbringst, was nötig ist.“

„Aber warum steht in meinem Leben dann alles Kopf?“

Einige, die dich auf deine irdische Mission vorzubereiten hatten, haben sich entschieden, ihre Aufgabe nicht anzunehmen, oder wurden daran gehindert. Wir mussten unerwartet Zwischenlösungen finden. Doch das ist jetzt nicht wichtig. Wichtig ist nur, dass du dich bereiterklärst. Es ist höchste Zeit zu beginnen, wir haben durch die Schwächen einiger Menschen schon zu viele Chancen verpasst. Erinnere dich an deinen wahren Namen TRUSIAN und seine Bedeutung. Und dann lass los, was vergangen ist, und leg los. Wir sind bei dir.

Ich wach auf, bin benommen, meine Zähne schmerzen, ich kann nich klar denken, aber mir is warm ums Herz. Ich fühl die Bettdecke unter meinen Händen. Ich bin eine Studentin im Studentenwohnheim in Aachen, ohne Eltern, und soll die Welt in eine neue Richtung bewegen, soll ihr Licht spenden ... krass, voll krass. Bin ich verrückt oder nur ohne Vorstellungskraft?

MENSCHHEITSPROTOKOLL

Chroniken-Zeit 18.762.019 – 12.27
Projekt: *Es werde Licht*
Avidya Moha (Aspekt von SOLAS) und Dr. Thomas Müller (Aspekt von THEODAR)
Lokalisiert 51° 29' 12.995" N 0° 10' 12.133" W

Amal Ali erhebt sich und eröffnet in einem leuchtend roten Designerkleid die Geschäftsversammlung der Familienmitglieder im Esszimmer ihres Hauses in Chelsea. Die kleine rundliche Frau mit schwarzen, schulterlangen Haaren und rot geschminkten Lippen blickt über alle am Tisch versammelten Familienmitglieder. Thomas, der ihr direkt gegenübersitzt, zuckt zusammen. Er mustert sie achtsam von oben bis unten. Er ist gewohnt, dass sie teure Kleider und Schmuck trägt, aber heute wirkt sie auf ihn unerklärlich bedrohlich. Avidya sitzt rechts neben seiner Frau in einem Rollstuhl, mittig auf der anderen langen Seite des rechteckigen Esstisches mit zwölf Stühlen, von denen sieben besetzt sind. Außer den dreien sind die beiden Söhne Amals aus erster Ehe, Ismael und Ibrahim, anwesend, sowie ihre gemeinsamen Töchter Pritha und Maya. Ismael und Ibrahim haben an den Kopfenden Platz genommen, Maya rechts und Pritha links neben Thomas. Hinter Amal strahlen an der Wand zwei in Gold gerahmte Verse des Propheten Mohammed, so kunstvoll mit schwarzer Tinte auf Pergament geschrieben, dass es jedem Betrachter gewöhnlich den Atem verschlägt. Doch Thomas nimmt ihre Schönheit heute nicht wahr. Etwas ist anders als sonst, ganz anders.

Amals Söhne haben sich vorgelehnt, erscheinen Thomas angriffsbereit wie Tiger, die zum Sprung ansetzen. Avidya wirkt eingefallen und in sich zusammengesackt. Sein Gesicht ist leichenblass, die Augen sind tief in ihre Höhlen zurückgetreten. Thomas bezweifelt plötzlich, ob der von ihnen vor zwei Wochen in Rüschlikon geschmiedete Plan sich durchsetzen lassen wird.

„Avidya und ich haben euch heute hergebeten, um die Zukunft unseres Familienunternehmens zu besprechen. Veränderungen sind unausweichlich." Mitleidlos schaut Amal auf Avidya herab. „Der Minenbergbau braucht dringend ein zukunftsfähiges Konzept. Unser Metallhandel ist dagegen bestens aufgestellt. Ich bitte Thomas, uns darzulegen, was sich im Minenbergbau nach seiner Meinung verändern soll." Amal setzt sich wieder und schaut Thomas durchdringend in die Augen. Thomas blickt zu Avidya, aber der lässt nur müde den Kopf hängen.

„Die Genialität von Avidyas Konzernstruktur", beginnt er und reckt den Körper, „liegt darin, dass wir mehrfach an ein und demselben Produkt verdienen. Wir bauen die Metalle und Mineralien selbst billigst in ihren Ursprungsländern ab. Wir drücken die Steuerlast nochmals über die Schweizer Holding und Briefkastenfirmen in anderen Steuerparadiesen. Durch diese Konstruktion können wir die Rohstoffe uns selbst als Händler zu niedrigsten Konditionen anbieten und dann mit der größtmöglichen Gewinnspanne weiterverkaufen. Wir gewinnen, je nach dem Weg, den die Rohstoffe durch unseren Konzern nehmen, drei- bis fünffach."

„Das ist eine Straßenkinderweisheit. Jeder lebt

so gut auf Kosten anderer, wie es nur geht. Unsere Konkurrenten machen das nicht anders“, erwidert Ibrahim und schaut Thomas mit zusammengekniffenen Augen und hochgezogenen Schultern von der Seite an.

Thomas spürt, dass sie ihn in die Enge treiben wollen. So würde Ibrahim sich nie ausdrücken, wenn Avidya noch gesund und kräftig wäre. Seine Nackenmuskeln ziehen sich zusammen, doch er fährt fort. „Jedenfalls möchte ich allen Mitgliedern der Familie rund um den Tisch deutlich sagen, dass unser Geschäftsmodell zu bröckeln beginnt.“

„Das ist doch großer Quatsch, jedenfalls für den Rohstoffhandel“, fährt Ibrahim Thomas nochmals in die Parade. „Die Weltbank prognostiziert den Anstieg des Bedarfs an Rohstoffen für alle Tech-Produkte um das Vierzigfache.“

„Vierzig Prozent meinst du?“, fragt Maya, unruhig ihre Hände wringend. Sie sieht keinen Deut besser aus als vor zwei Wochen, als Thomas sie zusammen mit ihrem Vater zum Flughafen brachte. Nur gewaschen und ordentlich angezogen ist sie jetzt.

„Nein, Maya das Vierzigfache, und deshalb kannst du dir schon mal deine zittrigen Händchen reiben, denn an dem Boom werden wir uns eine goldene Nase verdienen“, erwidert Ibrahim. Thomas blickt zu Avidya, aber der schaut nur kraft- und teilnahmslos ins Leere. *Wissen die Ali-Brüder etwas, was ich noch nicht weiß?*, fragt er sich.

„Wir als Vijay“, setzt Thomas nach einer Atempause wieder an, „sind in einem gigantischen Verdrängungswettbewerb. Die größten Kobalt-, Mangan-, Nickel- und Kupferminenbetreiber werden uns mit ihrer Finanzkraft das Wasser abgraben. Statt darauf zu warten, dass uns finanziell die Luft ausgeht und wir gezwungen werden, zu verkaufen, wenn es uns nicht gelegen kommt, sollten wir den Entwicklungen aktiv voraus sein."

„Was schlägst du also vor?" übernimmt Ismael vom Kopfende das Wort. Sein Gesichtsausdruck ist undurchsichtig. Ismael und Ibrahim, beide mit vollem, dunklem Haupthaar, geschnitten mit Undercut, sowie Vollbart, unterscheiden sich für Thomas nur in ihrem Auftreten. Sie könnten Zwillinge sein, trüge Ismael nicht immer Krawatte und fiele Ibrahim nicht stets durch impulsive Aktionen und lautstarke Kraftausdrücke auf.

„Wir müssen heute schon an unsere Enkel denken und uns dafür fünf bis zehn Jahre lang mit weniger Rendite zufriedengeben."

„Konkret, Thomas, konkret bitte", fasst Ismael nach und streicht sein dichtes Haar mit den Fingern sanft an beiden Ohren nach hinten, während seine braunen Augen Misstrauen säen.

„Wir bleiben in der Branche, aber verlagern uns, erst in den Tiefseebergbau und dann in den Weltraum. Den Kampf gegen die Chinesen im industriellen Abbau von Metallen an Land überlassen wir den großen börsennotierten Spielern wie BHP, Rio Tinto, Vale, Glencore, MMC, Anglo American und Nornickel freiwillig. Wir verkaufen unsere Minen Schritt für Schritt, sobald wir Finanzierung benötigen. Wir pflegen gute Kontakte zu den großen Spielern. Wir gehen neue Wege so, wie sie sie nicht gehen können oder wollen, weil sie groß und behäbig wie Öltanker sind oder nicht öffentlich angegriffen werden wollen. Wir sind wie ein Schnellboot. Wir können exzellent auf kleinsten Raum manövrieren, Risiken anders angehen. Wir sind den Großen immer zwei bis drei Wendungen voraus, aber nie Konkurrent, sondern eher Wegbereiter."

Avidya atmet kopfnickend langsam aus.

„Wegbereiter braucht man irgendwann nicht mehr. Das ist der Anfang vom Ende", kritisiert Ibrahim aggressiv.

„Was hast du konkret vor, Thomas?", legt Ismael nach und streicht mit der Hand seine Bartspitzen zurecht.

Thomas beugt sich zur Seite, nimmt einen faustgroßen Stein aus seinem Aktenkoffer und legt ihn mitten auf den Esszimmertisch. Ibrahim beugt sich vor und schnappt ihn sich, um ihn eingehend zu betrachten.

„Was soll der Stein?"

„Das ist kein Stein. Das ist eine Anwachsung von Polymetallen zu einem Knoten, wie es in der Tiefseefachsprache heißt. Dieser Knoten hier vor euch enthält 28% Mangan, 1,5% Nickel, 1,4% Kupfer und 0,25% Kobalt. Diese Metalle stehen für die Art, wie die Weltwirtschaft funktioniert und die Weltbevölkerung heute lebt. Nickel und Kobalt sind unverzichtbar für unsere gegenwärtige Technologie der Energiespeicherung. Allein zwischen der Inselgruppe Hawaii und der Westküste Mexikos lagern in der Tiefsee auf sogenannten Knötchenfeldern sechsmal so viel Kobalt und dreimal so viel Nickel wie die gesamten landbasierten Reserven dieser Metalle, jedenfalls soweit wir sie heute kennen."

„Reich ihn bitte herum, Ibrahim."

„Wie tief liegt dieses Knötchenfeld?"

„Auf 4500 Metern unter dem Meeresspiegel." Thomas zieht ein missmutiges Gesicht. Ihm missfällt, dass er diese Information an Ibrahim preisgeben muss.

„Wir veräußern Ende März 2020 die Kobaltmine

in Kolwezi und verschaffen uns mit dem Geld zuerst ein kleines Standbein im Tiefseeabbau von Kobalt, Mangan und Kupfer. Zugleich investieren wir groß in mehrere kleine Unternehmen, die das technische Gerät für den Abbau entwickeln und schon produzieren. So verdienen wir während der Investitionsphase bereits Geld bei unseren Konkurrenten, wissen auch genau, wer wo was macht, und halten uns mögliche Türen in viele Richtungen offen. Details findet ihr in der Präsentation, die ich gleich verteile.“ Thomas deutet auf den Stapel von Mappen, der vor ihm auf dem Tisch liegt.

„Investitionsintensiv und in dieser Wassertiefe sicherlich äußerst riskant“, kommentiert Ismael. Riskant ist nicht sein Stil, äußerst riskant schon gar nicht. So kennt Thomas ihn.

„China vergrößert seinen Einfluss in Afrika und anderswo in der Welt täglich. Viele unserer Kunden sind geschäftlich vom roten Drachen anhängig. Hier am Tisch will doch wohl niemand bald auch nach der Pfeife Beijings tanzen, oder irre ich mich?“ Thomas schaut sich fragend um, die Blicke von Ibrahim und Ismael weichen ihm aus.

„Wir erkunden den Mond, sogar auf der erdabgewandten Seite. Wir ernten bald Metalle von Asteroiden. Wir wollen erforschen, was der Mars uns zu bieten hat. Alles ist auf der Suche nach diesen Metallen und Mineralien, die unsere Landmassen nur noch begrenzt hergeben. Warum sollen wir nicht zuerst das Naheliegende, die Tiefsee nämlich, für unsere Zwecke ausbeuten?“

„Und du glaubst, wir könnten im Tiefseebergbau eine große Nummer werden? Wenn du dich da mal nicht verrechnest“, kommentiert Ibrahim in noch aggressiverem Tonfall.

Thomas bleibt ruhig, atmet tief aus. „Wir wollen keine große Nummer werden, wir wollen ein langfristig exzellent verdienender, mittelgroßer Spieler am Markt werden, respektiert, wirtschaftlich erfolgreich, richtungsweisend. Dazu müssen wir unsere Pässe ausspielen. Jedes Land kann in seiner Zweihundert-Seemeilen-Zone abbauen, was es will. In den Tiefen der Weltmeere außerhalb dieser Zonen regiert die International Seabed Authority der UN den Abbau. Indien und China sind dort die Antreiber. China ist im Pazifik aktiv, Indien fokussiert sich auf den Südwesten des Indischen Rückens. Dort ist auch Deutschland mit von der Partie. Frankreich und Russland haben den Mittelatlantischen Rücken ins Visier genommen. Großbritannien ist in dieser ersten Phase von Erkundungskonzessionen nicht einmal dabei."

„Wir haben keinen indischen Pass mehr. Wir sind jetzt Briten."

„Nein, du irrst dich, Maya, ich habe einen indischen Pass. Ich stehe zu meinen Wurzeln", sagt Pritha. Sie ist eine großgewachsene Frau, hat lange, dunkelbraune Haare und für eine Inderin einen fast zu weißen Teint, der durch ihre farbenfrohen Kleider in indischem Stil noch hervorgehoben wird. Die Haare trägt sie zu einem Pferdeschwanz, dazu große kreolförmige Ohrringe aus Gold. Ihre Arme sind übersät von dünnen goldenen Armreifen mit Verzierungen, und auf der Stirn trägt sie mit Stolz ein Bindi. Wenn sie beruflich im Winter in London unterwegs ist, kleidet sie sich westlich. Ihre Kleidung von daheim in Mumbai, wo sie ihre Arztpraxis unterhält, ist für England nicht warm genug. Nach London kommt sie gewöhnlich einmal im Monat, um in der Arztpraxis einer englischen Freundin mitzuhelfen.

„Dein Pass wird kombiniert mit meinen äußerst nützlich sein, Pritha. Ich habe einen deutschen und einen kanadischen Pass sowie das Schweizer Bürgerrecht.“

„Thomas hat ganz recht“, meint Ismael. „Unsere Pässe sind das Gold der Zukunft. Sie öffnen die Türen zu den besten Konditionen im jeweiligen Land. Fahr fort, Thomas.“

„Je nachdem, wie sich die Gesetzes- und Steuerlage entwickelt, bleiben wir mit der Konzernzentrale in der Schweizer Gemeinde Zug oder ziehen nochmals um.“

„Gibt es denn Ärger in der Schweiz?“

„Ja, Ismael, die Grünen nehmen die Rohstoffunternehmen zunehmend ins Visier.“

„Wohin willst du umziehen?“, will Amal wissen und zuckt dabei fast zusammen.

„Da kommt doch wohl nur London in Frage.“ Ibrahim schlägt sich mit der flachen Hand gegen die Stirn, so als sei das die einzige Lösung, die jeder sofort erkennen muss.

„London käme in Betracht, aber es gibt auch noch andere Optionen. Einige Länder bringen sich gerade in Stellung. Luxemburg zum Beispiel ...“

„Wir sind Briten, seit meine Söhne klein sind. Hier haben wir Ansehen und Macht, und das soll auch so bleiben“, zieht Amal die Sache mit autoritärer Stimmlange und der Macht des weiblichen Familienoberhaupts an sich.

„Genau“, meldet sich Maya nochmals zu Wort. „Ich will sowieso nicht wieder zurück in die Schweiz. Ich will hier leben. Wir ziehen wieder nach London, Thomas!“

„Wo du lebst ... bestimmt das Geschäft“, erhebt

Avidya seine kaum noch vernehmbare Stimme. „Wenn wir wollen ... dass es uns weiterhin ... so gut geht ... müssen wir weitsichtig ... vernünftig agieren ... müssen ... müssen zusammenhalten." Er rappelt sich so hoch auf, wie er kann, legt seine Faust mit letzter Kraft auf den Tisch und sackt wieder in sich zusammen. Jetzt hängt er in seinem Rollstuhl wie angeschossen.

„Deine Zeit, Stiefvater, ist zu Ende. Wir bestimmen jetzt, was unsere Generation will und wer künftig Chef ist", verkündet Ibrahim, steht auf und haut mit einem Krachen seine Faust auf den Tisch, so als wolle er andeuten, dass er jetzt bestimmt.

Alle schauen auf Avidya, gespannt, ob er noch die Kraft hat, sich aufzubäumen.

„Ich ... ich habe Thomas ... zu meinem Nachfolger bestimmt", haucht er.

„Was?" schreit Ibrahim und reißt die Arme mit wütendem Gesichtsausdruck hoch. „Das kommt gar nicht in Frage!"

Avidya zieht sich mit beiden Händen unter Aufbietung all seiner Kraftreserven zur Tischplatte. „Schweig, ich ... halte die Mehrheit am Konzern ... muss dafür sorgen .... dass der Fähigste ..."

„Von dir lass ich mir nichts mehr befehlen. Unser Vater, Jibrīl bin Mohammed Ali, hat das Unternehmen gegründet. Wir hatten das Geld. Du bist doch nur ein Straßenköter, der sich hier eingeschlichen, alles an sich gerissen und mit seinem indischen Namen besudelt hat. Glaubst du denn im Ernst, der Konzern wird noch einen Tag länger Vijay heißen, wenn du endlich ins Gras gebissen hast", poltert Ibrahim zurück.

„So spricht niemand mit meinem Vater", meldet sich Pritha nachdrücklich zu Wort.

„Halt den Mund! Du hältst doch genau wie Maya nur die Hand auf, ohne etwas beizutragen.“

Avidya schließt die Augen, lässt die Tischkante los und sackt gänzlich in sich zusammen. „Ich ...“, haucht er fast nicht mehr vernehmbar. Pritha erhebt sich und geht zu ihm, fühlt den Puls, schaut ihm in Augen und Mund und setzt sich anschließend wieder auf ihren Platz.

„Was?“, fragt Ibrahim, der noch immer steht.

„Setz dich, mein Sohn. Avidya ist todkrank. Er hat Pankreaskrebs im Endstadium. Pritha, als seine Ärztin, und Thomas, als CEO des Vijay-Konzerns, wissen es schon länger.“

Thomas ahnt, dass Amal ihn so diskreditieren und damit aus dem Weg räumen will. Wer von ihren Söhnen rammt nun die Streitaxt gegen ihn in den Tisch? Oder ist das alles nur eine Inszenierung und Amal hat ihre Söhne längst eingeweiht, damit sie ihn schon hier und heute beseitigen können? Er weiß es nicht zu sagen.

Mayas Gesicht verrät Überraschung und Entsetzen. Sie steht auf, läuft um den Tisch und umarmt ihren Vater krampfhaft von hinten. Ohne ihn wäre sie jetzt vielleicht Verkäuferin oder Hausmädchen irgendwo. Sie ist klug genug, um das zu erkennen.

Avidya röchelt. Maya bleibt hinter seinem Rollstuhl stehen, hält ihn bei den Schultern, drückt ihren Kopf an den seinen und weint hemmungslos. Amal steht auf, geht zu Maya, umarmt sie, beruhigt sie und führt sie hinaus.

Thomas ahnt, was nun kommen wird. Pritha versteht nichts vom Geschäft, sorgt sich nur um ihren Vater, und bevor der auf der Stelle ablebt, bringt sie ihn zurück ins Bett. Die beiden Brüder können dann kurzen Prozess mit Thomas machen.

„Was kannst du uns dazu sagen, Pritha?“

„Wir können nur noch die Schmerzen lindern, Ismael. Wie schnell es zu Ende geht? Ich weiß es nicht. Er braucht vor allem Ruhe, muss sich schonen und möglichst allem fernbleiben, was sein Immunsystem zusätzlich schwächen könnte.“

„Dann hebe ich unsere Familienversammlung hiermit auf. Wir müssen uns alle erst einmal beruhigen und besinnen.“

„Das halte ich auch für das Vernünftigste, Ismael.“ Pritha erhebt sich, nimmt sich ihres Vaters an und fährt ihn langsam im Rollstuhl hinaus.

Thomas atmet so unmerklich wie es nur geht aus. Die Schlacht ist eröffnet. Nachdem auch Pritha und Avidya draußen sind, steht Ismael auf und schließt die Tür hinter ihnen. *Zwei gegen einen, erstklassig eingefädelt*, denkt Thomas.

Ismael nimmt wieder Platz und schaut ihn eindringlich an. „Jetzt, nachdem wir wissen, über was es zu entscheiden gilt, sollten wir unter uns Männern gründlich darüber nachdenken, wie es weitergehen soll.“

„Ich dulde ihn auf keinem Chefsessel.“ Ibrahim richtet den Zeigefinger auf Thomas. Hätte er eine Pistole in der Hand, er würde wohl abdrücken. „Thomas hat keine Anteile. Er hat nur ein viel zu üppiges Gehalt mit Bonuspaket. Hätte er Maya nicht geheiratet, er säße nicht an unserem Tisch. Wir brauchen ihn nicht. Er hat selbst gerade gesagt, dass sein Geschäft den Bach runtergeht.“

Ismael wendet sich zu Thomas. „Wie siehst du deine Zukunft ohne Avidya?“

Thomas schaut ruhig zurück und bleibt still. Er

will seine Karten nicht auf den Tisch legen, nicht solange er nicht weiß, ob Avidays Testament tatsächlich zu seinen Gunsten gemacht und rechtsgültig ist.

„Ismael, ich schätze deine Besonnenheit", erwidert er schließlich Gelassenheit vortäuschend, während seine Nackenmuskeln ihn bereits mit Kopfschmerzen traktieren. „Ihr habt heute zum ersten Mal gehört, wie es um Avidya steht, nehme ich zumindest an, vielleicht täusche ich mich ja auch." Dabei beobachtet er genau, wie Ibrahim reagiert. Der grinst. Damit ist für Thomas klar, dass Amal schon länger im Hintergrund das Geschehen dirigiert. Er muss also bezweifeln, ob er tatsächlich einen Teil von Avidyas Anteilen am Vijay-Konzern bekommt. „Wir sollten uns bemühen, die Zeit, die Avidya noch verbleibt, für ihn so angenehm wie möglich zu gestalten, und währenddessen alle gründlich nachdenken."

Ismael lächelt und lehnt sich vor, die Augenbrauen in unverkennbarem Interesse hochgezogen. Ihm ist nun klar, dass Thomas sich nicht in die Falle locken lässt. „Ich werde zu gegebener Zeit eine neue Familiensitzung einberufen. Möge Allah uns gnädig sein."

Gnädig? Thomas krampft sich das Herz zusammen. Ihm und Avidya werden sie wohl kaum gnädig sein.

KOLWEZI, 3. JANUAR 2020

Auf diesem Flecken rotbrauner Erde haben die Kugeln meine Mutter und Großmutter am 13. Dezember 1999 in Rücken und Hinterkopf getroffen. Ich dreh mich um 180 Grad und schau auf ein dreißig Meter entferntes, geschäftiges Werkstor. Schwere Lastwagen rattern zwischen bindfadendichtem Regen rein und raus. Alles unter den Augen von Wachmännern in militärisch anmutenden Kampfuniformen, schwarzen Barretts auf dem Kopf und mit Maschinenpistolen in der Hand. Ein wohl fünf Meter hoher Stacheldrahtzaun schirmt die Mine gegen Eindringlinge ab. Zwischen dem Minengelände und mir ziehen ärmlich, aber kunterbunt gekleidete Frauen, Kinder und auch Männer mit Plastiktüten, -eimern und -säcken vorbei. Alle sind triefnass. *United Metals and Minerals* steht mit blauen Buchstaben auf weißem Grund auf einem Schild am Eingang der Mine zu lesen. Ein bitterkalter Schauer durchläuft meinen ganzen Körper, trotz drückend feuchter Luft und fast 30 Grad Celsius. Auf der asphaltierten Hauptstraße dröhnen weitere Lastwagen vorbei, viele mit chinesischen Schriftzeichen drauf. Auf der anderen Straßenseite sind Bretterverschläge, so weit ich sehen kann. Sie sind gegen Regen dürftig geschützt durch dicke Plastikplanen, von der Art wie bei uns in den Supermärkten die stabilen Einkaufstüten. Die meisten Planen flattern im Wind, denn nur selbstgefertigte Seilstücke halten sie provisorisch an den Bretterwänden. Eine alte Frau beobachtet uns schon länger. Sie hat ein buntes, wallendes Gewand, ein Tuch kunstvoll um den Kopf gewickelt und einen verbeulten Regenschirm in der Hand. Sie winkt uns zu sich auf die andere Straßenseite.

Walikia und ich waren am 1. Januar in der Früh mit ihrem schweren Toyota Geländewagen von Großvaters Elyas‘ Haus in Kinshasa nach Kolwezi aufgebrochen, den Kofferraum gut gefüllt mit allem, was wir für eine solche Reise in den Süden des Kongo brauchen. „Du bist geimpft, aber nicht gefeit“, sagte Großvater Elyas, als er mich mit einem Kuss auf die Stirn zärtlich verabschiedete. Er wollte mich gar nich loslassen. Er ist wie ein riesengroßer, starker Teddybär, breites Gesicht, riesige Nase, abstehende Ohren und fröhliche, riesige Augen. Seit meiner Ankunft am 27. Dezember haben wir jeden Tag stundenlang zusammen erzählt, Unsinn gemacht, gelacht und gegessen. Und immer wieder hat er mich liebevoll umarmt und auf die Stirn geküsst. Ich bin einssiebzig groß und reich ihm doch nur bis zum Kinn. Immer wieder hat er Walikia gefragt, ob sie auch an alles gedacht hat. Und dass sie ihm ja seine Lucia behütet und keinen Moment aus den Augen lässt. In den Osten des Kongo, nach Goma, an die Grenze zu Rwanda, fahren wir nich. Dort, wo die Coltanminen sind, führen noch täglich Guerillatruppen Krieg um die Herrschaft über diese Quelle des Reichtums. Zu gefährlich, sagt Großvater. Nur nach Kolwezi, in den Süden des Kongo, darf ich. Ich hab deutlich gespürt, dass er mich lieber bei sich behalten würde. Aber er will auch, dass ich den Ort sehe, wo mein Drama seinen Anfang nahm. Walikia und ich haben abgekochtes, sauberes Wasser und Essen, kleine Geldscheine und Zigaretten dabei, um Wege zu ebnen. Unruhegebiete werden wir umfahren. Aber Großvater Elyas hat trotzdem keine Ruhe und will morgens und abends angerufen werden. Die chinesischen Comptoirs sollen wir meiden wie den Teufel. „Die Chinesen haben Afrika im Würgegriff. Überall wimmelt es von ihnen. Unangenehme Sachen geben sie nur zu, wenn sie absolut nicht mehr zu vertuschen sind."

Dieses feuchtwarme, nasse Entwicklungsland, so viel habe ich in den ersten paar Tagen in Kinshasa schon begriffen, is megahart zu den Menschen. Die ärmsten Wichte schlagen sich mit Gelegenheitsjobs durch. Sie besitzen nur die Kleidung, die sie am Leib tragen. Sie schlafen unter Brücken und am Straßenrand. Sie essen, wenn sie einen paar Francs in der Hand haben. Die Garküchen, die überall stehen, schaffen Einkommen für die etwas weniger armen Wichte, die sie betreiben. Wenn sie nich alle mit so leuchtend großen Augen und in so bunter Kleidung herumlaufen würden, der Anblick von barfüßigen oder in kaputten Plastiksandalen herumlaufenden Kindern würd mir das Herz herausreißen.

Wir Keitas gehören zu den Privilegierten in der Demokratischen Republik Kongo. Walikia is und Großvater war Universitätsprofessor. Beide sind damit Staatsbeamte mit einem ordentlichen, aber vor allem regelmäßigen Einkommen bzw. Rente. Walikia und ihre Kinder haben mich in den letzten Tagen vormittags in der Stadt herumgeführt. Wie fröhlich sie waren, trotz all der Dinge, vor denen es mich ekelt. Riesige Wanzen, Käfer, Spinnen und Ungeziefer kriechen und krabbeln einfach überall. Auch sonst is das hier der blanke Wahnsinn. Wenig asphaltierte Straßen, stattdessen Buckelpisten. Kein Wasser und kein Strom für Stunden, manchmal, so sagen sie, tagelang nich. Internet is so langsam, dass man es vergessen kann. Aber dennoch gehören die Keitas zu den zwanzig Prozent, die überhaupt Strom haben. Voll krass.

„Jambo, ich kann euch helfen“, sagt die alte Frau zu uns, als wir schließlich die Straße bei der Mine in Kolwezi überquert haben und vor ihr stehen. Sie mustert uns von oben bis unten. „Ihr seht aus wie sie, und genau dort ist es auch passiert.“

„Jambo“ erwidern wir, geben ihr die Hand und stellen uns vor. Gloria heißt sie, mustert mich wie der Bodyscanner am Flughafen von oben bis unten. Ich sie auch. Sie hat nur noch einen Frontzahn, ihre Haut is schrumpelig, ihr Alter nich zu schätzen, aber ihre hellbraunen Augen sind hellwach und funkeln wie die Sterne. Sie blickt mich durchdringend an. Mein Äußeres sollte hier eigentlich nich auffallen. Ich trag zudem bewusst das Gleiche wie Walikia, ein leichtes buntes Baumwollkleid und wegen des Matsches feste, knöchelhohe Wanderschuhe. Nur mein Benehmen ... ich wirk wohl unsicher und ungelenk. Gloria nimmt mich bei der Hand und führt uns in ihren Bretterverschlag. Der hat nach hinten, also weg von der Straße, ein Fenster, besser gesagt eine Öffnung, in die ein verbeultes Drahtgeflecht eingesetzt und darüber ein Moskitonetz gespannt is. Sie deutet auf kleine Schemel, die direkt im rotbraunen Matsch stehen. Wir setzen uns. Sie gießt aus einem Plastikkanister gelbliches Wasser in ein Schraubglas ohne Deckel. Walikia wehrt sofort höflich ab. Nein, wir hätten keinen Durst, vielen Dank. Gloria nimmt das Glas für sich selbst, trinkt und setzt sich zu uns. Walikia und ich haben 100 Liter abgekochtes Kinshasa-Wasser in zehn Kanistern dabei. Wasser einfach aus dem Hahn trinken geht selbst in Kinshasa für mich nich. Das Grundwasser in Kolwezi aber is durch die Minenaktivitäten mit Metallen versetzt, voller Keime und Bakterien zudem. Das hat Walikia mir erklärt, als wir die Wasserkanister in ihr Auto luden. Jetzt seh ich, was sie meinte. Das Wasser im Glorias Glas wär in Belgien selbst für Vieh verboten.

„Sie haben mit eigenen Augen gesehen, was damals passiert ist, Gloria?“ Walikia spricht Französisch mit ihr, sodass ich auch folgen kann.

„Ich stand neben Shaira, eine Kugel schwirrte an meinem Ohr vorbei, und ich warf mich sofort auf den Boden. Aber Shaira und Amaike hatten keine Chance. Die ersten Kugeln trafen sie bereits.“

Mir schnürt es die Kehle zu, meine Hände fangen an zu zittern.

„Sie erinnern sich, dass Amaike schwanger war?“

„Ja, als die Schüsse aufhörten, kamen noch andere Frauen gelaufen, und wir trugen beide zu einem Wagen, den wir anhielten, brachten sie ins Hospital von Kolwezi.“

„Haben Sie mit Mutter und Großmutter demonstriert?“

„Sie sind das Mädchen, das noch in allerletzter Minute lebend geboren wurde, nicht wahr?“

„Ja, ich bin Lucia.“

„Ich habe deine ersten Schreie gehört.“ Sie nimmt meine beiden Hände, dreht die Handflächen nach oben und betrachtet sie andächtig. Dann blickt sie auf mein Geburtsmal am linken Unterarm. „Gott meint es gut mit dir, mein Kind. Folge den Sternen.“

„Wir haben sie nach Belgien zur Adoption gegeben, damit sie ohne Gefahr aufwachsen konnte.“

„Ich weiß, ich weiß. Shaira hat es damals im Krankenhaus selbst noch angeordnet, kurz bevor sie die Augen schloss.“

Gloria betrachtet mich nochmals eindringlich.

„Bitte, erzählen sie mir von damals. Erzählen Sie mir, was mit meiner Mutter und Großmutter geschah."

Gloria lässt mich los, erhebt sich und schüttelt den Kopf. „Nein."

„Warum nicht?"

„Du musst es mit eigenen Augen sehen ..."

Wir fahren zusammen mit Walikias Wagen etwa fünfzehn Minuten in Richtung Norden. Wir überqueren die Nationalstraße N39, auf der beladene Lastwagen, schwere Jeeps, Mopeds und Fahrräder kreuz und quer durcheinander unterwegs sind. Die Fahrer hupen, rufen und gestikulieren wild. Über eine schlammige Piste zwischen mannshohen Gräser, die gegen den Wagen klatschen, gelangen wir schließlich an den Rand eines Dorfs, das von hohen Bäumen umgeben is. Walikia hält den Wagen auf einer Art Dorfplatz an, und wir steigen aus. Es wimmelt von Moskitos. Ich schlag nich danach. Ich bin eingesprüht und nehm Tabletten.

„Vierhunderttausend Menschen sterben in Afrika südlich der Sahara jedes Jahr an Malaria. Wegen unseres tropischen Klimas ist es im Kongo besonders schlimm. Deshalb nimm bitte deine Tabletten und sprüh dich immer ein, Lucia", sagte Großvater, seit ich hier bin, jeden Tag zu mir.

„*United Metals and Minerals* hat das ursprüngliche Minengelände erweitert und uns dafür unser Land abgeluchst. Sie versprachen uns im Tausch fruchtbaren Ackerboden, Häuser aus Beton, einen sicheren Brunnen, eine Schule mit zwei Lehrern, ein Hospital mit Arzt und Schwestern und den Männern Arbeit in der Mine. Mit Vertragsunterzeichnung gab es eine kleine Summe Geld. Wohl, um uns in Sicherheit zu wiegen. Nun geh, Lucia, sieh selbst, sprich selbst mit den Menschen.“ In Glorias Stimme schwingen Wut und Bitterkeit mit.

Ich seh mich um. Die Häuser sind aus Lehm, teils zerfressen von Termiten. Zwei sind schon eingestürzt. An einer großen Handpumpe füllen Kinder, die kaum etwas am Leib tragen, gelbliches Wasser in Gläser und Plastikeimer. Ich geh zu ihnen, sag „Jambo“ und lass mir Wasser in die Hand laufen. Es is durchsetzt mit Schwebeteilchen. Ich frag die Kinder auf Französisch nach ihrer Schule. Eine Schule gibt es nich, antwortet ein kleines Mädchen. Dann laufen alle barfuß durch den Matsch davon. Ein Hospital kann ich auch nich finden. Vor einem der Häuser stampft eine junge Frau in einem Holzkübel grüne Pflanzen, vielleicht Gemüse. Sie trägt in ein Tuch eingebunden ein Baby auf dem Rücken. Plötzlich hör ich Klagelaute von dicht bei. Ich will wissen, was los is, und frag sie auf Französisch. „Sie beerdigen ein kleines Mädchen. Dort drüben zwischen den Bäumen.“ Dabei weist sie teilnahmslos mit der Hand in die Richtung, aus der herzzerreißendes Jammern kommt. „Die wenigsten werden groß genug, um mit Geld verdienen zu können. Die größeren Kinder arbeiten zusammen mit den Männern als Träger oder mit Handschaufeln in den wilden Minen.“

Ich bin schockiert, wie abgestumpft diese Frau das sagt, während sie weiter Grünzeug stampft. Aber man härtet wohl ab, wenn man hier ständig mit dem Tod konfrontiert is. Ihr Mann, sagt sie, bringt an guten Tagen umgerechnet etwa ein Euro fünfzig für vierzehn Stunden gefährlichste Arbeit nach Haus. Das reicht nich zum Überleben. Sollte ihm etwas zustoßen, und das sei nur die Frage eines unbedachten Tritts, eines unachtsamen Schlags mit der Spitzhacke oder eines einstürzenden Schachts, würden sie alles verlieren. Mir wird übel, aber ich fürchte, das war noch nich alles.

Wir drei steigen zurück ins Auto und fahren weiter. Ich bin wütend und erschüttert. Gloria will mir auch zeigen, wo die grabenden Männer ihres Stammes arbeiten. Arbeitsplätze in der Mine haben sie trotz Zusage nich bekommen. Wanderarbeiter aus anderen Provinzen haben die Jobs gekriegt. Die sind gefügiger.

Wir gelangen zu einem von Büschen umgebenen Gelände, steigen aus und folgen einem schmalen Pfad in eine Art Grube. Ein junger Mann mit verhärmtem Gesicht lässt sich gerade barfuß an einem selbstgedrehten Seil in ein Erdloch von vielleicht anderthalb Meter Durchmesser in die Tiefe. Zwei andere stehen oben und halten das Seil. Wir begrüßen sie, und Gloria bittet auf Französisch, dass sie erzählen, wie sie hier ihr Geld verdienen. Als der Mann unten angekommen is und sie das Seil loslassen können, beginnt einer zu erzählen. „Den Schacht haben wir drei mit Händen und Schaufeln selbst ausgehoben. Wir suchen nach einer Kobaltschicht. Finden wir eine, gut, dann haben wir Essen für ein paar Wochen oder Monate. Finden wir keine Kobaltader oder stürzt unser Loch ein, was häufig vorkommt, denn wir haben nichts, um den Eingang oder die Wände abzusichern, gehen wir viele Nächte hungrig zu Bett und stehen hungrig auf." Der Mann neben ihm beginnt zu weinen, und der Sprecher herrscht ihn an. „Geht, geht weiter", sagt er dann zu uns. „Die da drüben haben mehr Glück." Mit dem Kopf deutet er auf einen etwa hundert Meter entfernten Hügel. Als wir in die angedeutete Richtung gehen, sagt Gloria: „Sie haben keine Kobaltader gefunden. Nur rotbraune Erde um das Loch herum. Habt ihr das gesehen?“ Darauf hatte ich nich geachtet, aber ich glaub es ihr sofort.

Wir steigen den Hügel hinauf. Unter uns eine weitere Grube mit vielen kleinen Löchern. Hier arbeiten mehrere, ebenso armselige Männer mit Kindern in kleinen Gruppen zusammen. Die Kinder sind höchstens acht oder neun. Die Männer hieven Plastiksäcke mit dunkelbrauner Erde an Tauen aus den Löchern, die Kinder ziehen sie mit aller Kraft einige Meter weiter, leeren sie aus, sortieren den Dreck. In der Nässe ist das Schwerstarbeit.

Kurz darauf füllen die Kinder die Säcke mit der kobalthaltigen Erde. Dann laden sie sie zusammen mit den Männern auf Fahrräder oder kleine Handkarren und schaffen sie fort. Wir folgen ihnen. Am Fluss waschen Frauen und Kinder mit großen Sieben noch mehr unverkäuflichen Dreck weg. Dann schaffen sie die wertvolle Erde zu einer großen Straße, auf der es Richtung östliche Landesgrenze und zu den Seehäfen in Tansania geht. Hier scheint ein riesiger Markt für kobalthaltige Erde zu sein. Tausende springen wie beim Goldrausch umeinander. Eine Holz- oder Backsteinbaracke mit Wiege- und Analysemechanik reiht sich an die nächste. Überwiegend Chinesen, aber auch ein paar Inder scheinen mir hier das Sagen zu haben. Offene Lastwagen werden von Hand mit Säcken beladen. Gleich vor uns befüllen ausgemergelte junge Männer Container der *Congo Dong Fang Mining* mit loser Kobalterde. Ein Chinese kommt und will uns verscheuchen. Gloria geht wortgewaltig auf ihn los. Er dreht sich um und ruft auf Chinesisch Verstärkung herbei. „Schnell“, sagt Walikia, „schau kurz zu der Händlertheke und dann sofort zurück zum Wagen.“

Während Gloria und Walikia ein Wortgefecht mit

fünf chinesischen Männern führen, husch ich an der Theke der Baracken vorbei. Eine Tafel mit den Tagespreisen is angeschlagen. *Tonne 16%ig Kobaltgestein $881 – Tonne 3%ig Kobaltgestein $55.* Hinter der Theke ein Chinese, Taschenrechner, Stift und Papier vor sich. Er ruft gerade ein Kommando zu seinen kongolesischen Packern.

„Im Kongo ist es für Ausländer illegal, so ein Comptoir, so einen Zwischenhandel zu führen“, sagt Walikia, als wir drei wieder im Wagen sitzen und mit dreckspritzenden Reifen und aufheulendem Motor davonfahren.

„Warum wehrt sich niemand?“, frag ich leise, irgendwie noch immer auf der Hut, aber innerlich würd ich am liebsten aussteigen und mich der Übermacht im Kampf stellen.

„Wir Kongolesen sind leicht verwundbar. In der Finanzkrise 2008 waren von einem Tag auf den anderen alle chinesischen und indischen Comptoirs verschwunden. Der Preis für die kobalthaltige Erde stürzte in den Keller. Die Gräber wurden lange ihre Säcke nicht los. Als die Chinesen und Inder zurückkamen, war noch deutlicher, wer hier in Kolwezi das Sagen hat.“

„Aber tun denn die Mächtigen im Kongo nix dagegen?“

„Die kongolesischen Eliten hetzen ihre bewaffneten Wachleute auf alle, die sich widersetzen. Du hast die Wahl, erschossen zu werden oder ein elendes Leben zu führen und auf ein Unglück oder den frühen Tod zu warten. Hier wird nicht gelebt, Lucia. Hier wird ums Überleben gekämpft.“

Deshalb fahren die Belgier auch lieber auf Safari nach Namibia oder nach Mauritius zum Surfen, so wie

Mama und Papa es mit mir getan haben. Ich muss mehr wissen. „Was geschieht mit der kobalthaltigen Erde?“

„Die Gräber verkaufen es an die Comptoirs, die Comptoirs an *Congo Dong Fang Mining*, die es dann in reines Kobalt verwandeln. Anschließend wird es zu Kathodenherstellern verschifft. Die Kathoden werden an Batterieproduzenten verkauft und die Batterien an Produzenten von Smartphones, Tablets, Computern, e-Bikes, e-Autos, Windräder. Alle Produkte, die hochleistungsfähige Batterien brauchen, kommen in Frage. Kein Produzent der Endprodukte kann mit Sicherheit sagen, woher das Kobalt in den Batterien kommt. Zu viele Hände in der Lieferkette und keine effektive Kontrolle. Das ist gewollt und spielt Korruption und Kriminalität in die Hände.“

„Und das Kobalt, das in der *United Metals and Mining* abgebaut wird?“

„Wird noch hier im Land zu Puder raffiniert. Dann geht es über einen Händler in London in die gleiche Kette: Kathodenhersteller, Batteriehersteller, End-gerätehersteller.“

„Und wem gehört *United Metals and Mining,* Walikia?“

„Zuerst gehörte die Mine der anglo-belgischen Union Minière du Haut Katanga. Dann gehörte sie dem kongolesischen Staatsunternehmen Gécamines. Das verkaufte sie an ein Unternehmen mit Sitz in London. Von da an verläuft sich die Spur über verschachtelte Unternehmenskonstruktionen und Briefkastenfirmen. Der Geschäftsführer hier vor Ort ist ein Franzose. Aber er ist erst seit drei Monaten im Job und kennt sich nicht aus. Wir beobachten das alles ganz genau. Wir hoffen darauf, dass sich das Unternehmen irgendwann eine Blöße gibt und wir für unser Recht kämpfen können.“

„Ich werd mit euch kämpfen.“

„Lucia muss noch etwas sehen.“ Gloria dirigiert Walikia mit dem Wagen auf eine andere abgelegene Matschpiste, die von beiden Seiten in hohem Grass verschwindet. Wir kommen nur im Schritttempo voran. Manchmal drehen die Räder kurz durch. Aber Walikia is eine geübte Fahrerin und schafft es immer wieder, den Wagen vorwärts zu bringen. Am Ende läuft sich die Piste in einem Waldstück tot.

„Hier seht ihr die, die allein, ohne Dorfgemeinschaft und von weit her in unsere Provinz kommen und keine Arbeit in den industriellen Minen gefunden haben. Sie versuchen als wilde Gräber auf sich gestellt zu überleben. Sie haben nichts, können auf nichts mehr hoffen, außer, dass sie morgen die Augen wieder aufmachen.“

Wir steigen aus. Hier sind keine Bretterbuden mit Planen oder von Termiten zerfressene Lehnbauten mehr. Hier sind dürre Zweige von den umliegenden Bäumen in den Boden gesteckt und mit zusammengesammelten, aufgerissenen Plastiktüten, die aneinandergeknotet sind, umwickelt und abgedeckt. „So leben Tausende. Sie schlafen auf dem nassen Boden. Trinkwasser tragen sie in Kanistern über Kilometer heran.“ Glorias Blick verrät grenzenlose Bitterkeit.

Ein abgemagerter Mann sitzt mit einem kleinen zitternden Jungen, er mag sieben oder acht sein, vor so einer Hütte aus Stöcken und Plastiktüten. Gloria begrüßt beide mit *Jambo* und reicht ihnen die Hand, wir tun das auch. Die Augen des Jungen treten ängstlich weit aufgerissen aus den Augenhöhlen hervor. Er kauert sich jammernd an seinen Vater. „Sein ganzer Körper schmerzt vom Hochziehen der vom Vater im

Erdloch befüllten Säcke“, übersetzt Gloria. „Der Kleine leert die Säcke aus, wirft sie dem Vater zurück ins Loch. Sie haben niemanden, der ihnen hilft.“

Ich will wissen wo die Mutter is. „Gestorben“, antwortet der Mann mir auf Französisch. „Wir haben in diesem Loch“, er deutet auf eine Öffnung etwa zehn Meter entfernt von uns, „kein Kobalt gefunden.“ Dann sagt er etwas in seinem Dialekt, und Gloria übersetzt. „Sie haben schon seit sechs Tagen nichts mehr gegessen.“

Gloria schweigt, der Mann auch, und ich weiß, was ich zu tun hab. Ich geh zurück zum Auto, hol zwei komplette Tagesrationen Essen für mich und einen Kanister voll sauberem Wasser. Außerdem geb ich dem Vater noch Geld, umgerechnet etwa fünfzig Euro, damit er und sein kleiner Sohn Zeit haben, irgendwo neu anzufangen. Die beiden weinen, als ich meine Geschenke übergeb. Auch mir laufen die Tränen. Das werd ich mein Leben lang nich vergessen. Ich schwör mir, ich werd für sie kämpfen.

Walikia und ich bringen Gloria zurück zu ihrem Holzverschlag bei der Mine, lassen auch ihr Essen und einen Kanister sauberes Trinkwasser da. Sie dankt Walikia und segnet mich. Mir is das peinlich. Als wir beide wieder im Auto sitzen, frag ich: „Warum hat Gloria das gemacht?“

„Nimm es als Unterricht am Leben, so wie der Kongo wirklich ist, und als Stütze auf deinem Weg.“

„Das werd ich.“

„Es braucht Menschen, die Ausbeutern den Spiegel des Gewissens vorhalten. Da ihnen nicht gefällt, was sie im Spiegel sehen, geben sie dem Spiegel die Schuld.“

Zurück in Kinshasa, haben Großvater Elyas und ich einen letzten Abend allein. Wir stehen voreinander in seinem kärglichen Studierzimmer. Ein einfacher Holztisch, darauf leere Blätter, Notizhefte, ein schwarzer Füller und schwarze Tinte. Vor dem Tisch ein Stuhl mit einem Kissen. Von dort schaut er direkt auf einen Avocadobaum hinter seinem Haus. Alle Wände seines Studierzimmerns sind mit Holzregalen voller Bücher gefüllt, vom nackten Betonfußboden bis unter die blanke Decke. Jeder Zentimeter ist genutzt. Zweireihig, an einigen Stellen sogar dreireihig, stehen die Bücher. Und vor der langen Bücherwand gibt es noch zwei Sessel mit einem Tischchen dazwischen. Sieht aus wie ein Fleckchen, um über das Wesentliche nachzusinnen oder zu diskutieren.

„Ich möchte dir etwas schenken, mein Herz. Zum Mitnehmen, wo immer du bist, meine liebste Lucia“, sagt er mit einem wehmütigen Unterton in der Stimme. Er reicht mir ein Büchlein mit festem Einband, darauf die heutige Nationalflagge der Demokratischen Republik Kongo: ein hellblaues Rechteck, links oben ein fünfzackiger gelber Stern und von links unten nach rechts oben laufend ein dickes rotes Band, begrenzt von zwei schmaleren gelben. Der handgeschriebene Titel des Büchleins auf einem Aufkleber bringt mich zum Schmunzeln. Ich nehm es dankend an und blättere darin. Gedichte in französischer Sprache, mit Füller feinsäuberlich handgeschrieben ... seit 1999 ... jedes Jahr am 13. Dezember eines ... über mich ... für mich ... wie er mich in seinem Herzen trägt. Zu meiner Geburt schrieb er:

Oh himmlische Freude,

getränkt in unsäglich Leid –
Es zerreißt mir das Herz.

Ich muss schlucken, meine Augen werden feucht. Gerührt klapp ich das Büchlein zu, schau zu ihm auf, meine Tränen rollen hemmungslos. Seine auch. Er nimmt mich in seine großen starken Arme, drückt meinen Kopf mit einer Hand sanft gegen seine breite Brust. „Der Himmel ist mit dir, Lucia, und Gott behütet dich."

Am nächsten Tag tauch ich mit allen Familienmitgliedern zusammen auf dem Weg zum Flughafen ein letztes Mal in diese brodelnde 12-Millionen-Metropole ein, in der alles lauter, bunter, duftender, feuchter, stinkender, hupender und schmerzlicher is, als ich es je zuvor erlebt hab.

Zum Abschied im Abflugterminal küssen mich alle Nichten und Neffen auf die Wangen. Großvater drückt mich minutenlang zärtlich an sich, weint, wischt sich die Tränen mit seinen großen Händen aus den sonst so fröhlichen Augen. Ich möcht ihn nicht loslassen. Nie hat ein Großvater mir so viel Liebe gegeben wie er. Walikia umarmt und küsst mich auch auf die Stirn. Sie flüstert mir ins Ohr: „Nutze, was du gelernt hast." Dann übergibt sie mir einen Umschlag mit meinen Geburts- und Abstammungspapieren.

„Werd ich euch denn nich wiedersehen?" Walikia antwortet nich.

Benommen von unendlicher Liebe und grenzenloser Wut sitz ich im Flieger zurück nach Brüssel. Das Privileg des weißen Mannes und aller Mächtigen is es zu tun, was sie wollen, und der Welt ihren Willen aufzuzwingen. Das Privileg des schwarzen Mannes und seiner Familie im Kongo is es, gerad an diesem Tag nich zu sterben. Ich bin beides, weiß und schwarz, aber vor allem bin ich eine Frau, die das ändern wird.

MENSCHHEITSPROTOKOLL

Chroniken-Zeit 18.762.020 – 02.22
Projekt: *Es werde Licht*
Dr. Thomas Müller (Aspekt von THEODAR)
Lokalisiert 51° 29' 12.995" N 0° 10' 12.133" W

„Hörst du mir überhaupt zu?“ Ismael trommelt am Kopfende des Sitzungstisches mit zwei Fingern auf die Tischplatte. Thomas muss sich schütteln, er ist noch nicht in der Sitzung im Esszimmer bei Amal und Avidya im Londoner Stadtteil Chelsea angekommen. Es fällt ihm schwer, sich auf die Fragen zu konzentrieren. Seine Gedanken sind bei Avidya. Der ringt im St. Thomas Hospital auf der anderen Seite der Themse mit dem Tod. Heute in der Früh, gleich nachdem sein Flieger aus Zürich in Heathrow gelandet war, zog es Thomas zuerst an sein Krankenbett. Avidya erkannte ihn nicht mehr.

„Was? Entschuldigung, mir geht Avidya nicht aus dem Kopf.“ *Warum tun wir hier im Esszimmer noch zivilisiert?*, fragt er sich. Ibrahims und Ismaels Messer sind gewetzt und blitzen schon unter der Tischkante hervor! Amal, Pritha und Maya sind gar nicht erst erschienen. Die zwei Ali-Brüder gegen ihn, so sieht es aus.

„Tiefseeminenbau ist erheblich investitionsaufwendiger als der industrielle Minenbergbau, den wir heute im Kongo, in Australien und Südamerika betreiben“, eröffnet Ibrahim, der Thomas auf Amals Platz gegenübersitzt, die eigentliche Schlacht.

„Ist er, um ein Mehrfaches. Aber wenn ihr euch die Geschäftsentwicklung der letzten beiden Jahre anseht, stehen wir im Kongo vor schwierigen Zeiten. Wenn die großen Spieler, insbesondere die Chinesen, weiter den Fuß hart auf dem Gaspedal haben ... noch zwei Jahre, und wir müssen verkaufen und dann nehmen, was sie uns gnädig anbieten."

„Wie siehst du dann die Zukunft unseres Konzerns?", fragt Ismael überlegen ruhig.

„Auch im Handelsgeschäft wird sich einiges verändern. Die Endkunden werden genau wissen wollen, wo die Rohstoffe herkommen, die in ihren Handys, Tablets, Laptops, e-Bikes, Autos und was auch immer verarbeitet sind. Wir werden angeben müssen, wo und wie wir abbauen, handeln und eine zuverlässige und lückenlose Kette der Rohstoffe darstellen müssen."

„Davon träumst du! Es reicht, ein Lieferkettenzeugnis zu haben und es abzuheften."

„Nein, Ibrahim, lückenlose Transparenz wird schon bald erzwungene Realität sein. Du weißt genauso gut wie ich, dass Lieferkettenzeugnisse erfunden wurden, um zu vermeiden, dass Rohstoffe Kriege finanzieren. Die Leute wollten irgendwann keinen Diamanten mehr am Finger, der in Blut getränkt war. Und du weißt nur zu gut, wie viele Lieferkettenzeugnisse gefälscht oder gekauft sind. Unternehmen, die was auf sich halten, haben Mitarbeiter, die die Lieferketten ihrer Zulieferer abgehen. Andere beauftragen Unternehmen wie die SGS mit der Kontrolle. Wir tun das nicht, wir machen die Augen zu. Ist doch immer gut gegangen. Aber es geht nicht mehr lange gut. Im Tiefseeabbau hingegen befinden wir uns auf Neuland, so wie Kolumbus, und sind zudem unter Wasser unsichtbarer. Für die neugierigen Jungs von Global Witness, Enthüllungsjournalisten, lokale Aktivisten und Politiker ist es in der Tiefsee schwerer auszumachen, was wir tun und wie wir es tun. Die Meeresströmungen tragen zudem die Spuren des Abbaus schnell davon.“

„Kolumbus, Kolumbus, wollte der nicht nach Indien und kam am anderen Ende raus?“

Thomas reicht es. Er hat keine Lust mehr auf Ibrahims Spielchen. „Wie wär’s, wenn wir zur Sache kommen?“, erwidert er nur scheinbar gelassen, mit abgesenkter Tonlage.

Ibrahim feixt.

„Wie du willst, Thomas, wie du willst.“ Ismael neigt seinen Kopf in Richtung Tür und blickt dann seinen Bruder an. Das Feixen wird noch breiter. Ibrahim packt seine Dokumente zusammen, steht auf und verlässt ohne ein weiteres Wort das Esszimmer.

„Ich möchte nicht, dass du dir Illusionen über deine Situation hier machst, Thomas“, sagt Ismael daraufhin.

„Wie darf ich das verstehen?“

„Avidya wird den nächsten Morgen nicht erleben. Neu für dich dürfte sein, dass er sich mit unserer Mutter darauf geeinigt hat, dass *ich* die Leitung des Konzerns übernehme.“

„Das glaube ich nicht. Nicht nach dem, was Avidya mir all die Jahre über gesagt hat.“

„Nun, dann hat er seine Meinung eben geändert.“ Ismael öffnet die vor ihm liegende Aktenmappe, nimmt ein Blatt heraus und reicht es Thomas. Seine Abberufung als CEO und die Ernennung Ismaels zum neuen CEO des Vijay-Konzerns, vorgestern unterzeichnet von allen Anteilseignern, Avidya inklusive, und wirksam mit dem heutigen Tag. Thomas muss schlucken. War er wirklich so naiv? Hat Avidya ihn nur belogen und benutzt? Er weiß es nicht zu sagen.

„Wie du siehst, müssen wir nur noch über die Konditionen deines Ausscheidens sprechen. Wenn wir das den Anwälten überlassen, zahlen wir beide nur unnötig drauf."

„Wie ich dich kenne, hast du schon eine Vereinbarung vorbereitet."

Ismael lächelt selbstgefällig, öffnet erneut seine Aktenmappe und überreicht Thomas ein zweiseitiges Dokument. Er überfliegt es. Eine Abfindungsvereinbarung, datiert auf den heutigen Tag. *Sie haben ganze Arbeit geleistet*, schießt es ihm durch den Kopf.

„Wir sind fair, vorausgesetzt, du unterzeichnest die Vereinbarung heute."

„Und mein Bonus für 2019?"

„Steht nicht in Frage."

„Was, wenn ich die Vereinbarung nicht unterzeichne?"

„Weißt du, Mayas Gezeter geht uns mit jedem Tag mehr auf die Nerven. Damit schwindet auch unsere Neigung, dich wie einen Angestellten gehen zu lassen, mit dem wir äußerst zufrieden waren."

So haben die Alis ihn unterschwellig immer behandelt, wie einen Angestellten, nicht wie einen Schwiegersohn und Schwager. Ein derartiger Unterton schwang in Amals Stimme in all den Jahren immer mit. Thomas denkt einen Augenblick zurück. Bei der Eheschließung hatten Maya und er Gütertrennung vereinbart. Die Villa in Rüschlikon steht auf seinen Namen und ist schuldenfrei. Seine persönlichen Rücklagen bei Schweizer Banken, seine Investitionen in Start-ups, der Wert der Kunst an den Wänden, davon weiß Maya noch nicht einmal. Er denkt nach, ob er eine Chance auf mehr hat. Diese Chance hängt allein an

Avidyas Testament. Vielleicht blufft Ismael ja nur.

„Danke, Ismael. Gib mir ein paar Stunden Zeit. Ich will dein Angebot in Ruhe wohlwollend prüfen. Außerdem, und das verstehst du sicher, möchte ich zuvor mit David und Maya sprechen."

„Einverstanden, ruf mich an oder hinterlass das unterschriebene Dokument bei Amal." Er steht auf, reicht Thomas die Hand, geht hinaus und schließt die Tür hinter sich.

Thomas liest die Vereinbarung noch einmal sorgfältig. Ein Jahresgehalt Abfindung, Trennung im gegenseitigen Einvernehmen, Stillschweigen beider Seiten. Die Alis, da ist er sich sicher, haben keine Vorstellung davon, was es braucht, um diesen Konzern zu führen. Aber das darf ihn jetzt nicht mehr kümmern. Aber es nagt an ihm, wie sie es geschafft haben, Avidya zu entmachten, bevor er stirbt. Thomas entscheidet sich, erst noch einmal ins St. Thomas Hospital zu Avidya zu fahren, um vielleicht irgendwie doch noch mit ihm zu sprechen. Er will wissen, nicht spekulieren, woran er ist.

In diesem Moment geht die Esszimmertür auf. Amal tritt ein, schließt die Tür hinter sich und kommt fast bis zu seinem Stuhl. Thomas erhebt sich, will nicht zulassen, dass diese kleine rundliche Person auf ihn herabschaut.

„Avidya ist soeben gestorben." Ihr Gesicht verrät kein Zeichen von Rührung oder Trauer.

Thomas erschaudert es bei der dargebrachten Gefühlskälte. Ihm rinnen sofort Tränen aus den Augen, sein Kopf sinkt herab. Benommen vom Schmerz, setzt er sich wieder auf den Stuhl.

Plötzlich fühlt er ihre Hand auf seiner Schulter. Amal sagt mehr, als dass sie fragt: „Du hast ihn sehr geliebt, nicht wahr?“

Er hebt den Kopf und schaut ihr in die Augen. „Ja, er war mir ein besserer Vater als mein eigener.“

„Du musst gehen, Thomas. Du bist unserer Familie eine zu große Last.“

Er kann nicht glauben, was sie da sagt.

„Schau nicht so ... irgendwann wirst du meine Worte verstehen. Du passt hier nicht her. Ich bitte dich, nimm, was wir dir anbieten, und geh.“

„Und was sagt Maya dazu?“

„Maya bleibt hier. Sie hat heute Morgen die Scheidung eingereicht.“

„Was?“

„Ihr habt keinen Augenblick zueinander gepasst. Wenn du ehrlich mit dir bist, dann weißt du das auch ... so wie Avidya und ich nie zusammenpassten.“

Thomas nimmt die Brille von der Nase, trocknet die Tränen mit einem der beiden sauberen weißen Taschentücher aus seinen Hosentaschen und setzt die Brille wieder auf.

„Ich hoffe, du siehst jetzt klarer. Maya will nicht mehr mit dir sprechen. Den Rest erledigen die Anwälte.“

„Was bildet sie sich ein?“

„Was immer ihr recht ist.“

„Denkt sie auch einmal an David oder mich?“

„Maya ist keine Ehefrau und keine Mutter! Du wirst dich allein um David kümmern müssen.“

„Wo andere Frauen ein Herz haben, hat sie Pfundzeichen.“

Klatsch – Amal ohrfeigt ihn dafür. *Geschieht mir recht*, denkt er. *Warum habe ich mich auf diese Frau überhaupt je eingelassen?*

„Lass die Hausdame Mayas Schmuck und

Kleider zusammenpacken und sie mit einem Kurier herfliegen.“

Thomas ist entsetzt. *In welchem Hollywood-Streifen hab ich Trottel gelebt?*, fragt er sich. Er steht auf und schaut bedrohlich auf Amal herab. Sie weicht instinktiv zwei Schritte zurück.

„Ich war immer nur euer Dukatenesel. Aber sei versichert Amal, Ibrahim und leider auch Ismael sind diesem Konzern nicht gewachsen. Ihr werdet euer Vermögen dahinschmelzen sehen wie die Eiskugeln in euren Gin Tonics. Wenn du meinen Rat hören willst, dann hol dir Hilfe vom Mann deiner Schwester aus Dubai. Auch wenn er nicht derselben muslimischen Glaubensrichtung wie deine Söhne angehört, er versteht, was zu tun ist und welche Fähigkeiten es dazu braucht.“

Amal zeigt keine Regung, erwidert nichts, tritt einen Schritt zur Seite, um den Weg hinaus für ihn frei zu machen. Thomas dreht sich zurück zum Tisch, zieht einen Kugelschreiber aus der Brusttasche seines Sakkos, unterzeichnet beide Exemplare der Abfindungsvereinbarung und steckt eines in seine Aktenmappe. Er steht auf, reckt sich so hoch, wie er kann, klemmt die Aktenmappe unter den Arm und geht an Amal vorbei zur Zimmertür. In einem Impuls stoppt er, dreht sich um, zieht mit Verachtung im Gesicht seinen Ehering vom Finger und wirft ihn Amal Ali vor die Füße. „Mein Abschiedsgeschenk für Maya. Das sollte für die nächste Botox-Spritze reichen.“

„Das wird dir noch leidtun.“

„Wird es das? Wohl kaum. Deine Tochter ist eine Last für jeden Mann, der alle fünf Sinne beisammen hat. Und so wie sie heute aussieht, wird sie wohl kaum noch einen finden, der Geld hat und ihre Allüren erträgt.“

„Für diese Worte wirst du noch bezahlen.“

„Sag ihr, wenn sie es wagen sollte, David oder mir übel mitzuspielen, werden wir sie vor aller Welt bloßstellen. Sag ihr auch, wir wollen ihr Geld nicht. Sie soll es behalten. Mehr haben wir einander wohl nicht zu sagen. Leb wohl.“

Wie mit dem Hammer vor den Kopf geschlagen steht Thomas eine Minute später auf dem Bürgersteig vor dem Haus der Alis in Chelsea. Er dreht sich um und sieht zu dem hohen roten Backsteingebäude mit weißen Rundbogenfenstern auf. Heile Welt, gestellt. Zwei Buchsbaumkugeln in Terrakottatöpfen rechts und links der dunkelblauen Haustür täuschen Manieren vor. Davor, zur Abschottung für Unbefugte, das mannshohe Eisengitter mit scharfen Spitzen. *Wage nicht, uns anzurühren*, sagt es, *du da, draußen vor der Tür.* Ja, er steht wieder draußen vor der Tür des Lebens. Im Stillen zitiert er seinen Goethe, um sich selbst zu mahnen: *Du bist am Ende – was du bist. Setz dir Perücken auf von Millionen Locken, setz deinen Fuß auf ellenhohe Socken, du bleibst doch immer, was du bist ... Eile jeder Kluge fort! Schauderhaft ist’s um den Ort.*

Thomas geht mit gesenktem Kopf die Straße hinunter bis zur King’s Road. *Maya sollte mein Heilmittel sein, das Gegengift, aber ich habe mich vergriffen. Nichts wirkt, nichts.*

Er winkt ein schwarzes Londoner Taxi heran. Sein Rückflug ist erst für den Abend gebucht. Nun sehnt er sich nach einem Ort des Rückzugs und will David anrufen. „Claridge’s Hotel“, sagt er zum Taxifahrer. Er braucht ein ruhiges Eckchen, eine Kleinigkeit zu essen, möchte Kaffee trinken, nachdenken und telefonieren.

„Sie haben uns beide also einfach eiskalt auf die Straße gesetzt? Krass, voll krass, Pa."

„Ich weiß nicht ... Wann hat Avidya mir je die Wahrheit gesagt? Ich komm mir vor wie in einem schlechten Film."

„Uns bleibt Pritha. Alle anderen können mir gestohlen bleiben."

„Ehrlich gesagt, ich weiß nicht mehr, was ich noch glauben soll."

„Haben wir genug Geld?"

„Mach dir um Geld keine Sorgen, David."

„Müssen wir von hier weg, ich meine, weg vom Zürichsee?"

„Ich werde in kürzester Zeit eine neue Spitzenposition in der Rohstoffindustrie haben, und die Schweiz hat mit Zug dafür ein Steuerparadies. Das begreift jeder, selbst der dümmste Investor."

„Was macht dich da so sicher, Pa?"

„Meine Erfahrung in der Branche. Fast alle sind nur aus einem einzigen Grund in diesem Business. Sie wollen Geld machen."

AACHEN, 7. MÄRZ 2020

Es ist fünf Uhr morgens, und ein Anruf auf meinem Handy reißt mich aus unruhigem Schlaf. Papa! Seit ich von zu Hause weg bin, hat er nich angerufen. Benommen nehm ich das Gespräch an. „Papa, bist du das?“

„Ja, mein liebes Kind.“ Seine Stimme is weit weg, irgendwie umnebelt, kraftlos.

„Stimmt was nich mit dir, Papa?“

„Elizabeth ist tot.“

„Was?“ Ich sitz mit einem Schlag kerzengrade im Bett, reib mir mit der Hand die Augen und dann durchs ganze Gesicht.

„Mama ist tot, Lucia.“

„Das kann nich sein.“

„Wir waren in Ischgl im Skiurlaub. Vor drei Tagen sind wir zurückgekommen. Schon auf der Fahrt nach Haus ging es ihr sehr schlecht. Sie bekam schlecht Luft, irgendwann fast keine mehr. Ich hab sie sofort ins Heilig-Herz-Krankenhaus gebracht. Sie war zwei Tage auf der Intensivstation. Vor einer halben Stunde ist sie gestorben.“

„Ich komm, Papa, sofort.“

„Nein, das ist zu gefährlich. Die Ärzte vermuten ein Virus. Ich könnte es auch haben – oder übertragen.“

„Aber wer kümmert sich um dich?“

„Mach dir keine Sorgen, Tilly kommt gleich und holt mich zu sich.“

„Papa?“

„Ja?“

„Ich hab dich lieb, das weißt du, ja?“

„Ja, und ich weiß, dass Mama dich auch geliebt hat, auf ihre Art. Ruf mich an, wann immer du kannst. Aber bleib in Aachen, bitte, bleib in Sicherheit."

„Aber Tilly könnte sich doch auch anstecken? Ihr beide könntet ..."

„Tilly hat gesagt *es seien höhere Kräfte am Werk und für mich seien sie nur ein Durchbruch zur Selbstbefreiung.* Ich weiß nicht, was sie damit genau meint, aber ich vertrau ihr."

Als wir aufgelegt haben, is mein Herz traurig für Papa, aber es schmerzt nich für Mama. Mein Kopf formuliert nur Fragen. Warum musste sie sterben? Woran is sie gestorben? Ich steh auf, geh duschen und trink Margeritenwasser, um richtig wach zu werden.

Ich kann dir helfen. Eine freundliche Stimme erklingt in meinen Kopf, aber ich kenn sie nich. „Bist du YESHUA?"

Nein. Mein Name ist HONGYETSEE. YESHUA und ich arbeiten eng zusammen.

„Aber woher ... ich mein ..."

Sobald sich deine Gedanken formen, können wir sie vernehmen. Wir beherrschen Telepathie auf höchstem kosmischen Niveau. Du fängst gerade erst an, Telepathie in einem Landmenschenkörper zu erlernen.

„Elizabeth is gerade gestorben."

Das ist mir bekannt.

„Ich hab ein paar dringende Fragen."

Dringend für dich.

„Du kennst meine Fragen schon?"

Du willst wissen, warum und woran Elizabeth Peeters gestorben ist, richtig?

„Wenn du schon alles weißt." Ich bin sauer, so hatt ich mir das nich vorgestellt. Stille, ich hör nix mehr. „Bist du noch da?“

Hast du dich wieder beruhigt?

„Das merkst du auch?“

Sagen wir mal so: Es ist YESHUA und mir nicht entgangen, dass du feste Vorstellungen davon hast, wie die Dinge zu sein haben. Wenn sie anders sind oder kommen, bist du eingeschnappt, sauer oder wirst sogar wütend. Du sollest dir das abgewöhnen. Es ist dir nicht dienlich und deiner Sache auch nicht.

Das sitzt und tut kurz weh.

„Wer bist du? Ich kenn dich nich.“

Ich bin ein enger Vertrauter von YESHUA. Wir arbeiten im Team, wenn es um dich geht.

„Kannst du etwas deutlicher sein? Wer bist du? Warst du wie YESHUA auch schon auf der Erde, und wenn ja, wann?“

Du willst es aber ganz genau wissen. Nun gut. Ich bin HONGYETSEE, aber das sagte ich ja bereits. Ich kenne die Menschen auf der Erde, ihre Art zu leben und es sich und anderen schwer zu machen, aus eigener Erfahrung in dichter Materie. In meiner bekanntesten Inkarnation war ich ein russischer Maler, Philosoph, Schriftsteller, Archäologe und spirituell Suchender, der sich ins Weltgeschehen eingemischt hat. Zusammen mit meiner Frau Helena und unseren beiden Söhnen bemühte ich mich auf unserer berühmt gewordenen fünfjährigen Asien-Expedition, unter Anleitung von MASTER MORYA Impulse aus der kosmischen Evolution zu ergründen. Anschließend stellten wir die Ergebnisse den Menschen in der ganzen Welt für ihre eigene Entwicklung zur Verfügung. Die Tertjakov-Galerie in Moskau und ein Museum in New York, das meinen damaligen Namen trägt, legen darüber Zeugnis ab. Mein Name stand mehrfach auf der Vorschlagsliste für den

Friedensnobelpreis. Ein Pakt zwischen Nationen trägt meinen Namen, der Roerich-Pakt. Für diese Aufgabe wurde ich am 9. Oktober 1874 in Sankt Petersburg geboren und verstarb am 13. Dezember 1947 in Kullu, Indien. Bereits am 22. März 1941 inkarnierte ich erneut in Shawano, Wisconsin, Vereinigte Staaten von Amerika, mit dem Namen Wayne S. Peterson. Nach dem Studium der Politikwissenschaften arbeitete ich einige Jahre für das Peace Corps und baute in Brasilien eine private Wohlfahrtsorganisation für die Armen auf, die bis heute existiert. Anschließend arbeitete ich bis zu meiner Pensionierung im Diplomatischen Dienst der Vereinigten Staaten von Amerika. Seit Kindertagen stand ich in Kontakt mit MUTTER MARIA und wurde mit den Jahren ein enger Vertrauter und auch ein Kanal für Botschaften von LORD MAITREYA und anderer Meisterlehrer wie YESHUA. Über meine Zusammenarbeit mit ihnen berichte ich in dem Buch „Extraordinary Times Extraordinary Beings“. Auf YouTube kannst du dir auch Videos aus dem Jahr 2013 anschauen, in denen ich gemeinsam mit einer hochgeschätzten und begnadeten Freundin LORD MAITREYA unsere Stimme für seine Botschaften an die Menschheit geliehen habe. Ich verstarb am 20. April 2017 in Henderson, Nevada. Meine Heimat ist jedoch nicht die Erde. Ich kam vor langer Zeit, um zu dienen. Ich hoffe, das genügt dir im Moment.

Ich bin überwältigt, weiß nich, was ich antworten soll. Mein Herz is tonnenschwer seit Papas Anruf, und nun das noch oben drauf. Ich muss das gleich im Internet gegenchecken.

Möchtest du, dass ich jetzt mit deinen Fragen fortfahre?

„Ich ...“ Eigentlich fühl ich mich nich danach, aber ich will diese Gelegenheit auch nich ungenutzt verstreichen lassen. „Ja, bitte ... HONGYETSEE."

Elizabeth Peeters ist an Lungenversagen gestorben, ausgelöst durch das Coronavirus. Das Virus verbreitet sich seit Anfang Dezember aus Wuhan kommend über die ganze Welt und wird Hunderttausende, möglicherweise Millionen von Menschen das Leben kosten. Die Chinesen wollen sich keine Blöße geben, und westliche Unternehmen, Veranstalter und Gaststätten wollen weiter Geschäfte machen. Alles hängt davon ab, wie schnell die Menschenfamilie sich besinnt und füreinander einsteht.

„Das versteh ich nich, erklär das bitte genauer."

Ein kosmisches Gesetz fordert, angesammelte Ursachen durch Wirkungen auszugleichen. Im kosmischen Plan für die Entwicklung der Erde gibt es keine und gab es keine Kriege, keinen Missbrauch, keine Ausbeutung, keine Unterdrückung, keine Herabwürdigung anderer oder der Erde, auch keine Verunreinigung. Auch zerstörerische Naturakte wie Beben, Stürme, Überschwemmungen oder Pandemien waren nicht vorgesehen.

„Das heißt, wir haben in der Menschheitsgeschichte all das selbst losgetreten? Is es das, was du sagen willst?"

Ja! Und die Suppe werdet ihr als Menschenfamilie auslöffeln müssen, so leid es mir tut. Wir werden euch beistehen, so gut wir es vermögen, aber ihr müsst uns auch lassen.

„Uns helfen?"

Wir können nicht direkt eingreifen. Euer freier Wille ist durch uns immer zu respektieren. Wir können euch zuhören, Führung anbieten, aber handeln müsst ihr. Da gibt es nichts zu delegieren. Lieber Gott, bitte dies und das ... Nein, ihr müsst machen, wir helfen nur.

„Dann seh ich rabenschwarz.“

Du bist hier, um einen erheblichen Beitrag dazu zu leisten, dass die Menschenfamilie wieder zum Plan für die Erde zurückkehrt, sich als eine Familie erkennt und danach lebt.

„Is das nich ein bisschen viel verlangt? Ich kenn den Plan doch gar nich, und ich bin allein gegen Milliarden Betonköpfe, Egotripper, Gierhälse und Machtgeile. Nich davon zu reden, eine einfache Studentin mit wenig Geld.“

Du kennst den Teil des Plans, den du kennen musst. Du musst dich nur erinnern. Du bist auch nicht allein. Du bist es nie gewesen. Körper sind allein, Seelen nie.

„Das will ich jetzt nich diskutieren. Ich will wissen, was gegen das Virus getan werden muss.“

Ich will, ich will, ich will. Wie wär's mit ‚Was sollten wir gemeinsam …?‘

Das sitzt schon wieder und tut genauso weh wie eben.

Wenn du deine Wohnräume sauber und ordentlich hältst, hast du keine Last von Ungeziefer, Flöhen und Viren, die dir das Leben schwer machen, richtig? Aber die Wohnräume vieler Mitglieder der Menschenfamilie sind ungepflegt und unsauber, weil andere Mitglieder der Menschenfamilie ihren Müll, ihre Abwässer, ihre giftigen Chemikalien, ihre abgewrackten Schiffe und vieles mehr bei den Ärmeren abladen, weil die Menschen, Wasser, Luft und Boden ausbeuten. Die wohlhabenden Mitglieder der Menschenfamilie kümmern sich nur um ihr Zimmer und wundern sich dann, wenn das Ungeziefer und die Viren aus dem Rest des Hauses auch in ihr Zimmer kommen. Das Haus der Menschenfamilie muss für alle ordentlich und sauber sein. Es gibt nur ein Haus für eine Menschenfamilie. Aber einige Landmenschen haben respektlose Vorherrschaft institutionalisiert, und sie kämpfen andauernd um die Macht. Das sind zerstörerische Energien, die ausgeglichen, harmonisiert werden müssen. Und bis es soweit ist, geht der gesamte Planet und alles Leben mit ihm durch schwere Zeiten.

„Was kann ich tun?"

Das Haus der Menschenfamilie muss gesäubert werden. Alle müssen mit Respekt und gutem Willen das Haus zusammen sauber und ordentlich halten. Was das Richtige ist, entscheiden alle zusammen.

„Ich hab im Kongo gesehen, was da los is. Da entscheiden eine Handvoll, was gut für sie is, und die Masse lebt im Elend."

Erst beuteten Europäer andere Länder und Menschen aus, dann haben Amerikaner, Russen, Chinesen und einige mehr sie kopiert und ihre Methoden perfektioniert.

„Ich werd was gegen die Ausbeutung des Kongo unternehmen, das kannst du mir glauben."

Was lebst du vor?

„Mein Smartphone, mein Tablet, mein Laptop, das hab ich recherchiert, haben höchstsicher Kobalt in den Batterien, das von den Männern mit den Händen gegraben und an *Dong Fang* weiterverkauft wurde, vielleicht sogar von dem Mann und dem kleinen Jungen, denen ich mein Essen dagelassen hab."

Niemand darf dir auf deinem Weg fremd sein. Und dass du das verstehst, das hast du im Kongo gerade bewiesen.

„Das war doch nur ein Nano-Tröpfchen auf ein heißes Gebirge. Ich brauch den Laptop und so für meine Arbeit. Aber die Geräte müssten länger halten und auch teurer werden. Und das wollen die Unternehmen nich. Die wollen, dass wir immer das neueste Produkt kaufen, und bieten es für wenig Geld an.“

Jeder kleinste Akt des Respekts, des Wohlwollens, des guten Willens, der Menschlichkeit balanciert das alte Ich-Karma aus und verhindert, dass es zu weiteren Pandemien, Konflikten und Ungerechtigkeiten kommt.

„Das ist ein schweres Paket, dass du da auf meine Schultern legst.“

Nein, das schwere Paket tragen andere. Menschen, die an Orten leben, wo es keine Krankenhäuser gibt, wo es kein Einkommen gibt, wo es kein Essen gibt, wo die Regierungen das Militär auf die Straße schicken und der Tod durch eine Gewehrkugel noch wahrscheinlicher ist als der Tod durch das Virus.

„Was soll ich tun?“

Vorleben, dass es nur eine Menschenfamilie in einem Haus gibt, über alle Sprachen, Kulturen, Regionen hinweg! Lass dein Licht leuchten! Jeder ist Teil des Ausgleichs des Karmas, das den schrecklichen Ereignissen zugrunde liegt, die die Nachrichten dominieren.

Ich lass den Kopf hängen, bin niedergeschlagen bei dieser Aussicht. Dann denk ich an Elizabeth auf der Intensivstation, stell mir vor, wie sie nach Luft schnappend den Kampf um ihr Leben verliert. Ich fühl mich mies, dass ich mich immer mit ihr gezankt hab. „Warum musste Elizabeth sterben?“

Viele gehen nun, die dem Weg der neuen Energie, die jetzt aus dem Kosmos auf die Erde einströmt, nicht folgen können oder sich gegen die damit verbundenen Veränderungen sperren.

„Von was für Energien sprichst du?“

Vom siebten Strahl. Er zerstört zunehmend alles, was die Einheit der Menschenfamilie nicht zum Ausdruck bringt. Die Zeit der nicht gelebten Ideale und Lippenbekenntnisse ist vorbei.

Dann is seine Stimme plötzlich weg. War's das schon? Wahrscheinlich. Seine Botschaft war deutlich genug.

Ich bleib hellwach, bin aufgedreht, kann keinen klaren Gedanken fassen, auch weil ich um zehn Uhr dreißig mit Robin verabredet bin. Gestern Abend rief er mich an, kurz, abgehackt, stockende Stimme, zum ersten Mal, seit er Mitte Dezember von seinem Vater zurück nach Singapur gerufen wurde. Seit dem Glückwunsch zu meinem Geburtstag kein Anruf mehr, kein Facetime, kein Chat, keine Textnachricht, gar nix – Robin war wie vom Erdboden verschluckt. Ich bin stinksauer, wütend, hab Herzschmerzen. Was will er eigentlich noch von mir? Nochmal mit dem Messer in mein Herz stechen? Offiziell Schluss machen? Mir sagen, seine Eltern dulden keine Farbige als seine Freundin? Han-Chinesen, das hab ich inzwischen begriffen, halten sich auch für was Besseres.

Um halb elf sitzen Robin und ich unbeholfen voreinander im Café Dom. Vor uns auf dem Tisch je ne Tasse grüner Tee. Wir haben hier schon immer Tee getrunken. Sie haben zwei Sorten grünen Tee, Sencha und Chinesischer Liebestraum. Der is jetzt zerplatzt. Robin traut sich nich, mir in die Augen zu sehen. Sein dichtes schwarzes Haar is jetzt kurz geschnitten. Es steht ab wie bei einem Igel. So hab ich ihn noch nie gesehen. Bisher trug er es länger, es fiel so sanft wie sein Charakter und die Worte, die er mit Tusche und Pinsel auf Reispapier in Gedichte formte. Seine

Sanftheit war das erste, was mir an ihm auffiel, als wir uns am ersten Studientag im Hörsaal begegnet sind und wir die ersten paar Worte in Englisch wechselten. Wie heute trug er damals Turnschuhe, Jeans, weißes Hemd und einen dunkelblauen Blazer. Eben, als ich zur verabredeten Zeit von der Schmiedstraße ins Café Dom kam, saß er schon mit dem Rücken zur Wand auf der ausgedienten Kirchenbank ganz hinten rechts am letzten Tisch beim großen Glasfenster mit Ausgang hin zum gepflasterten Münsterplatz und den Tischen dort. Nich mal angesehen hat er mich, nur auf den Tisch gestarrt, „Setz dich bitte“ gemurmelt und mir auch einen Chinesischen Liebestraum bestellt.

„Was soll das? Würdest du mir das bitte erklären?“ Ich frag leise und zügle die Wut in meiner Stimme, obwohl das Café hier drinnen leer is und niemand mithört. So kenn ich mich gar nich. Ich würde am liebsten explodieren.

„Sei barmherzig.“ Sein Kopf berührt fast die Tischplatte. „Du ahnst nicht, was ich inzwischen durchgemacht habe.“

„Also gut, zuerst deine Geschichte. Aber glaub nich, dass es mir inzwischen gut gegangen is.“

Unser Tee wird gebracht. Noch immer wagt er nich, mich anzusehen. Die Bedienung schaut uns verwundert an, geht aber sofort wieder, weil sie gecheckt hat, dass wir allein sein müssen.

„Als ich am elften Dezember nach Hause flog“, beginnt er stammelnd, „dachte ich, es sei etwas mit Vater, Mama, meinen beiden Schwestern oder den Großeltern.“

Es drängt mich, dazwischen zu reden, aber ich halt im letzten Augenblick doch irgendwie den Mund.

„Für einen Chinesen sind Familie und Ahnen

etwas sehr Wichtiges, verstehst du? Für jede chinesische Familie ... ob sie nun wie ich Ong oder Wong oder Wang heißt."

Wozu nimmt er hier meilenweit Anlauf?

„Wir Ongs kamen einst aus China ... sind seit vier Generationen sehr erfolgreiche Rohstoffhändler in Singapur ... Ich soll die Tradition einmal fortsetzen ... Um mich darauf vorzubereiten hat Vater mich drei Jahre zum Wirtschaftsstudium an die London School of Economics geschickt ... habe ich ein Praktikum an der London Metal Exchange, der Börse für unedle und sonstige Metalle in London, gemacht. Davor war ich ein Jahr beim National Wealth Fund von Singapur."

„Komm bitte zur Sache, Robin", sag ich kühl, kann mich kaum zurückhalten und krall meine Hände in meine Oberschenkel, um den Stress irgendwie zu kontrollieren. Das Glas mit dem Tee ist noch zu heiß, um sich daran festzuhalten.

Zum ersten Mal schaut er mich an. Seine Augen sind verheult. Ich muss schlucken, es bricht mir das Herz, ihn so zu sehen. Aber ich muss mich selbst schützen. Ich will nich, dass er mir noch mal so wehtut.

Plötzlich klirrt es an der Theke, ein Glas is der Bedienung auf die schwarz-grau melierten Steinfliesen geknallt und in tausend Teile zersprungen. Es könnte passender nich sein, genau so fühl ich mich.

„In der Zeit an der Uni in London", fährt Robin fort, „hatte ich eine Freundin ... die aus Hongkong kommt ... Conny Wong. Ihr Vater ist dort ein hohes Tier an der Börse. Die Hongkonger Börse hat die London Metal Exchange gekauft. Über ihn habe ich den Praktikumsplatz bekommen. Conny und ich sind in Kontakt geblieben, wir sind Freunde, verstehst du?"

„Muss ich das?"

„Um unser Metallhandelsgeschäft auszubauen, war mein Vater vergangenen Herbst in Hongkong. Dort hat er auch Connys Vater getroffen, mehrmals."

„Na und?"

„Sie haben Geschäfte zusammen abgesprochen ... er hat auch Conny getroffen ... sie ... er ... meint, unsere Familien gehören zusammen."

„Drück dich bitte klar und deutlich aus, Robin."

Robin schluckt, wischt sich die jetzt hemmungslos laufenden Tränen mit der Hand weg und klammert sich dann mit beiden Händen an sein heißes Glas Chinesischer Liebestraum. Den Kopf lässt er immer noch nach unten hängen. Faselig spricht er weiter: „Während der Tang-Dynastie ... lebte ein großer Dichter und Staatsmann in China ... Wang Wei ... ich habe dir aus seinen Gedichten vorgelesen."

Ich sag nur: „Ja, bestimmt." Ich kann mich an den Namen nich erinnern und begreif echt nich, wozu er jetzt noch diese Schleife dreht, statt zur Sache zu kommen.

„Erinnerst du dich an das Buch *300 Tang Poems – Bilingual Edition*? Es steht in meinem Apartment im Regal neben der Statue von Guan Yin. Die besten Gedichte, die wir Chinesen kennen, Wang Wei ist auch drin. Verstehst du?"

„Was soll ich verdammt noch mal verstehen? Hör endlich auf rumzueiern!"

„Vater und Herr Wong haben herausgefunden, dass ..."

„Was, Robin, was? Spuck's aus!"

„... Wang Wei unser gemeinsamer Urahne ist ... sie wollen deshalb das Band der Familien Wong und Ong so stark machen ... wie sie nur können."

„Und?"

„Vater will, dass ich nach der Bachelorarbeit im Sommer nach Hongkong gehe ... ein Büro für unseren Rohstoffhandel dort eröffne ...“

„Und was hat das zum Teufel mit uns zu tun?“

Er schweigt. Noch mehr Tränen laufen. Dann schaut er mir geradewegs ins Gesicht und haucht: „Und Conny heirate ...“

Wütend spring ich auf. Ich muss hier raus. Ich halt das keine Minute länger aus. Mein Herz schreit auf, als hätt jemand ein Fahrtenmesser reingestochen und würd es nun genüsslich in der Wunde drehen, damit sie noch größer wird.

„Ich will sie ja nicht heiraten. Aber ... ich muss Vater gehorchen.“

„Du bist fünfundzwanzig und erwachsen, oder irr ich mich?“

„Es gibt bei uns in Singapur einen Hokkien-Spruch 家己人 (kā-kī-lâng). *Eine von uns.* Du bist *keine von uns.*“

„Nein.“

„Meine Mutter hat das I Ching befragt. Es sagt: *Das Schöpferische wirkt erhabenes Gelingen, fördernd durch Beharrlichkeit.*“

„Businessehe aus dem Orakelbuch. Ich fass es nich.“

„*Das Schicksal lässt sich nicht betrügen*, sagt das I Ching.“

„Hast du deinen Eltern von uns erzählt?“

„Nein.“

„Du Weichei!“

„Ich schulde meinem Vater Gehorsam. Für einen Chinesen bedeutet Familie alles, und das I Ching sagt, dass mein Vater recht hat.“ Robin erhebt sich langsam, schaut mir in die Augen, steht aber da wie erstarrt.

„Für mich bedeutet Familie Liebe, hörst du? Liebe!“

„Ich habe jeden Tag im Guan-Yin-Tempel in der Jalan Toa Payoh um Barmherzigkeit gebetet ... es hat nichts geholfen ... mein Vater ...“

„Wie lange bist du schon zurück in Aachen?“

„Sechs ... “

„Sechs Tage?“

„Ja.“

„Was? Und erst jetzt lässt du dich dazu herab, was von dir hören zu lassen? Dann erzähl ich dir mal was, du selbstgerechter Feigling. Meine leibliche Mutter und mit ihr meine Oma sind am Tag meiner Geburt im Kongo erschossen worden. Nur durch ein Wunder überlebte ich. Meine kongolesische Familie hat mich zur Adoption nach Belgien freigegeben, damit die Killer mich nicht auch noch umbringen. Mein Großvater hat an einem Tag drei Frauen verloren, die er liebte ...“

Robin wird leichenblass. Mein Gesicht läuft wohl gerade hochrot an, und ich fang auch an zu heulen. Dann fass ich mich wieder.

„Und dass du es weißt, Elizabeth is heut Morgen gestorben, und ich ... ich halt es hier an der Uni keine Sekunde länger aus, dir zu begegnen. So ... jetzt weißt du’s. Ich steig gleich in einen Zug in die Schweiz, zu meinem Projekt dort, das mein Prof mir besorgt hat, und bin hier weg! Mehr hab ich dir nich zu sagen, außer Lebwohl und werd glücklich mit einer von deiner Art und deinem Businessorakel.“

Bevor er etwas erwidern kann, dreh ich mich um und lauf weinend aus dem Hinterausgang des Café Dom auf den Münsterplatz, nach rechts zwischen den Tischen durch, dann nach links auf den Domhof und von dort in den Aachener Dom. Das sind nur fünfzig große Schritte. Ich will jetzt allein sein. Ich will weinen, traurig sein, wütend sein, ohne dass mich jemand dumm anquatscht. Mein Herz is kurz davor, zu zerspringen. Ich halt meine rechte Hand drauf. Es tut so weh.

Der Dom leert sich gerad. Ich schlüpf in die Vorhalle, die drei Stufen runter und dann durch die Haupttür aus Glas und schwarzem Eisengitter hinein. Die Luft is süß und verhangen vom Duft nach Weihrauch. Drinnen dreh ich mich instinktiv nach links, geh die paar Schritte bis zum Eingang der spätgotischen Nikolauskapelle, die vier Stufen hoch, tret durch die schwere Glas-Eisengittertür ein und lass die Welt der grausamen Menschen hinter mir. Hier drin is niemand. Spirit sei Dank. Ich lass mich in die erste Bank fallen, genau vor das Bild der Schmerzhaften Muttergottes. Mit gefalteten Händen und gesenktem Blick erträgt sie ihr Leid. Das muss ich jetzt wohl auch. Vor der Holzeinfassung des Bildes steht ein Strauß aus weißen und roten Rosen. Rechts und links an den Wänden brennen Pilgerkerzen auf kunstvoll geschmiedeten Gestellen. Was mach ich eigentlich hier? Ich geh doch sonst nich in den Dom. Ich war nur hier zu einer Führung, wie jeder Student an der Uni wohl auch in den ersten Tagen in Aachen. Ich hab die Pracht und Kunstfertigkeit von Barbarossaleuchter, Kuppelmosaik, Pala d'Oro am Hauptaltar, den goldenen Marienschrein, die leuchtend bunten Chorhallenbleiglasfenster und den Karlsthron bestaunt. Aber seitdem, und das sind zweieinhalb Jahre, war ich nich wieder hier. Wie durch ein Wunder lässt die Welt mich aber hier gerad in Ruh weinen. *Wo is jetzt noch mein Halt?*, frag ich mich. Mit dem Papiertaschentuch aus der Umhängetasche trockne ich mir die Augen. Elizabeth tot, Papa und Tilly vielleicht in Gefahr, Mutter tot, Vater unbekannt und die, die mich abgöttisch lieben, wie Großvater Elyas, sind Tausende Kilometer weit weg auf nem anderen Kontinent.

Mein Herz wird plötzlich heiß, und es hört auf zu schmerzen.

Ich hab dir doch versprochen, dass ich immer bei dir bin.

Es is seine Stimme, eindeutig, aber ich möcht Gewissheit, vielleicht spinn ich ja auch gerade. „YESHUA, bist du das?" Mein Kopf ist benommen, aber seine Antwort kommt durchs Herz.

Ja, ich bin es, und ich bin bei dir.

„Was machst du hier?"

Ich bin immer hier im Dom und spreche mit allen, die zu mir kommen und wirklich Rat suchen.

„Meinst du das ernst?"

Ich bin ein Lehrer für jeden, der wahrhaft in seinem Innersten sucht.

Ich atme tief aus, putz mir mit dem schon nassen Papiertaschentuch die Nase, bin ziemlich aufgewühlt ... wütend ... verwirrt ... megatraurig.

„Weißt du, was gerade im Café Dom nebenan abging? Ich mein, weißt du, was Robin gesagt hat?"

Natürlich, ich war bei dir und habe dich beruhigt, so gut und lange ich konnte.

„Warum, YESHUA, warum muss das jetzt alles über mich hereinbrechen? Warum lassen sie mich alle im Stich?"

Darauf gäbe es viele Antworten. Robin muss erst noch lernen, dass wahre Familie etwas anderes ist als Ahnen, Namen und ausgewählte Blutlinien. Wer Trennendes schafft oder aufrechterhält, wählt den Weg des Leids.

„Aber kannst du nich helfen?“

Der freie Wille des Menschen ist durch mich und alle anderen hier in Shambala immer zu achten.

„Und was mach ich jetzt?“

Kümmere dich um die Dinge, um die du dich kümmern kannst.

„Große Klasse, und was soll das jetzt heißen?“

MENSCHHEITSPROTOKOLL

Chroniken-Zeit 18.762.020 – 03.11
Projekt: *Es werde Licht*
Dr. Thomas Müller (Aspekt von THEODAR)
Lokalisiert 47° 9' 58.201" N 8° 30' 55.782" E

Avidya ist eingeäschert. Die Trauerfeier, die keine war, fand im engsten Kreis statt. Das ist vierundzwanzig Stunden her. Nun steht Ismael in Thomas' Zuger Büro in der Chefetage des Konzerns, um die Position des Vorstandsvorsitzenden offiziell zu übernehmen. Ein formell unterkühltes *Guten Morgen* zwischen den beiden ist die einzige Begrüßung. Thomas hat seine Fotos von David und Maya gestern Abend erst vom Schreibtisch genommen, damit keinem Mitarbeiter etwas auffallen konnte. In der Unterschriftenmappe für den CEO stapeln sich Schriftstücke. Nur seine Sekretärin hat er notgedrungen einweihen müssen. Ismael schaut sich in der gediegenen Schweizer Eleganz um. Edelholztisch und -regale, cognacfarbenes Leder, dezenter Teppich, der die Worte verschluckt, die niemand hören darf. Er streicht mit der Innenfläche seiner Hand über einen der vier Sessel in der Besprechungsecke, bleibt dann vor dem Himalaya-Gemälde in leuchtenden Lachs- und Blautönen stehen und begutachtet es mit sichtlichem Gefallen.

„Atemberaubend schön, nicht wahr?“

„Du sagst es, Thomas. Nicholas Roerich?“

„Ja. Es gehört mir. Ich werde meine Sekretärin bitten, es zu mir nach Hause bringen zu lassen.“

„Ich werde *meine* Sekretärin bitten, es dir

zukommen zu lassen.“ Damit hat Ismael den Ton für ihre Übergabebesprechung gesetzt.

„Warum bist du nicht zur Trauerfeier gekommen?“

„Meine Trauer um Avidya trage ich im Herzen, und ein Bild von ihm steht bei mir im Home Office. Für ihn musste ich nicht kommen, und für euch wäre es lästig gewesen, mit jemandem konfrontiert zu werden, der euch nicht behagt.“

„Kann schon sein.“

„Lass uns nicht so tun, Ismael, als ob uns mehr als nur ein Arbeitgeber-Angestellten-Verhältnis verbindet. Lass uns das hier einfach nur professionell zu Ende bringen.“

Ismael rümpft die Nase. „So seid ihr Deutschen wohl, was?“

„Was spielt das für eine Rolle?“ Bitterkeit steigt in Thomas auf.

„Ich beobachte nur.“

„Lass mich mit deinen Vorurteilen in Frieden, Ismael. In meinen Adern fließt deutsch-kanadisch-chinesisches Blut. In den Adern meines Sohnes deutsch-kanadisch-chinesisch-indisch-libanesisches Blut.“

„Gut, lassen wir das jetzt.“ Ismael nimmt wie selbstverständlich im Ledersessel des Chefs am Schreibtisch Platz, genießt kurz den Blick über den Zuger See und öffnet dann die Dokumentenmappe.

„Da ihr mich schon vor einigen Tagen abberufen habt, musst du das alles unterschreiben. Wie du siehst, hat sich einiges angesammelt. Auch musst du zahlreiche Termine wahrnehmen: Besprechungen mit den Repräsentanten der Großkunden, einige Festlichkeiten der nächsten Monate, ach ja, und nächste Woche eine ganz wichtige Beerdigung in Johannesburg, bei der du fürs Geschäft unbedingt Gesicht zeigen solltest. Wusstest du übrigens, dass Robert Wongs Tochter sich in der Rohstoffbranche verlobt hat?“

„Nein.“

„Ich habe Robert heute Morgen schon telefonisch gratuliert, gleich nachdem die Nachricht in Hongkong offiziell bekannt gemacht wurde. Es ging ihm runter wie Öl, dass auch aus Europa Glückwünsche kamen, und zwar binnen weniger Minuten nach Bekanntgabe.“

„In diesen Dingen bist du unglaublich schnell. Hast du so eine Art siebten Sinn?“

„Man tut, was man kann, Ismael. Solche Dinge sind fürs Geschäft äußerst hilfreich.“ Thomas behält für sich, dass er Davids SAM täglich dreimal dazu benutzt, all seine Kontakte auf Nachrichten und Bekanntmachungen in den weltweiten Presse- und Branchennachrichten sowie auf Online-Plattformen und in den Sozialen Medien scannen zu lassen. Er will immer auf der Höhe der Ereignisse sein. „Ich schlage vor, wir gehen zusammen durch die Mappe, und dabei führe ich dich in alle laufenden Geschäfte und Sachverhalte wie Personal und so weiter ein. Ich gehe davon aus, dass du zu einigen Projekten andere Vorstellungen mitbringst, deshalb sollten wir auch stoppen, was deiner Zukunftsplanung nicht entspricht.“

„Zuerst möchte ich vor alle Angestellten treten, aber nur vor die, die bleiben. Sorg du jetzt erst dafür, dass alle, die mit deinem Tiefseebergbau-Projekt befasst sind, Unternehmen und Gebäude sofort verlassen. Währenddessen lese ich mich durch die Mappe, und dann übergibst du mir das Tagesgeschäft, zu dem ich Fragen habe.“

„Du bist jetzt der Boss." Thomas ist entsetzt. So tief sitzt also die Abneigung gegen sein Tiefseeprojekt? Er dreht sich auf dem Absatz um und verlässt das CEO-Büro. Sein Atem stockt, das Herz rast, während er sich auf den Weg zum Teamleiter Tiefsee macht. *Wie soll ich das dem Teamleiter und den Mitarbeitern beibringen? Steht auf, raus jetzt, ihr seid nicht mehr erwünscht, geht nach Haus?* Seine Schritte werden langsamer, als er die Glaseingangstür auf dem Flur zum gegenüberliegenden Trakt öffnet. Er will unbedingt den richtigen Ton treffen, murmelt immer neue Satzvarianten vor sich hin. Oder soll er erst zur Personalchefin? Nein ... er macht es selbst ... oder doch nicht? Er ist fünf Schritte vom Büro des Teamleiters entfernt, als dessen Tür aufgeht. Eine junge, wunderschöne Frau mit Afrolocken und milchschokoladenbrauner Haut in einem Wollkleid nebst Schnürstiefeln im Militärstil kommt ihm entgegen. Thomas stockt der Atem erneut.

„Grüzi", sagt sie unbeholfen und will an ihm vorbeigehen.

„Kennen ... ähm ... kennen wir uns?", fragt Thomas mit bebender Stimme.

„Nein, ich denk nich. Mein Name ist Lucia Peeters, ich mach hier ein Praktikum ... soll Berechnungen machen, die Auswirkungen von Tiefseebergbau auf das Ökosystem analysieren. Der Teamleiter hat mich über meinen Professor in Aachen angeworben. Ich bin Studentin für Georessourcen-Management an der RWTH, schreib an meiner Bachelorarbeit zum Anthropozän."

„Thomas Müller, ähm ... angenehm", erwidert er. „Die Hand gebe ich Ihnen nicht, Corona-Vorsicht, Sie verstehen."

„Is was mit Ihnen? Fühlen Sie sich nich gut? Sie

sind kreideweiß um die Nase, und ihre Stimme is kaum zu hören.“ Lucia schaut ihn besorgt an.

„Ich? Nein! Wie kommen Sie auf die Idee? Ich muss nur ganz dringend mit etwas äußerst Delikatem zum Teamleiter. Auch in meinem Alter gibt es noch Dinge, die man das erste Mal macht, wenn Sie verstehen, was ich meine.“

„Ach so.“ Sie geht ihm aus dem Weg und dann mit Abstand an ihm vorbei. Thomas braucht einen Moment, um sich zu sammeln. Er zieht seine Krawatte zurecht, räuspert sich und klopft sich mit den Innenflächen der Hand auf die Wangen, um Farbe ins Gesicht zu bekommen. Sein Lieblingsprojekt im Stich lassen, „zusammenpacken und raus hier“ sagen, er kommt sich vor wie ein Arsch. Es gibt Situationen, die brennen sich unwiderruflich in die dunkeln Winkel des Verstandes ein. Für Thomas ist das ein weiterer dieser schmerzhaften Momente.

„Das ist die ungewöhnlichste Art, gekündigt zu werden, die ich je erlebt habe.“ Der Teamleiter ist noch immer irritiert und überwältigt zugleich, als Thomas mit ihm, den ebenfalls entlassenen Angestellten und Lucia Peeters am frühen Nachmittag im besten Restaurant von Zug sitzt und sich mit einem grandiosen Essen dafür entschuldigt, was am Vormittag vorgefallen ist und vor allem wie.

„Ich will dieses Projekt fortführen. Ich will den Weg des Tiefseebergbaus gestalten. Mit Ihren Abfindungen sind Sie erst einmal versorgt, und ich würde mich freuen, wenn ich Sie bald wieder im Team habe, bei einem anderen Unternehmen, das die Zeichen der Zeit erkannt hat ... nun ja, Sie wissen, was ich meine ... Und um Sie, Frau Peeters“, er dreht sich seitlich zu ihr,

„um Sie kümmere ich mich gleich nach dem Essen gesondert."

„Das sollten Sie auch, Herr Dr. Müller. Die Frau ist brillant, und so was sag ich gewöhnlich nicht nach nur ein paar Tagen der Zusammenarbeit."

„Jedenfalls ist es nicht meine Art, jemanden hängen zu lassen." Thomas muss krächzen und trinkt schnell aus seinem Wasserglas.

Der Teamleiter bestellt auf seine Rechnung zwei Flaschen Prosecco, und alle stoßen miteinander auf die Zukunft an. Nur Lucia Peeters bleibt bei Wasser. „Nein danke, ich trink keinen Alkohol. Krieg davon sofort Kopfschmerzen", sagt sie lächelnd und erhebt mit allen ihr Wasserglas. Ein Schwall von Freude und Entsetzen prescht Thomas durch den ganzen Körper. Er entschuldigt sich, geht zur Toilette, um sich zu beruhigen und nachzudenken, und dann kurz raus vor die Tür des Restaurants, um mit David zu telefonieren.

Nach einem kurzen Gespräch ist sein Sohn informiert und einverstanden. Thomas will Lucia Peeters unbedingt in der Schweiz halten. Er kalkuliert mit dem Lockdown im Land wegen des Coronavirus, der, verteilt über eine Bar in Ischgl, chinesische Unternehmen in Norditalien und die Flughäfen, Einzug in Westeuropa hält. Er will Frau Peeters mit nach Hause bringen. Sie soll mit ihm am Tiefseeprojekt weiterarbeiten, entweder bis sie nach dem Ende der Semesterferien zurück an die Uni muss oder er einen Job bei einem anderen Unternehmen hat und sie dort auch gleich einbinden kann.

Eine Stunde später hat er Lucia bereits im Gästezimmer einquartiert, ihr Zugang zum Internet verschafft und sie aus seiner Sicht mit allem versorgt, um selbst im Home

Office wieder an die Arbeit zu gehen. Gewundert hat er sich über das wenige Gepäck und die beiden Kristallkrüge mit Quarzstein, mit denen sie reist. Als er am späten Abend ins Wohnzimmer kommt, sitzt Lucia mit einem Büchlein im Sessel. Sie blickt ins Kaminfeuer, Bea dicht an ihre Beine gekuschelt für eine Streicheleinheit.

„Ach, sieh an, Feuer können Sie machen, und Bea liegt Ihnen bereits zu Füßen. Geht das immer so schnell?“

„Ich mag Hunde, und Hunde mögen mich. Ich wollt selbst immer einen, aber meine Adoptivmutter hat es nich erlaubt. Also hab ich immer die Hunde der Nachbarn gestreichelt und bin mit ihnen spazieren gegangen, wenn die Besitzer zu beschäftigt waren.“

Dabei streichelt sie Bea liebevoll den Kopf, und Bea rückt noch näher. Thomas ist fasziniert.

„Und was lesen Sie da, wenn ich fragen darf?“

„Gedichte, hat mein Großvater Elyas für mich geschrieben. Ich lese jeden Abend darin. *Mein Asteroid B612* lautet der Titel seines Büchleins. Witzig, wenn es nich so traurig wär.“

„Traurig? Was ist daran traurig? Für mich hat noch nie jemand Gedichte oder Reime geschrieben. Außer Goethe in seinem *Faust*, aber die sind an alle gerichtet.“

„An jedem meiner Geburtstage hat Großvater Elyas ein Gedicht geschrieben, drauf gewartet, mich zu sehen, sie mir geben zu können. Er hat zwanzig Jahre gewartet und gehofft, krass, nich? Na, jedenfalls sollen sie mir ein Wegweiser durch mein Leben sein und mich an ihn erinnern. Wissen Sie, ich hab das Büchlein erst seit ein paar Wochen. Es rührt mich so tief an ... spornt mich an. Soll ich Ihnen eines seiner Gedichte vorlesen?“

„Gern." Thomas reibt sich die juckende Nase und setzt sich auf das Sofa ihr gegenüber.

„Bea, nun musst du einen kleinen Moment ohne meine Hand auskommen."

Sie zieht ihre Hand zurück und schlägt das Büchlein wieder auf. Bea schaut beinahe traurig zu ihr auf. Thomas kann nicht begreifen, warum die Hündin seines Sohnes so auf diese junge Frau reagiert.

„An meinem vierten Geburtstag, am 13. Dezember 2003, schrieb Großvater:

Was Kopf und Hand erzwingt,
Dir Leid und Dürre bringt!

„Wie finden Sie es?"

„Weise und sehr prägnant ausgedrückt. Man begreift so was wohl erst, wenn man auf die Nase gefallen ist."

„Sind Sie schon mal so richtig auf die Nase gefallen?"

„Gerade, aber sagen Sie es nicht weiter."

Beide müssen lachen.

„Für mich hat dieses Gedicht im Moment auch ne schmerzliche Wahrheit."

„Darf ich fragen, warum, ohne Ihnen zu nahe zu treten?"

„Weil", sie muss schlucken, „weil ... na weil mein Freund Schluss gemacht hat, um sich Geld- und Familieninteressen seines Vaters zu beugen. Er heiratet fürs Geschäft und für die Ahnen."

„Wie bitte?" Thomas muss husten.

„Genau, was ist das denn für einer? Danke, dass Sie das auch so sehen, ich dacht schon, nur ich seh das so." Ihre Augen werden feucht. „Ich weiß, ich sollte ihm keine Träne nachweinen. Aber ... es tut so weh. Ich halt es nich aus, ihm an der Uni noch zu begegnen. Aber nach dem Sommersemester is er Spirit sei Dank für immer weg."

Thomas steht auf, zieht aus der Hosentasche ein frisch gestärktes, weißes Taschentuch und reicht es ihr. „Kann ich Sie mit irgendetwas aufheitern?" Mit dem zweiten Taschentuch, das er anschließend aus seiner Hosentasche zieht, tupft er sich selbst das Gesicht großflächig ab.

Lucia schüttelt den Kopf und schnäuzt sich. „Erzählen Sie mir was von sich."

„Also, na ja, schauen Sie sich um ... ich habe es zu was gebracht. Mein Vater hatte so was in dem Alter nicht vorzuweisen." Thomas lässt seinen Blick durch das Wohn- und Lesezimmer schweifen. Er ist erleichtert, dass nirgendwo ein leeres oder halbleeres Gin-Tonic-Glas herumsteht. Aber das behält er für sich und wechselt das Thema. „Sie sagten heute Morgen, Sie beschäftigen sich mit dem Zeitalter der Menschen als dominantem Einfluss auf der Erde. Manche nennen das Anthropozän das Zeitalter der Erdzerstörer. Glauben Sie, dass wir es noch retten werden? Oder sind wir schon zu weit gegangen, in der Art, wie wir unsere Umwelt durch Plastik, Chemikalien, Brandrodung und Monokulturen zerstören?"

„Hm." Lucia steckt das Taschentuch in ihre Hosentasche. „Das müssten Sie eigentlich besser wissen als ich. Sie mischen doch als Naturausbeuter täglich mit im Minenbergbau. Sie sehen doch täglich mit eigenen Augen, was wir auch da anrichten. Sanieren Sie alle Ihre Minengelände und die nahe Umgebung regelmäßig, um die Grundwasserverseuchung zu stoppen oder gar umzukehren?"

„Das würd ich gern, aber es rechnet sich nicht. Die Preise für die Metalle gibt der Markt vor, und die Chinesen drücken sie, wo sie nur können. Ich brauche meine Gewinnmarge, um zu wirtschaften, das heißt die Aktivitäten finanzieren und gegen die Chinesen standhalten zu können. Für so was wie Boden- und Grundwassersanierung gibt es kein Budget, jedenfalls wenn Sie verhindern wollen, dass China uns nicht die Zukunft nimmt und wir ohne Rohstoffe ganz blöd dastehen."

Lucia starrt ihn entsetzt an und will zur Gegenrede ausholen, doch Thomas' Smartphone schellt in seiner Hosentasche. Er zieht es heraus, schaut aufs Display, hebt die freie Hand Richtung Lucia und sagt: „Einen Augenblick, Frau Peeters."

„Guten Morgen, Giacomo, was verschafft mir die Ehre?"

„Wie geht's, alter Freund?"

„Danke der Nachfrage. Ich sitze zu Hause vor dem Kaminfeuer und gehe ans Telefon, so oft es klingelt."

„Hat es denn schon oft geklingelt?"

„Du rufst nicht an, um mich das zu fragen, oder?"

„Hab da was läuten hören und wollte fragen, ob ich dich locken kann. Leute von deinem Kaliber sind nicht oft zu haben."

„Mach mir ein Angebot im Tiefseebergbau, das ich nicht ablehnen kann, und ich verspreche dir eine schnelle Antwort."

„Gut, mehr muss ich jetzt nicht wissen. Du hörst wieder von mir, Thomas, sehr schnell sogar."

„Ich freue mich, Giacomo." Thomas drückt auf den Aus-Knopf und fragt sich, was das nun zu bedeuten hat. Freut es ihn wirklich, dass Giacomo sich für ihn interessiert? Vielleicht war das auch nur ein Test, um herauszufinden, ob er den Vijay-Konzern tatsächlich verlassen hat. Thomas steckt das Smartphone wieder in die Hosentasche.

„Sieht so aus, als seien kühle Rechner wie Sie in der Rohstoffwelt heißt begehrt. So kaltblütig hab ich mir das als Studentin bisher nich vorgestellt." Lucia ist ärgerlich, mit ihm und mit sich, dass sie sein Angebot angenommen hat.

„Sie tun fast so, als würde ich morgens begeistert in die Hände klatschen und sagen: Dann wollen wir mal wieder Mensch und Natur ausbeuten. Nein, nein, wir leben in einer Welt von Sachzwängen. Dazu gehört, dass der Stärkere mehr bekommt und die besten Führungspersönlichkeiten schnell neue Jobangebote. Ich denke, es dauert noch ein, zwei Wochen, dann habe ich genügend Angebote zur Auswahl, sodass David und ich entscheiden können."

„Ist das Ihr Lebensgefährte?" Lucia ist neugierig. Während sie mit Bea vor dem Kamin saß und sich nicht sicher war, ob es gut war, sein Angebot anzunehmen, hat sie auch daran gedacht, diese Chance zu nutzen, um Informationen zu sammeln, an die sie sonst nicht herankommen würde. Jetzt, genau in diesem Augenblick, wird ihr blitzartig klar, dass sie die richtige Entscheidung getroffen hat. Wenn sie die Welt des Kobaltminenbergbaus im Kongo mit Herzblut verändern will, dann muss sie die Interna der Rohstoffbranche insgesamt kennen.

„Nein, wie kommen Sie ... ach so, nein, nein, David ist mein Sohn, achtzehn, studiert an der ETH Informatik. Er müsste eigentlich schon hier sein. Wir werden zusammen entscheiden, wohin es als nächstes geht. Ich treffe keine Entscheidung, mit der er nicht einverstanden ist, wissen Sie? Wir stehen uns sehr nah. Ich liebe meinen Sohn abgöttisch."

„Mein Adoptivvater ist ein intellektueller Pantoffelheld, Strafrichter. Er hat sich nur selten schützend vor mich gestellt, wenn es zwischen meiner Adoptivmutter und mir zoffte."

„Zoffte es oft?"

„Täglich, mehrfach."

„Verstehe. Wo kommen sie eigentlich her? Bitte verstehen Sie das nicht falsch, ich meine das nicht rassistisch. In meinen Adern fließt Blut aus drei Kontinenten und Kulturen."

„Aufgewachsen bin ich bei Adoptiveltern in Belgien. Meine deutschstämmige Adoptivmutter is letzte Woche gestorben."

„Mein Beileid."

„Danke. So entsetzlich das klingen mag, ich bin nich traurig. Wir hatten echt ein mieses Verhältnis. Ein Mutter-Tochter-Band gab es nie. Sie konnt einfach nich liebvoll zu mir sein."

„Verstehe. Und Ihr Adoptivvater?"

„Da gibt es ein Herzensband. Meine Patentante kümmert sich jetzt um ihn."

„Sie sind nicht für ihn da?"

„Er fühlt sich schuldig. Er möcht mich nich noch länger davon abhalten, meinen eigenen Weg zu gehen. Er sagt: Bring dich nich auch noch in Gefahr, es könnt ein ansteckendes Virus sein."

Eine erstaunlich abgeklärte junge Frau, oder macht die nur auf kühl? Thomas ist sich nicht sicher. „Interessant, Frau Peeters, wissen Sie denn schon, wohin Ihr Weg Sie führen soll?"

„Seit ich vor ein paar Wochen meine Blutfamilie

im Kongo kennengelernt hab, dort herumgereist bin, gesehen hab, wo meine Mutter erschossen wurde, in welchem Elend die Menschen nah einer Kobaltmine leben, für die sie sich eingesetzt hat, ja, ich denk, ja. Ich mach meinen Bachelor, start zum Wintersemester den Master, und gleichzeitig werd ich Aktivistin. Ich dacht immer, ich würd nur Wissenschaftlerin, aber das allein reicht nich. Ich lass mich nich benutzen, um Mensch und Natur auszubeuten."

Thomas zuckt kurz zusammen.

„Ich könnt nich in so einem Haus leben wie Sie, solang ich das Leid der Menschen nich gelindert hab. Da geb ich lieber von dem ab, was ich verdien."

„Aber als Aktivistin verdient man nicht viel. Und Wissenschaftler, die auf die Straße gehen oder in den Sozialen Medien Streit suchen, holt sich kein Unternehmen ins Haus, und wenn doch, dann nur zu PR-Zwecken."

„Geld is nich wichtig, solang ich die Welt besser mach."

„Aber mit den Rohstoffen, die wir abbauen, ist es erst möglich, dass Sie ein Smartphone in der Tasche haben, noch dazu ein preiswertes."

„Die Menschen müssen lernen zu verzichten, damit es allen gut geht."

„Glauben Sie wirklich, das erreichen zu können? Menschen sind Egoisten. Sie halten Werte nur hoch, solange es sie nichts kostet."

„Nich alle, in meiner Generation die Wenigsten."

„Na, da steht Männern wie mir ja eine schwere Zeit bevor, was?"

„Davon können Sie ausgehen." Sie lächelt taktisch, findet, sie hat ihm vielleicht schon zu viel verraten.

„Sind Sie nicht selbst ein bisschen heuchlerisch? Sie sitzen hier in meinem Haus und nicht in der Jugendherberge."

„Ich wär heute zurück nach Aachen gefahren, hätten Sie mich nich eingeladen zu bleiben, um mit Ihnen an dem Projekt weiterzuarbeiten."

„Warum haben Sie sich einladen lassen?"

„Um das Projekt zumindest zu verstehen, wahrscheinlich brauch ich das Wissen, wenn ich mich irgendwann auch gegen Ausbeutung in der Tiefsee engagiere."

„So eine sind Sie also!" Thomas muss lachen. Er hält das für jugendliches Geschwätz, dem der Realitätsbezug fehlt. Sie ist erst zwanzig, da muss er nachsichtig sein, er ist es mit David ja auch.

„Warum haben Sie mich eingeladen? Was versprechen Sie sich davon? Sie hätten doch auch den Teamleiter bitten können, weiter für Sie zu arbeiten. Oder is der Ihnen zu teuer?"

„Touché! Ich gebe es zu, auch ich handle eigennützig, äußerst eigennützig sogar. Sie gefallen mir mit Ihrer aufrichtigen Art. Kurz und gut: Sie sind exzellent und noch preiswert zu haben. Der Teamleiter hat mir versichert, dass das, was Sie im Projekt machen sollen, weder er noch jemand aus dem Team kann."

„Sie wollen die Berechnungen, nich wahr?"

„Natürlich, und ich will Sie, weil mir der Teamleiter sagte, Ihr Professor hält sie für ein Jahrhundertgenie. O-Ton! Und als CEO ich bin überzeugt, dass der mit dem besten Team gewinnt, immer."

„Sie sind wenigstens ehrlich."

„In diesem Punkt zumindest." Er lacht. „Sie sind eine seltene Erscheinung, Frau Peeters, in jeder Hinsicht. Finden Sie mal selbst heraus, wie ich ticke, das macht mehr Spaß. Leicht werde ich es Ihnen aber nicht machen."

„Ich nehm die Herausforderung an, und ich werd Ihnen kräftig einheizen." Dabei lacht sie, um die Schärfe aus ihrer Antwort zu nehmen.

„Gut, abgemacht, aber jetzt ist es Zeit, schlafen zu gehen. Hat die Hausdame Ihnen alles gezeigt?"

„Treppe hoch rechts, riesiges Zimmer mit grandiosem Bett, Feuer im Kamin, großer Schreibtisch mit 1A-Internetverbindung und Drucker, separates Ankleidezimmer und ein Bad für die Götter. Wohnen die sonst hier?"

Thomas muss wieder lachen. „Mein verstorbener Schwiegervater hat dort immer gewohnt, wenn er geschäftlich zu uns kam. Das war selten genug der Fall. Sonst steht es leer. Wenn Sie morgen wach sind, kommen Sie einfach runter in die Küche, nehmen Sie sich, was Sie wollen, oder bitten die Hausdame, Ihnen zu machen, was Sie wollen. Okay?"

„Gewöhnungsbedürftig ... Gute Nacht." Sie steht auf, und Bea geht ihr sofort hinterher.

„Gute Nacht." Thomas blickt ihr nach und muss lächeln. Er ist gespannt, was passieren wird, wenn David nach Hause kommt. Was macht Bea dann? Gespannt sind auch seine Nackenmuskeln. Sein Kopf surrt, und das Herz pocht. Lucia Peeters löst ungeahnte Stresszustände in seinem Körper aus.

MENSCHHEITSPROTOKOLL

Chroniken-Zeit 18.762.020 – 03.12
Projekt: *Es werde Licht*
Dr. Thomas Müller (Aspekt von THEODAR)
Lokalisiert 47° 9' 58.201" N 8° 30' 55.782" E

„Sind Sie aus dem Bett gefallen?“ Als Thomas in die Küche kommt, sitzt Lucia an der Kücheninsel, vor sich ihren Laptop und, wie es scheint, konzentriert bei der Arbeit. Vor ihr steht ein Glas grüner Tee, und Bea liegt zu ihren Füßen, so als sei dort der schönste Platz der Welt. Thomas hat die ganze Nacht gegrübelt und kaum ein Auge zugetan. Zweifel nagen an ihm. Er wollte sich zu etwas entschließen, war dann aber doch nicht mutig genug, als er in den Badezimmerspiegel blickte.

„Guten Morgen, Frau Peeters. Wie war Ihre Nacht im Götterbett?“

„Gut und kurz.“ Sie lächelt ihn an und schaut dann zu Bea runter, als ob sie das bestätigt haben wollte. „Wissen Sie, dass der Hund schnarcht?“

„Nein. Ist David denn nicht nach Hause gekommen? Wie auch immer. Bea nächtigt jedenfalls nie bei mir ... SAM, doppelter Espresso. Möchten Sie auch einen? Haben Sie schon etwas gegessen?“

„Keinen Kaffee, etwas zu essen gern.“

„Etwas Bestimmtes? Unser Kühlschrank hat alles, und die Hausdame kann auch alles machen, Rührei, Spiegelei, Omelett, Pfannkuchen, Waffeln, wonach Ihnen der Sinn steht.“

„Ne Scheibe Vollkornbrot mit veganem Aufstrich, Hummus oder so, und ein Stück Obst wären cool.“

SAM erweckt den Kaffeeautomaten zum Leben, das Mahlwerk surrt, Dampf zischt, und dann läuft Thomas‘ brauner Lebenssaft duftend in die vorgewärmte Tasse. Thomas hat inzwischen die Kühlschranktür geöffnet und blickt auf einen Berg von Softdrinks in Flaschen und Dosen, Obst und Gemüse in Plastik verpackt, etwa zwanzig Eier, eine Käse- und eine Schinkenfrischhaltebox, eingeschweißte Steaks, die Butterdose und eine ganze Lage mit verschiedenen Biersorten.

„Tja, veganer Aufstrich, ich denke, das könnte schwierig werden. Aber Obst haben wir, schon vorgeschnitten, in Hülle und Fülle. Wie wäre es mit Ananas?“

In diesem Moment kommt die Hausdame in die Küche, und Thomas zieht sich auf das Geben von Anweisungen zurück. „Guten Morgen, Fee. Für die junge Dame bitte eine Scheibe Vollkornbrot mit veganem Aufstrich, Hummus, wenn wir so etwas haben, und frisches Obst. Für mich bitte eine große Portion Rührei mit Schinken, anschließend French Toast und einen kleinen frischen Obstsalat. Ach ja, und noch einen frischen Möhren-Apfelsaft. Ja, ich denke, dann hätten wir's.“ Die Hausdame erwidert den Morgengruß, nickt und macht sich an die Arbeit. Thomas nimmt neben Lucia auf einem der Barhocker an der Kücheninsel Platz, um seinen Espresso zu genießen und ihr über die Schulter zu schauen.

„Sagen Sie mir, was Sie da schon so früh machen?“

„Ich recherchier Fakten, die ich für Ihre Berechnungen brauch.“

„Wieso, Sie haben vom Teamleiter doch alle

Zahlen bekommen, oder etwa nicht?“

„Die reichen nich. Ich hab bisher überhaupt keine zuverlässigen, also verifizierten Zahlen zum Einfluss auf das Ökosystem. Georessourcen-Management verlangt Sorgfalt. Oder wollen Sie etwa in der Tiefsee denselben rücksichtslosen Zerstörungswahn an den Tag legen wie in Ihren Minen in Südamerika?“

„Ähm, nein, natürlich nicht.“ Thomas findet sie etwas zu forsch für eine Praktikantin, aber er hält sich mit einem Kommentar zurück. Er will unbedingt wissen, was sie kann, und es für sich nutzen.

„Haben Sie denn was Spannendes gefunden?“

„Ja. Ich hab über einen persönlichen Kontakt den Vorabdruck eines Artikels von Stefan Krause im Fachjournal *Scientific Report* bekommen, der im Juni erscheint. Er ist Biochemiker am Helmholtz-Zentrum für Ozeanforschung in Kiel.“

„Na, da bin ich aber gespannt ...“

„Eine zwanzig Jahre alte Quarkpackung und eine Mülltüte, darin eine Coca-Cola-Dose, Sonderedition Davis Cup 1989. Höchstwahrscheinlich von deutschen Forschern zwischen 1989 und 1996 achthundert Kilometer vor der Küste Perus ins Meer entsorgt, als sie nach potentiellen Gebieten zum Abbau von Manganknollen forschten. Gefunden wurden die drei Stücke in über viertausend Metern Tiefe.“

„Und?“

„Quarkpackung, Mülltüte und Coladose sind nich nur nich zerfallen, auf ihnen haben sich Mikroben vom Meeresboden angesiedelt, die auf dem Meeresboden nich dominant angesiedelt sind.“

„Und?“

„Ja, begreifen Sie denn nich? Das führt zu einer

Verschiebung der vorherrschenden Arten. Wir gefährden so bereits die Funktionsfähigkeit des Ökosystems. Da müssen Meeressäuger unseren Plastikmüll nich mal schlucken, um dran zu verrecken."

„Verstehe."

„Das hoff ich. Ich arbeit nämlich nich für jemanden, der nur das dicke Geld machen will und dem Menschen, Tiere und Natur egal sind."

„Wissen Sie, was mich an Ihnen erschreckt?"

Lucia nimmt die Finger von der Tastatur und dreht sich auf ihrem Barhocker zu ihm.

„Seh ich denn aus wie ein Monster?"

„Nein, Ihr Aussehen ist es nicht. Sie sind wunderschön, wenn sie mir gestatten, das zu sagen. Was mich erschreckt, ist, ja wirklich erschreckt, ist, mit welcher inneren Gradlinigkeit und Geschwindigkeit Sie auf die Fakten losmarschieren, und dabei sind Sie gerade mal zwanzig. Und etwas vorlaut sind Sie auch." Er kann sich diesen Seitenhieb des erfahrenen Geschäftsmannes nicht verkneifen.

„Nur wer zu weit geht, kann sich richtig umsehen."

„Ach, so eine sind Sie." Thomas lächelt. Lucia atmet geradezu erleichtert aus.

„Ich war immer so. Hinzu kommt, dass ich viel allein war. Entweder hab ich die Zeit in den Wiesen verbracht und die Wildtiere beobachtet, oder ich hab gelesen. Es gab eigentlich keinen Tag, an dem ich nich viel gelesen hab über Tiere, über Steine und die Erde. Humboldt is mein Held, nich Harry Potter. Irgendwann kann man dieses Wissen dann verknüpfen und macht nochmals einen Wissenssprung. Seit ich Georessourcen-Management studier, bin ich für noch weniger Leute greifbar."

„Dann bin ich aber beruhigt. Ich dachte schon, Sie kämen von einem anderen Stern“, scherzt Thomas, immer noch überwältigt von ihr. Er fragt sich, wie gut und durchsetzungsfähig sie erst sein wird, wenn sie dreißig oder vierzig ist. Und er fragt sich, ob sie ihre Fähigkeiten je wird wirklich einsetzen können. *Sie ist zu unbequem. Sie legt den Finger zu deutlich in die Wunde.* „Lassen Sie uns in Ruhe frühstücken, und dann zeige ich Ihnen etwas, da bleibt selbst Ihnen der Atem weg, Frau Peeters, garantiert.“

„Wie cool ist das denn?“, ruft Lucia verzückt, als Thomas ihr seine Bilder von der Tauchfahrt mit einem Forschungs-U-Boot im Seegraben von der Küste von Vancouver Island zeigt.

„Schauen Sie!“ Auch in seiner Stimme schwingt Begeisterung mit. „Sieht die Qualle nicht aus wie ein englischer Dandy? Und hier, das sind Röhrenwürmer, über zwei Meter lang. Und da Krebse, Kraken, Tintenfische, alienartige Kreaturen, durchsichtig und fluoreszierend.

Hunderte, wahrscheinlich zig Tausende Arten, die wir noch nie gesehen haben, von denen wir nichts wissen. Sagt jedenfalls die Wissenschaftlerin von der Universität, die mich auf diese Tauchfahrt mitgenommen hat. Sie allein hat schon mehr als hundert neue Arten beschrieben und katalogisiert."

„Und in so ein Ökosystem wollen Sie ernsthaft eingreifen?“

„Jedes Land wird seine 200-Meilen-Zone beanspruchen, um die Rohstoffe zu bekommen, die es für seine Wirtschaft braucht. Vom Abbau in den Gräben des Pazifiks und Atlantiks gar nicht zu reden. Wir müssen dort Rohstoffe abbauen, daran führt kein Weg vorbei. Es wird immer noch einfacher und preiswerter sein als im Weltraum, und auch das ist nur noch eine Frage der Zeit.“

„Sie klingen festentschlossen, sich über Ökosysteme hinwegzusetzen, nur weil unser Konsum es verlangt.“

„Ich bin Kanadier, Frau Peeters, in Vancouver geboren und aufgewachsen. Es wäre für mich nur natürlich, wieder nach Hause zurückzukehren und da mitzuwirken.“

„Ach so“, sagt Lucia enttäuscht. „Ich dacht, Sie seien Deutscher.“

„Nein. Mein Vater ist als deutscher Ingenieur nach Kanada gekommen, um Brücken zu bauen, und dann geblieben. Einen deutschen Pass hab ich zwar, aber nur, um mir das Leben in Europa zu erleichtern. Ich fühle und denke wie ein Kanadier, und das bin ich auch.“

„Ach so.“

Sie schaut traurig, ein kalter Schwall läuft durch ihren Körper, und sie muss sich schütteln.

„Haben Sie sich zuvor schon mal mit Tiefseebergbau beschäftigt?“

„Nur oberflächlich.“

„Na, da bin ich gespannt, was das heißt, wenn Sie *oberflächlich* sagen. Erzählen Sie mal, was die Studentin dazu so drauf hat.“

„Es gibt drei Arten von Ökosystemen, die für Tiefseebergbau in Frage kommen: Seeberge, auf denen wachsen Korallen oder Schwämme, und die Kruste, auf der sie wachsen, besteht aus Mineralien wie Eisen-Mangan. Dann gibt es hydrothermale Öffnungen, sehen aus wie riesige Schornsteine. Aus denen sprudelt aus dem Erdinneren bis zu 350 Grad heißes metall- und mineralhaltiges Wasser. Es verdampft im eiskalten Ozeanwasser und formt sich zu einer Art Schornstein. Manche sind bis zu sechzig Meter hoch und bestehen aus Mangan, Kupfer, Nickel, Kobalt, Gold, Silber, Zink und Blei. Die Schornsteine ziehen Mikroben an, die dann das Futter und die Lebensquelle für unzählige Tierarten bilden. Und drittens Tiefseeebenen, auf denen Polymetall-Knötchen bis tennisball- oder sogar pampelmusengroß herumliegen ... mehr weiß ich noch nich.“

„Hut ab, knackig und präzise auf den Punkt gebracht.“ Thomas nickt zufrieden und ungläubig zugleich.

„Nur weil ich mich wirklich für das interessier, was ich studier? Haben Sie sich denn nich für Ihr Studium begeistert?“

„Glauben Sie's oder nicht, ich wollte ein Mountie werden. Einer von den berühmten berittenen kanadischen Polizisten mit rotem Uniformrock und breitkrempigem Hut. Ich wollte zu der Einheit gehören, die mit ihren Helikoptern die Wälder überwacht und mit Booten und Jeeps Jagd auf die macht, die illegal Holz schlagen.“ Bevor Thomas ins Plaudern kommen kann, schellt sein Smartphone. Es ist David. „Einen Augenblick, Frau Peeters.“ Er geht raus in die Eingangshalle, um in Ruhe sprechen zu können, und kommt kurz darauf zurück.

„War mein Sohn. Die Uni schließt wohl nächste Woche. Die Schweiz wird ab Montag den Corona-Lockdown anordnen, und Deutschland macht seine Grenzen dicht."

„Dann wird es wohl Zeit, dass ich mich auf den Weg zurück nach Aachen mach. Wer weiß, ob ich als Belgierin überhaupt noch rein darf."

„Aber Sie wollten doch nicht zurück?"

„Ich bunker mich in meinem Studentenzimmer ein, kann viel online machen. Ich geh dann mal hoch packen, bin gleich wieder da. Komm, Bea, einmal noch zusammen die Treppe hoch."

Sie steht auf, und die Hündin folgt ihr wie selbstverständlich. Sie ist gerade aus der Küche, als Giacomo Aringhe-Rosse wieder anruft. Thomas ist erfreut, als er den Namen auf dem Display sieht.

„Gute Nacht, Giacomo, ich wusste gar nicht, dass du dir für mich die Nacht um die Ohren schlägst."

„Da siehst du mal, wie wichtig du mir bist. Hör zu, ich möchte, dass du noch heute nach New York kommst. Wir treffen uns in meinem Hotel am Central Park, eine kleine Suite mit Parkblick hab ich schon für dich reserviert."

„Aber ..."

„Setz dich in den Flieger und komm. Es geht um Dinge, die man nicht am Telefon besprechen kann."

„Aber die Schweiz geht ab Montag in den Coronavirus-Lockdown."

„Sonntagmorgen bist du zurück. Es geht nicht anders, es braucht ein Vier-Augen-Gespräch ohne Zeugen und Mithörer, jetzt."

„Mein Sohn ... ich muss ... warte mal ... das lässt sich vielleicht doch regeln. Gib mir 'ne halbe Stunde, ja?"

„Aber keinen Moment länger."

„Ich wär dann soweit", sagt Lucia, als sie kurz darauf zurück in die Küche kommt, Reisetasche in der einen, Wasserflasche in der anderen Hand, den kleinen Rucksack auf dem Rücken und ihre Tasche umgehangen.

„Wie wär es, wenn Sie doch hierbleiben?"

„Hier bei Ihnen, während des Lockdowns? Wir wissen nich mal, wie lang das geht."

„Drei Wochen", lügt Thomas.

„Also ..."

„Kommen Sie! Sie könnten in aller Ruhe am Projekt bezahlt weiterarbeiten, an Ihrer Bachelorarbeit auch, und Ihrem Ex müssen Sie nicht einmal ausweichen. Sie haben Bea um sich, mein Sohn kommt auch gleich, ich muss nach New York und geh Ihnen nicht auf die Nerven."

Sie legt den Zeigefinger der rechten Hand an die Lippen, schweigt, denkt einen Augenblick nach und fragt dann: „Läuft Bea Ihrem Sohn auch ständig hinterher?"

„Ständig."

„Ehrlich?"

„Ganz ehrlich."

„Gut, dann geh ich das Risiko ein."

„Großartig, dann schaffen Sie mal gleich Ihre Sachen wieder ins Götter-Gästezimmer, und ich packe für eine Nacht in New York." Als Thomas Richtung Ankleidezimmer geht, ist er sich nicht sicher, ob das wirklich die richtige Entscheidung war.

RÜSCHLIKON, 13. MÄRZ 2020

Ich chill mit David im Wohnzimmer. Erst hat er mir auf dem Flügel *Perfect* von Ed Sheeran und dann *Claire de Lune* von Debussy vorgespielt, jetzt liegen wir zusammen mit Bea auf‘m dicken Teppich vorm Kamin und ich les ihm Gedichte aus *Mein Asteroid B612* vor.

Ich warte, allein,
Am Fluss, er fließt vorbei.
Das Herz springt mir entzwei,
Doch mein Auge sehnt sie herbei.

„Megaschön.“ Er hat eine Träne im Auge. „Sag mal, was bedeutet dieser komische Titel *Mein Asteroid B612* eigentlich? Was will dein Großvater damit sagen?“

„Gefragt hab ich ihn nich, aber in der Schule hab ich *Der Kleine Prinz* gelesen.“

„Habe ich auch. Der Kleine Prinz sagt: *Man sieht nur mit dem Herzen gut. Das Wesentliche ist für die Augen unsichtbar.*“

„Genau, und am liebsten hat er sein Zuhause, den Asteroiden B612.“

„Will dein Opa damit sagen, du bist sein Zuhause?“

„Er könnte auch meinen, ich soll mein Zuhause liebhaben, den Kongo, immerhin bin ich da geboren, und da leben noch heute Opa und Walikia und ihre ganze Familie. Die haben mich wirklich lieb und zeigen das auch.“

„Ich will auch so ein Zuhause.“

„Das sagst du nich mehr, wenn ich dir die Bilder

von meiner Kongoreise zeig."

David hält mir sein Phablet, sein TabletPhone, vor die Nase. „Sag mal was."

„Was soll ich denn sagen?"

„Egal was, los, mach schon."

„Ich bin Lucia."

Er schaut aufs Display, lässt den Satz über Lautsprecher abspielen und lacht.

„Und wozu?"

„Wirst schon sehen." Dann grinst er verschmitzt und macht noch ein Foto von mir.

„Du hast keine Ma mehr?"

„Erschossen, und die Adoptivmutter is auch tot."

„Meine Ma hat nie auf mich geschaut, dafür umso öfter in den Spiegel ... ins Schaufenster ... auf die Waage ... war im Bitchburner. Aufpimpen, ja, dafür hat sie Knete rausgefeuert, damit sie zu anderen sagen konnte, mach kein Auge. Aber als Ma einfach ein Noob." Jetzt rollen ihm mehrere Tränen aus den Augenwinkeln.

Ich leg tröstend meine Hand auf seine. „Wer hat denn auf dich aufgepasst?"

„Solang ich die Windeln anhatte, Nannys, dann Hausdamen, seit ich zehn bin, Bea, die im Internat, SAM und jetzt Nur, heimlich. Pa weiß nichts von meiner neuen Freundin."

„Aber dein Vater sagt, ihr beide versteht euch mega."

„Er weiß nicht viel von mir. Isso. Mischt sich zu viel ein."

„Versteh."

„Seit ich vierzehn bin, hatte ich pro Jahr

mindestens zwei Freundinnen."

„Wie machst du das?"

„Klavier spielen und lieb gucken."

„Und hast du mit denen allen geschlafen?"

„Klaro."

„So einer bis du also."

„Mit Nur ist das anders. Eigentlich heißt sie Nurochma. Sie ist Muslima, studiert auch an der ETH. Die coolste Frau, die ich je getroffen hab. Wenn ich nachts nicht nach Hause komme, bin ich bei ihr. Pa fragt Gott sei Dank nicht, und ihre Eltern und Geschwister leben nicht in der Schweiz."

Er zeigt mir ein Foto von ihr auf dem Phablet. Sie ist strahlend schön, glatte hellbraune Haut, schwarze glatte Haare, krass roter Lippenstift.

„Zeigst du mir auch ein Foto von deinem Lover?"

„Is aus, alle Fotos gelöscht."

„Traurig?"

„Mega ... hab lang nur geweint ... konnt nich schlafen ... Herzschmerzen ... kann das einfach nich verstehn. Würdest du mit Nur Schluss machen und gehorchen, wenn dein Vater sagt: Sohn, heirat die, die is gut für mein Geschäft?"

„Ich würd ihn in den Arsch treten und sagen, du kannst mich mal, Alter."

„Aber ihr seid doch auch reich, wie Robins Vater, oder?"

„Pa arbeitet bis zum Umfallen, um selbst reich zu werden. Das große Geld hat Mas Familie. Ich bin ein Kind von Ellies, die fürs Business einfach alles machen, überall hinziehen und sich verbiegen. Dafür gibt's beste Schulen, Luxushäuser, teure Klamotten, Schmuck, jede Menge geile Ferien, *wertvolle* Kontakte zu anderen Reichen, Einladungen zu schicken Events und jede

Menge menschliche Vollpfosten, die kein Gefühl dafür haben, was Kids wirklich brauchen. Die wissen nicht, was ein Asteroid B612 ist."

„Krass."

„Ja, echt krass."

„Und dein Pa?"

„Lieb, großzügig, aber ein Faker. Quatsch nicht drüber, aber meine Ma hat's irgendwann geschnallt, dass er nicht sie, sondern ihr Geld geheiratet hat. Seit wir 2008 von London in die Schweiz umgezogen sind, trinkt sie, und seit vier Jahren ist sie eigentlich immer breit. So breit, dass es schon wieder normal is."

„Warst du deshalb auf'm Internat?"

„Klaro. Aber Pa sagt, der internationalen Kontakte wegen. Seine Ausrede, niemand soll checken, was wirklich los ist."

„Du warst wohl auch so viel allein wie ich."

„Seit ich zwölf bin, war der Computer mein bester Freund. Damals habe ich gecheckt, was zu Hause los ist. Erst mal habe ich keinem Erwachsenen mehr über den Weg getraut. Ein Jahr war ich spielesüchtig, dann habe ich selbst angefangen zu programmieren. Pa hat mir alles an Hard- und Software gekauft, was ich wollte. Ich habe sein schlechtes Gewissen maximal ausgenutzt, gebe ich zu. Aber dafür nehme ich keine Drogen mehr."

„Hast du lang Drogen genommen?"

„Alle auf'm Internat haben gekokst oder gekifft. Weil's cool war oder aus Frust über unsere Ellies."

„Und dein Pa hat nix gemerkt?"

„Nö, er hat auch keine Idee, was er sich inzwischen mit mir und SAM rangezogen hat. Für ihn ist SAM ein cooles Smart-Home-Spielzeug, das Espresso brüht, Infos über seine weltweiten Kontakte sammelt und präsentiert, sauber machen lässt, einkauft. Aber er weiß nicht, dass SAM künstlich intelligent ist. Er könnte es aber wissen. Ich schick ihm ständig die neusten Infos zu Künstlicher Intelligenz von den großen Gurus wie Ray Kurzweil von Google. Er liest sie nicht, oder zumindest nicht aufmerksam."

„Mit Geld kann man wohl alles kaufen, was? Ihr wohnt in einer megareichen Gegend."

„Gehört zum Spiel. Pa sagt, er muss zeigen, dass er und die Firma wer sind. Hier in Rüschlikon wohnen viele Ausländer, die über Steuerkonstruktionen das dicke Geld in der Schweiz machen. Viele aus dem Rohstoffgeschäft. Der Gemeinde ist das mittlerweile peinlich, so viel ‚schmutziges Geld' aus Steuern zu kriegen. Wenn es auffällig viel ist, streiten sie darüber, ob sie einen Teil für wohltätige Zwecke an die Länder zurück spenden, die dafür ausgebeutet werden, oder doch lieber Marmorfußböden in die Schulen legen."

„Krass. Und dein Pa?"

„Ein kleiner Fisch, macht auf großer Mann, lässt sich kaufen und benutzen."

„Findest du das okay?"

„Nö, aber er tut auch echt gute Dinge. Dich mitbringen, zum Beispiel. Du lässt dich nich einlullen, kannst triggern, weißt, wofür du alles machst. Er hat echt Respekt vor dir, hat er mir am Telefon gesagt, als seine Maschine nach New York zur Startbahn rollte. Du bist ein Zerstörer, Ehrenfrau, und Bea liebt dich genauso wie mich. Kannst du auch programmieren?"

„Nee, Mathe, forschen und erklären kann ich gut." Mir is das irgendwie peinlich, mich selbst zu loben, und seine Augen sagen mir, er hat's gemerkt.

„Erklär mir die Erde, sodass ich es nie wieder vergess. Los, mach mal."

„Okay. Nehmen wir ... hm ... Erdgeschichte."

„Klaro."

„Wenn die Erdgeschichte ein Tag mit vierundzwanzig Stunden wär, taucht der Mensch erst in den letzten fünf Minuten auf, und das Industriezeitalter, also die letzten zweihundert Jahre, wären nur zwei Tausendstel einer Sekunde, und in dieser Zeit schlagen wir alles kaputt, was wir und die Erde zum Weiterleben brauchen."

„Wow, Pa hat recht. Er sagt, du bist absolut spitze darin, die Dinge auf den Punkt zu bringen. Und in Mathe. Mach mal was!"

„Angeben mag ich nich."

„Okay, dann gehen wir was snacken." David steht auf und reicht mir die Hand, damit ich besser vom Boden hoch komm. Mein ganzer Körper tut weh, und ich versteh nich, warum. Bea gähnt, rollt sich einmal und trottet uns hinterher.

„Kannste kochen?", will David auf dem Weg in die Küche wissen.

„Du etwa nich?"

„Wir waren noch nie ohne Hausdame, und SAM kann bisher nur Kaffee. Voll krass, dass Fee gerade jetzt ausfällt."

„Wenn du mit Bea Gassi gehst, koch ich uns was."

„Deal ... Bea, hol die Leine ... und dann ab in den Biolärm."

Summend mach ich mich an die Arbeit. Der Riesenkühlschrank is voll mit allem, was das Herz begehren könnt, das allermeiste is in Plastik verpackt. Ich geh erst einmal durch alle Lebensmittel und schau, was heute oder morgen abläuft. Das nehm ich‘s raus und mach eine Reispfanne und einen bunten Salat draus. Zum Nachtisch gibt es Mousse au Chocolat fertig im Plastikbecher. Kochen kann hier wohl echt nur die Hausdame, und die is in ihr Heimatland zurück. Ihre Mutter is gestorben. Als David zurückkommt, schaut er kritisch auf die Teller, die ich uns auf der Kücheninsel an zwei Barhockern nebeneinander mit Besteck und Gläsern bereitgestellt hab.

„Ich dachte, du kannst kochen. Da sind doch bestimmt Steaks im Kühlschrank."

„Ich bin Veganerin, und ich schmeiß keine Lebensmittel weg. Das hier is aus allem gemacht, was heut oder morgen gegessen werden muss."

„Was?"

„Ich hab hungernde Augen gesehen, David. Hast du schon mal Hunger gesehen? Hast du schon mal gehungert? Ich nur zwei Tage neulich im Kongo, aber das reicht fürs Leben.

„Okay, okay ... ist ja okay." Er reißt beide Arme hoch, wie jemand, der sich ergibt. „Aber ich will noch Tacos und Salsa dazu. Und Wasser mag ich auch nicht, ich will ein Gingerbier." David geht zielstrebig auf einen Hängeschrank zu, voller Tacos, Chips und anderer Snacks, und dann zum Kühlschrank.

„Verwöhnt bis du gar nich, was?"

„Ach komm, das bisschen Essen ..."

„Was wir hier für eine Mahlzeit auf den Tellern haben, davon müssen andere drei Tage leben."

„Ach komm ... erzähl mir nichts."

„Ich zeig's dir, nach dem Essen."

Als ich abgeräumt und alles sauber gemacht hab, lass ich David meine Fotos aus dem Kongo sehn. Ich hab nur wenige gemacht, wollt jede peinliche Situation vermeiden. Bei denen aus Kolwezi von den Lochgräbern, dem Dorf der um Land, Arbeitsplätze, Schulen und Krankenhaus Betrogenen, die nur verseuchtes Wasser haben, wird er ganz still. Ich schluck. Ich zeig ihm die Bilder vom Gräber mit seinem Haus aus vier in die Erde gesteckten Stöcken und Plastiktüten drum gewickelt. Ich erzähl von dem hungernden Vater mit seinem vor Schmerzen weinenden Sohn, vom rotbraunen, knöcheltiefen Match, den Moskitos, Ebola-Toten, Ungeziefer, von sterbenden Kindern, vom Überlebenskampf und wie ich mich dabei gefühlt hab. David wird grün und gelb im Gesicht.

„Ich will keinen Streit, David. Ich hab in Kolwezi Menschen gesehen, die in der Hölle leben müssen. Auch wegen uns. Ich will, dass das aufhört, verstehst du? Ich will nich, dass irgendjemand auf der Erde so leben muss!“

David rutscht vom Barhocker und geht raus.

„Ich auch nicht.“

„Warum gehst du?“

„Weil Baum ...“

Nach einer Viertelstunde – ich fütter gerade Bea – kommt David zurück, sein Kopf ist hochrot.

„Für dich sind wir auch Ausbeuter, was?“

„Zumindest macht ihr euch keine Gedanken, wer dafür *bezahlt,* dass es euch hier mega geht und niemand an die Tür klopfen kann und mit weinenden Augen sagt: *Hunger, Durst, Angst, Malaria ... Hilf mir.* Der Teamleiter hat mir gesagt, Vijay hat die meisten seiner Minen in Südamerika. Da sieht es bestimmt nich viel anders aus als im Kongo.“

David setzt sich wieder auf seinen Hocker. Irgendwas stimmt nich mit ihm. Die Augen sind glasig geworden, sein Kopf glüht. „Hast du Fieber?“

Er fasst sich mit der Hand an die Stirn. „Glaub ich nicht.“

„Das glaubt man nich, das misst man. Wo habt ihr ein Fieberthermometer?“

„Weiß nicht.“

„Habt ihr einen Medizinschrank?“

„Weiß nicht.“

„Du musst mir suchen helfen.“

„Kommandier nicht rum ... SAM, wo sind Fieberthermometer?“ Er lässt seinen Oberkörper auf die Kücheninsel sinken, liegt da wie ein nasser Sack. Bea jault. SAMs Männerstimme antwortet: „Im Bad der Eltern, kleiner Schrank rechts, erste Schublade, und in Davids Bad im Spiegelschrank.“

Keine Ahnung, wie SAM das macht. David bleibt einfach liegen und rührt sich nich. Also mach ich mich allein auf die Suche. In Badzimmer seiner Eltern, das an allen Wänden große Spiegel hat – so was hab ich noch nich gesehen –, find ich sogar zwei. Ein modernes Thermometer, Batterie leer, und ein altmodisches. Ich verfracht David auf die gepolsterte Sitzbank am Küchenfenster und steck ihm das Thermometer unter die Zunge. Er schaut mich an wie ein ängstlicher Fünfjähriger, dem Mama gesagt hat, gleich kommt der Doktor und schneidet dir den Bauch auf, wenn du nich sofort lieb bist. Als die fünf Minuten vorbei sind, zeigt das Thermometer 39,4°C. Verdammt.

„Wie heißt euer Hausarzt?“

„Doc.“

„Mit Namen?“

„Weiß nicht.“

„Ruf die Hausdame an und frag sie nach Namen und Nummer. Ich mach schon mal kalte Wadenwickel.“

„Was?“

„Quatsch nich, ruf die Hausdame an und frag sie nach dem Arzt.“

„SAM, ruf den Doc an.“

Ich hör über die Lautsprecheranlage einen Wählton, dann schellt es irgendwo und eine Frauenstimme meldet sich: „Praxis Dr. Künzle.“ So geht das hier also. Als David nix sagt, erklär ich, was los is, und sie verspricht, dass der Arzt später am Tag vorbeikommt, mit Corona-Test. Ich soll bis dahin alle Stunde die Temperatur messen und aufschreiben und ihm viel zu trinken geben. Ich bring David erst mal ins Bett und mach ihm kalte Wadenwickel. Bea legt sich vors Bett und jault herzzerreißend. Ich streichle abwechselnd David und ihr den Kopf. Das Fieber steigt, und ich bin froh, als der Arzt mit Schutzmaske, -anzug und -handschuhen nach vier Stunden endlich kommt. Der Hausarzt hört mir zu. David glüht, um die Nase sind Schweißperlchen. Er setzt sich zu ihm aufs Bett, fühlt den Puls, horcht ihn ab, misst Fieber und entnimmt mit einer Art langem Wattestäbchen eine Schleimprobe aus Davids Nasenloch.

„Halsweh?“

„Nö.“

„Husten?“

„Nö.“

„Atemnot?“

„Nö, war nur ziemlich lang downloaden.“

„Du warst was?“

„Scheißen, auf‘m Klo.“

Der Hausarzt grinst, ich kann es trotz Maske an seinen Augenwinkeln sehen. „Ausdrücke habt ihr jungen Leute heute.“ Er schiebt Davids linken Schlafanzugärmel hoch und klemmt mit einer Schlinge am

Oberarm ab, um Blut abzunehmen. Mir bleibt die Luft weg bei dem, was ich da seh. Erst schau ich weg, kann's nich glauben, schau wieder hin. Mein Herz beginnt zu rasen. Verdammt, das gibt's doch nicht. Das kann nich sein. Ich muss tief atmen, dreh mich um, hoffe, er hat nix gemerkt.

„Wird schon wieder, David, wird schon wieder", sagt der Doktor mit ruhigem Unterton, als er die Blutproben in verschiedene Plastikröhrchen abgezogen, die Schlinge entfernt und ein Pflaster gegen das Nachbluten auf die Einstichstelle geklebt hat.

„Danke, Doc."

Der Arzt steht auf, packt seine Tasche und wendet sich an mich. „Sind Sie die neue Hausdame?"

„Nö", erwidert David, „eine Freundin, und sie passt auf mich auf."

„Du hast wohl die Hosen voll, dass ich dich ins Spital schick, was?"

David zieht sich die Decke übern Kopf. Der Doc und ich müssen lachen.

„Machen Sie weiter Wadenwickel, sollte das Fieber aber auf vierzig Grad steigen, sofort ins Spital mit ihm, und rufen sie mich an. Wenn nicht, komm ich morgen wieder, hoffentlich auch schon mit den Testergebnissen von Blut und Speichel. David hatte solche Fieberanfälle schon in jüngeren Jahren, immer wenn ihm etwas überhaupt nicht behagte. Ich denke nicht, dass er das Virus hat."

Als ich den Arzt zur Eingangstür gebracht hab, setz ich mich einen Moment allein in die Küche, trink ein Glas Margeritenwasser, versuche still zu werden und in mich hinein zu horchen. Wer ist David? Auf seinem Unterarm hat er ein Geburtsmal, und es sieht exakt so aus wie meins. Ein Sternenhaufen aus 11

Sternen, nur dass meine Haut und die Punkte dunkler sind. Kann es sein, dass er mein Bruder und Thomas Müller mein Vater is? Als ich mich beruhigt hab, geh ich zurück zu David. Sein linker Arm hängt aus dem Bett, und Bea leckt dran.

„Ich hab Bammel, Lucia."

„Alles wird gut, ich weiß es, David." Ich halt meine rechte Hand auf mein Herz, es is immer noch ruhig und warm. Ein Zeichen, dass alles in Ordnung is, so wie es ist. Walikia hat mir das beigebracht. Ich nehm seine linke Hand von Bea weg, halt sie mit meinen beiden und setz mich zu ihm an die Bettkante.

„Ich pass auf dich auf. Du bist nich allein."

„Versprochen?"

„Versprochen." Dann streichel ich mit der rechten Hand seine Hand, fühle mit der linken seinen Kopf. „Ich hol dir noch einen kalten Lappen für die Stirn."

„Aber komm sofort zurück, hörst du?"

Als der Lappen seine Stirn kühlt, fasst er meine linke Hand mit beiden Händen und drückt sie fest. Das Fieber steigt bald auf 39,8°C, und ich wechsel die kalten Wickel jetzt viertelstündlich, geb ihm auch immer wieder Margeritenwasser zu trinken. David mogle ich vor, dass seine Temperatur bereits sinkt.

„Sollen wir meinen Pa anrufen? Aber der hat immer gleich Riesenschiss um mich … der ist nicht so ruhig wie du, wenn Chaos ist."

„Muss du entscheiden."

„Ich warte noch, aber du bleibst hier bei mir, ja?"

„Versprochen."

Irgendwann läuft Bea raus und kommt mit der Leine in

der Schnauze zurück. Dafür bin ich jetzt wohl auch zuständig. David schaut mich mit genauso treuen Augen an wie Bea. „Also gut, Bea, auch du kriegst, was du brauchst."

„Bleibt nicht so lang, ja?"

„Und wie komm ich wieder rein? Wo find ich einen Schlüssel?"

„Schell, und wenn die Stimme fragt *Wer ist da?*, sagst du *Ich bin Lucia.*"

„Ich bin Lucia?"

„Ja, wirst schon sehen."

Ich hol meine Fliegerjacke und schnapp mir auch die Umhängetasche mit einer kleinen Flasche Margeritenwasser. Als ich mit Bea aus der Haustür die Treppenstufen runter auf die Straße geh, zieht sie wie besessen an der Leine. Sie will offenbar in die Wiese auf der anderen Straßenseite, die noch weiter den Hang hinauf führt. Weit und breit is kein Mensch. Ich lass sie von der Leine. Sie saust los, hoch nach links, über einen Weg auf die nächste Wiese und weiter nach links den Hang hinauf auf ein alleinstehendes Haus zu, umgeben von einer großen Hecke und Bäumen. Ich ruf lauf hinter ihr her, aber weg is sie. Verdammt, ich lauf schnell hinterher, rufe: „Bea ... Bea." Als ich kurz vor dem Haus bin, hör ich eine ältere Männerstimme von der anderen Seite der Hecke. „Bea ist hier, bei Dante. Kommen Sie rechts rum, durch die Bäume", sagt sie in schweizerdeutschem Akzent. Ich folg der Hecke, muss durch eine Ansammlung hoher Bäume und komm auf den gepflasterten Vorplatz eines großen Hauses. Davor balgen sich Bea und ein anderer Jagdhund, sehr zur Freude eines Herrn um die Sechzig. Ich gehe auf ihn zu, halt Corona-Abstand und sag: „Grüzi, tut mir leid, Bea is mir weggelaufen, und ich kenn mich hier nich aus."

„Schauen Sie, wie meinen Dante das erfreut. Die beiden sind nämlich ein Liebespaar, müssen Sie wissen.“ Er ist mittelgroß, braungebrannt, hat männlich markante Gesichtszüge und volles, krauses Haar, an den Schläfen ergraut. Die Art Mann, die mit zunehmendem Alter an Attraktivität gewinnt.

„Sind Sie neu hier, Frau ... ?“

„Lucia Peeters, nur zu Besuch, und ich lass Bea raus, weil David mit Fieber im Bett liegt.“

„Was, unser David ist krank? Das hör ich aber gar nicht gern. Hat denn der Arzt schon nach ihm geschaut?“

„Ja, und der meint, das wird schon wieder. Ich pass gut auf ihn auf.“

„Dann kommen Sie doch zusammen mit David wieder auf eine Tasse Tee. Bea und Dante freuen sich immer und meine Frau auch.“

„Gern“, sag ich statt *versprochen,* denn ich weiß nich, was kommt. Ich will zurück nach Aachen. Ich fühl mich hier nich wirklich wohl. Hab das Gefühl, nun auch Teil von denen zu werden, die mehr an sich als an andere denken.

„Dann nehm ich jetzt Dante mit hinein ins Haus, sonst geht Bea nicht mit Ihnen.“

Sein Schweizerdeutsch klingt irgendwie beruhigend. „Sagen Sie David gute Besserung von uns. Uf Wiederluege.“

„Auf Wiedersehn.“

Als Dante mit seinem Herrchen im Haus ist, reagiert Bea langsam wieder auf mich. Ich such mir unter den Bäumen einen Stock, ruf sie, damit sie aufhört, an der Haustür zu schnüffeln, und werf den Stock krachend auf die Steine. Endlich, sie kommt. Ich werf den Stock ein paarmal für sie in Richtung zu

Hause. Auf dem Weg leer ich noch das Margeritenwasser an drei Stellen aus, und so kehren wir mit zweimal Pinkelstopp von Bea zur Villa zurück. Ich schell an der Haustür. „Guten Tag, wer ist da, bitte?“, fragt eine Männerstimme.

„Ich bin Lucia.“ Es surrt, und ich kann die Haustür mühelos aufdrücken. Wie hat David das nur gemacht?

Gegen 23 Uhr hab ich das Fieber auf 37,8°C runter und zeig David stolz das Thermometer. Ich bin erleichtert.

„Cool! Aber du bleibst heute Nacht hier, ja?“

„Ich lass die Tür zum Gästezimmer auf.“

„Nein, hier im Zimmer.“

„Wenn Bea Platz macht. Sag, wer ist dieser Mann mit Dante, zu dem Bea gerannt is, als ging es um ihr Leben?“

Sein Gesicht hellt sich auf. „Bea und Dante gehören zusammen, und sein Herrchen und ich haben ein Projekt in seinem Keller zusammen. Ich helfe ihm mit der Software bei seinem künstlich intelligenten Haus und Business-Modell.“

Gut, das interessiert mich jetzt weniger. Ich bin müde und mach mir vor seinem Bett ein Nachtlager, geh Zähne putzen, Gesicht waschen, Schlafanzug anziehen. Dann wechsel ich nochmals die Wadenwickel, stell meinen Timer am Smartphone auf stündliches Wecken, um David immer wieder zu kühlen, und kuschle mich neben Bea, die auch näher rückt. Wir beide haben das gleiche Geburtsmal. Verdammt, es muss eine Verbindung geben und ich werd‘s herausfinden.

Als es draußen schon hell is, werd‘ ich wach, bin

benommen. David schläft noch, Bea schnarcht. Ich weck David, geb ihm etwas Margeritenwasser, steck ihm das Thermometer in den Mund und hol neue kalte Wickel. Das Thermometer zeigt 37,0°C. „Geschafft“, ruf ich und zeig ihm freudestrahlend das Messergebnis.

„Du bist mein Schutzengel.“ Eine Träne rollt ihm über die Wange. „Ich würde mich freuen, wenn du noch ziemlich lange bleibst.“

Einen Moment zöger ich. Ich will mich hier nich einschleichen ... egal ... ich wag’s. „Schau hier.“ Dabei streif ich den linken Ärmel meines Schafanzugs hoch, und er sieht mein Geburtsmal. Seine Augen gehen weit auf, und sein Oberkörper schnellt hoch. Er betastet das Mal, schaut mich an und dann zurück auf meine Haut.

„Da hol mich doch ...“

„Der Vater.“

„Was?“

„Kann es sein, dass wir den gleichen Vater haben?“

„Unmöglich.“ Er lässt seinen Oberkörper langsam wieder ins Bett sinken.

„Logisch und möglich. Hat dein Pa noch einen zweiten Vornamen?“

„Ja ... Bernhard, wie sein deutscher Opa.“

„Bist du sicher? Nicht Adam?“

„Nein, sein bester Freund heißt Adam. Der ist auch mein Patenonkel, aber seine Vornamen sind Thomas Bernhard.“

„Können wir ... ich meine, würdest du das für mich nachprüfen?“

„Pa hat mehrere Reisepässe. Sein deutscher liegt immer im Safe.“

„Schau nach, bitte!“

„Wieso?“

„Mein Vater ist ein deutscher Ingenieur, der 1999 im Kongo an seiner Doktorarbeit geschrieben hat. Meine Mutter Amaike war von ihm schwanger. Er wusste es. Irgendwann Ende Juli 1999 war er dann einfach weg. Er heißt Adam."

„Pa müsste dich doch erkannt haben ... aber Adam hat zusammen mit ihm in Aachen promoviert. Ob der aber im Kongo war, weiß ich nicht."

„Ich seh aus sie meine Mutter und trag ihren Ring."

„Dann hätte Pa dich erkannt! Er ist doch nicht blind."

„Wer sagt dir, dass er das nich hat?"

David verzieht den Mund und runzelt die Stirn.

„Findest du es normal, dass er eine Praktikantin so einfach mit nach Haus bringt?"

„Nö ... aber vielleicht, weil du so unglaublich gut bist. Pa hat mich vorher angerufen und gefragt, ob das für mich okay ist, und hat gesagt, der Teamleiter hätte gesagt, du seist eine Jahrhundertbegabung. Papa mag klasse Mitarbeiter, sagt immer, sie seien schwerer zu finden als Diamanten. Aber ich will's jetzt auch wissen ... der Safe mit den Papieren ist in seinem Home Office."

Im Home Office nimmt David zwei nebeneinander hängende japanische Farbholzschnittdrucke unter Glas von der Wand. Hinter einem ist ein Safe, hinter dem anderen so eine Art Scanner.

„SAM, öffne den Safe."

„Sicherheitscheck", gibt SAM zur Antwort.

David tritt vor den Scanner, ein Lichtstrahl prüft sein Gesicht. Dann macht es klick und neben ihm öffnet sich der Safe. Ich tret neben ihn, seh nur Dokumente und Schmuckschachteln. David sucht zwischen den

Papieren darunter.

„Da, sag ich doch, sein deutscher Pass.“ Er klappt ihn auf, und wir schaun rein, Köpfe aneinandergedrückt. „Dr. Thomas Bernhard Müller, geboren 1970 in Vancouver“, les ich leis und bin zutiefst enttäuscht. Dann zieht David die Promotionsurkunde seines Vaters raus, Dezember 1999 an der RWTH in Aachen. Wir schauen uns fragend an.

„Kann es sein, dass viele Menschen solche Geburtsmale haben wie wir, Lucia?“

„Wie viele hast du denn schon gesehen, die exakt so sind wie deins und meins?“

Er schweigt.

Ich schieb mir nochmals den Ärmel hoch, er tut das auch, und wir halten die Unterarme nebeneinander. Beide Geburtsmale sind geformt wie ein kleiner Sternenhaufen, alle Punkte gleich angeordnet.

„Wir werden‘s rausfinden!“ Er stellt sich wieder vor den Bildschirm. „SAM, scann dieses Mal auf meiner Haut und suche nach vergleichbaren Geburtsmalen bei anderen Menschen im Internet.“

Der Lichtstrahl bewegt sich über das Geburtsmal, es dauert, dann antwortet SAM: „Negativ.“

„SAM, scann nun auch dieses Mal und vergleiche die beiden.“ Er schiebt mich vor den Scanner, positioniert meinen Unterarm, und der Lichtstrahl erfasst auch mein Mal.

„Identisch, bis auf die Pigmentierung der Haut.“

Wir atmen beide tief aus und schauen einander an.

„Und jetzt? Noch ne Idee?“

„Oma Jin Jin. Die weiß, was kein anderer weiß. Aber in Vancouver ist jetzt noch Nacht.“

Als wir gegen Mittag beim Frühstück sitzen, kommt der Hausarzt erneut in voller Montur. Kein Corona ... mehr. Der Nasenabstrich zeigt keine Infektion, die Blutwerte sagen, David hatte schon das Coronavirus. Antikörper sind im Blut klar nachweisbar! Krass. Der Arzt misst nochmals die Temperatur, horcht ihn ab. „Alles bestens", sagt er zu David. „War wohl nur eine Stressreaktion. So kenne ich dich, seit du klein warst. Kontrollier weiterhin die Temperatur, viel Wasser trinken und auch etwas frische Luft, aber dick einpacken und noch ein paar Tage Ruhe."

„Klaro, Doc."

Dann wendet er sich zu mir. „Das haben Sie großartig gemacht, junge Frau. Und jetzt noch Abstrich und Blutprobe von Ihnen. Wer weiß?"

Als ich den Arzt zur Haustür begleit, halt ich ihn kurz an. „Darf ich Sie bitte noch was anderes fragen?" Ich schieb meinen Ärmel hoch und zeig ihm das Geburtsmal. „Halten Sie es für möglich, dass zwei Menschen dasselbe Geburtsmal haben und sie nicht miteinander verwandt sind?"

Er betrachtet das Mal aus nächster Nähe, betastet es durch seine Handschuhe. „Ungewöhnlich ... äußerst ungewöhnlich! Nun, ich bin auf dem Gebiet kein Spezialist, aber ich würde sagen, es gibt eine Verbindung."

„Danke, dann werd' ich sie finden, komme, was da wolle."

MENSCHHEITSPROTOKOLL

Chroniken-Zeit 18.762.020 – 03.14
Projekt: *Es werde Licht*
Dr. Thomas Müller (Aspekt von THEODAR) und Giacomo Aringhe-Rosse (Aspekt von ALANOS)
Lokalisiert 40° 45' 55.177" N 73° 58' 33.935" W

Giacomo hat Thomas nicht zu viel versprochen. Eine Suite mit Vier-Fenster-Blick auf den Central Park. Schlafzimmer und Wohnraum in Beige und dunkelbraunen Tönen, dezente Edelholzmöbel, flauschiger Teppich, teure Stoffe, Bad in Marmor, Platz satt, und das heißt was für New York. Nur die moderne Kunst an den Wänden behagt Thomas nicht, zu abstrakt und kalt für ihn. Dieser fürstliche Empfang bringt ihn zu der Überzeugung, dass Giacomo es wirklich ernst meint und keine Aushorchspielchen im Sinn hat.

Thomas packt seine Sachen aus, gibt den Anzug zum Aufbügeln, nimmt eine ausgedehnte Dusche und lässt sich anschließend im Bademantel aufs Bett fallen. Er hat alles vorbereitet, um dem Italiener zu gefallen und alles rauszuholen, was rauszuholen ist. Aber er ist auch auf der Hut, will sich auf keine Versprechungen, wie die von Avidya, mehr einlassen. Klarer Vertrag, klare Verantwortung und Teilhaberschaft. Er will sein Team in bare Münze umwandeln und mit David in der Schweiz wohnen bleiben. David ... er hat vergessen, ihm eine SMS zu schicken, dass er gut angekommen ist. Thomas greift zu seinem Smartphone und schreib an David: *In New York, cooles Hotel, alles roger. Was machst du?* Und fast umgehend kommt zurück: *Chillen, mit Lucia und Bea, hier auch alles roger. Hab dich lieb.* Hab dich lieb, das hatte Thomas vergessen zu schreiben. Schnell tippt er: *Hab dich auch lieb, dein Pa.*

Er schaut auf die Uhr, und dann sagt er laut zu sich selbst: „Showtime.“ Thomas ist routiniert darin, sich von der besten Seite zu zeigen, heute von seiner italienischen. Im Bad rasiert er sich perfekt, putzt die Zähne nochmals, legt Acqua di Parma auf und zieht dann ein frisches weißes Hemd von Finamore über. Es folgt seine Reverso-Armbanduhr, von der er weiß, dass Giacomo auch stets eine solche trägt, wenn auch eine teurere Variante. Mit der nagelneuen Ferragamo-Krawatte und dem inzwischen vom Hotelservice aufgebügelten und zurückgebrachten Brioni-Anzug gefällt er sich schon gut. Zum Schluss zieht er andächtig ein Paar frische Socken über und nimmt das zweite Paar Schuhe aus dem Schuhbeutel. Er entfernt die Zedernholzspanner und poliert mit dem ebenfalls mitgebrachten Schuhtuch nochmals seine Ferraris für die Füße, wie er sie nennt. Maßgefertigte Schuhe von Gabriele Gmeiner in Venedig. Giacomo soll auf den ersten Blick erkennen, hier kommt ein Mann von Welt, italienaffin, und der ist nur für großes Geld zu haben.

Als Thomas sich wohlgefällig und bereit für das Gespräch seines neuen Lebens im Spiegel betrachtet, erreicht ihn eine Textnachricht auf dem Smartphone. *Erwarte dich bei mir im 21. Stock.* Er verlässt seine Suite und fährt mit dem Lift bis ganz nach oben. Als die Fahrstuhltür sich öffnet, fällt sein Auge auf ein Messingschild: *President Suite.* Vor der Doppeltür aus schwerem Holz steht links ein Butler. Rechts ist breitbeinig ein muskelbepackter, kahlköpfiger Bodyguard mit wulstigen Lippen positioniert. Er ist von oben bis unten in Schwarz gekleidet, mit einer Sprechverbindung im Ohr und einer schwarzen Richard-Mille-Uhr am Handgelenk. Thomas stutzt. Die Armbanduhr kostet mehr als seine beiden Porsche. Und das Gesicht des Kahlköpfigen hat er auch schon mal gesehen, aber es fällt ihm auf Anhieb nicht ein. Der Bodyguard klopft und öffnet die Tür zu Giacomos Reich, tritt dann beiseite, um für Thomas Platz zu machen. Giacomo telefoniert gerade und sagt zum Leibwächter: „Ist gut, Vito, mach Pause." Seine Stimme ist kräftiger, als Thomas sie in Erinnerung hatte, klar und voll wie der Klang einer schweren Glocke. Der Bodyguard verschließt die Eingangstür hinter dem zuletzt eingetretenen Butler von innen, geht an Thomas vorbei, dann nach rechts in ein weiteres Zimmer und zieht wortlos auch diese Tür hinter sich zu.

Giacomo sitzt in einem Sessel, den Rücken zum Fenster, hinter ihm die Wolkenkratzer von New York. Auf seine linke Kopfhälfte fällt die Sonne, die rechte ist im Dunkeln. Vor ihm steht ein kniehoher ovaler Tisch mit einer Vase aus weißem Porzellan, darin ein leuchtender, weithin duftender Frühlingsstrauß aus roten Ranunkeln und weißen Orchideen. Thomas wartet, bis Giacomo sein Gespräch beendet und das Smartphone beiseite gelegt hat, dann geht er sofort freundlich lächelnd mit ausgestreckter Hand über den dicken, flauschigen Teppich auf ihn zu. Giacomo erhebt sich mühsam. Zu seiner Rechten steht ein weiterer Sessel, ebenso cremefarben gepolstert mit Armlehnen aus poliertem Edelholz. Links eine Couch im selben Stil, alles höchst elegant und doch dezent. Giacomo lächelt, kommt einen Schritt auf Thomas zu, gibt ihm die Hand und umarmt ihn anschließend, wie Italiener es zu tun pflegen. Der maskulin herbe Duft seines Aftershaves drückt Thomas nach hinten weg.

„Willkommen in meinem Reich, Thomas. Schau dich nur um und nimm Platz." Dabei macht er eine feine Miene, die wirkt wie ererbter Dünkel, und deutet mit der Hand auf den Sessel zu seiner Rechten. Thomas nimmt Platz, fühlt das polierte Holz unter seinen Handflächen und genießt den unverstellten Blick auf den Central Park. Er kommt sich vor wie im Paradies. Wenn nur die Airco nicht so kalt von oben blasen würde. Ein Schauer überfährt ihn, und er wendet sich Giacomo zu. Der Butler wartet derweil auf Instruktionen und gibt auf Frage von Giacomo einen Überblick, was er bis zur Cocktailstunde an leichten Snacks und Kuchen anzubieten hat.

„Espresso, Wasser, still, und Cheese Cake mit extra Blaubeeren für mich bitte."

„Und Sie, Sir?" Er tritt einen Schritt nach links, damit Giacomo ihn besser sehen kann.

„Eine Flasche Krug Clos Du Mensil, 98er."

Der Butler nickt und geht.

„Es scheint dir sehr gut zu gehen."

„Frag mich nicht nach meinen Geschäften, Thomas!"

„Würde ich nicht wagen." Thomas hebt beide Hände wie ein Entwaffneter und lehnt sich lächelnd im Sessel zurück.

„Die Bibel sagt, die Sanftmütigen würden die Erde besitzen. Die hier jedenfalls nicht. Ich halte es da lieber mit meinem Landsmann Mussolini: *Ein Imperium baut man mit Waffen, aber man erhält es am Leben mit Prestige, mit dem Bewusstsein der Überlegenheit.* Was erzähl ich sentimentaler Römer da? Ich möchte dir zu verstehen geben, wie sehr ich dich schätze, und", dabei grinst er, „kann nicht riskieren, mit dir gesehen zu werden."

„Ist mir ganz recht, wenn niemand weiß, mit wem ich Gespräche über meine berufliche Zukunft führe."

„Du siehst gut aus, richtig gut. Wie immer ganz der Gentleman. Chapeau, mein Bester, selbst ein Italiener findet auf den ersten Blick Gefallen an deinem Äußeren." Er mustert Thomas von oben bis unten und bleibt mit dem Blick des Kenners an seinen Schuhen hängen.

Giacomo sieht für Thomas aus wie immer. Die obersten beiden Hemdknöpfe offen, auf der behaarten Brust das feine Goldkettchen mit Kreuz, das ihm in der Rohstoffbranche den Spitznamen *Der Katholik* eingebracht hat. Das ovale Gesicht ist voller und blasser geworden. Die Haare sind inzwischen grau und schütter nach hinten gekämmt und angedrückt. Und dicker ist er geworden, glaubt Thomas, vor allem um den Bauch. Der Gürtel aus Krokodilleder ist im letzten Loch, das schon eingerissen ist, und sein Hemd spannt so, dass sofort ein paar Knöpfe abspringen könnten.

„Was machen Frau und Kinder?"

„Wo war es doch noch, dass wir uns das letzte Mal gesehen haben ..."

Thomas begreift sofort: nichts Privates. „Kinshasa, 2016", antwortet er wie aus der Pistole geschossen.

„Ja ... und jetzt bist du zu haben? Hätte ich nie für möglich gehalten."

„Ja, aber ich muss dich warnen, auch andere zupfen schon an meinem Ärmel."

Die Tür öffnet sich sanft. Der Butler tritt wieder zu ihnen, er bringt Getränke und Kuchen. Das Absetzen jedes Glases, des Cheese Cake, alles wird zelebriert, am meisten das Öffnen und Ausschenken des Champagners. „Noch einen Wunsch, die Herren?“ Giacomo schüttelt den Kopf und greift sofort zu seinem Glas, um anzustoßen.

„Auf die alte Freundschaft.“

Thomas zuckt innerlich zusammen. Freunde, das würde er nicht sagen. Aber er stößt freundlich lächelnd mit ihm an. Der Champagner leuchtet hell golden im Glas. Thomas nimmt einen Schluck ... im Bouquet sowie im Geschmack Noten von weißen Trüffeln, Pralinen und kandierten Früchten. Zitrusfrüchte und Vanille sowie ein Hauch von Kräutern schwingen mit, rein, samtig weich und persistent nachklingend. Verzückt vom Genuss, setzt er das Glas wieder ab und stellt erstaunt fest, dass Giacomo seines in einem Zug austrinkt und sich dann selbst aus dem Eiskübel nochmals bedient.

„Und du bist frei zu tun, was du willst, und zu gehen, wohin du willst?“

„Keine Konkurrenzklausel, wenn du das meinst. Dazu ist die Familie Ali zu knauserig, oder soll ich sagen, zu blauäugig, aber das passt natürlich nicht zu Arabern. Jedenfalls, ja, ich kann tun, was ich will.“

Giacomo grinst, so als würde er über den, der die Trennungsvereinbarung für den Vijay-Konzern aufgesetzt hat, innerlich lachen „Tiefsee, hab ich doch richtig verstanden?“

„Das ist das neue Schlachtfeld zwischen westlicher Welt und China um die Rohstoffe. Ich habe in den letzten zwei Jahren ein Team aufgebaut, exzellente Leute. Die bringe ich mit, dabei auch ein Jahrhunderttalent.“

„Mobil?“

„Mit kanadischem und deutschem Pass sowie

Bürgerrecht in der Schweiz. Außerdem ein indischer Pass in der Familie."

„Das könnte extra Gold wert sein."

„Ich hab noch andere Asse im Ärmel."

„Erzähl, du kannst mir vertrauen."

Das weiß Thomas eben nicht. Er weiß aber, dass Giacomo mit vielen Reichen und Mächtigen auf Du und Du ist. Thomas bleibt auf der Hut und sagt: „Wenn wir nicht zusammenkommen sollten, schuldest du mir etwas für das, was jetzt kommt, abgemacht?"

„Abgemacht." Giacomo leert sein Champagnerglas ein zweites Mal.

„Mein Konzept und das Businessmodell dahinter braucht weniger Kapital, als die anderen Spieler nötig haben, und bringt schneller exzellente Rendite."

Giacomo lehnt sich vor. „Mach dir über die Finanzierung keine Gedanken. Geld ist nicht das Problem. Ich brauch exzellente Leute, die es machen können."

„Zwei strategische Pfeiler. Übernahmen, die sofort Geld bringen, und Ländervorteile durch meine und weitere Nationalitäten im Team."

„Verstehe, du verdienst schon, wenn die anderen ... clever, Thomas, clever. Aber so kenn ich dich."

Thomas will weiterreden, aber ein zweiter Bodyguard, schmaler, kommt aus dem Nebenzimmer herein, in dem der erste verschwand. Er entschuldigt sich wegen der Störung und fragt, ob Mr. Aringhe-Rosse bereit sei, ein Gespräch vom Kardinal anzunehmen.

„Legen Sie das Gespräch ins große Schlafzimmer." Giacomo steht auf, geht an Thomas vorbei nach links in nächste Zimmer und murmelt: „Gib mir zehn Minuten, Thomas."

Thomas schlussfolgert, dass viel Geld und große

Macht im Spiel sind und Giacomo an mehreren Strippen zugleich zieht. Er erhebt sich und geht an der Couch ihm gegenüber und dem rechts dahinter stehenden, mit Papieren überladenen Schreibtisch vorbei, geradewegs auf das große Fernrohr aus Messing zu, das dort vor dem Fenster auf Füßen aus Ebenholz steht. Er stellt es auf seine Höhe und Sicht ein und blickt dann genussvoll über den Central Park. Winzig und weit weg sind die Menschen unter ihm. Nur Figuren in einem Spiel. Als er sich sattgesehen hat, wendet er sich nach links und erblickt einen Esszimmertisch mit Stühlen in dunklem Holz, dahinter eine Anrichte mit Barfunktion. Die Wände in cremefarbener Stofftapete, der Teppich hellbeige, wie in der ganzen Suite.

„Schon zurück", ruft Giacomo von hinten. Thomas dreht sich um und sieht, wie er von zwanzig Metern weiter hinten aus einer Art Zwischen-Wohnzimmer zurückkommt. Thomas setzt sich, greift erneut zu seinem Glas und nimmt genussvoll einen weiteren Schluck. Cheese Cake und Espresso rührt er nicht an. Er will sich dieses außergewöhnliche Geschmackserlebnis nicht verderben. Giacomo schenkt sich nochmals Champagner nach und setzt sich wieder. „Du trinkst ja gar nicht …?"

„Um fortzufahren, Giacomo. Ich stehe in fast abgeschlossenen Verhandlungen für Mehrheitsbeteiligungen mit drei Unternehmen, die Gerätschaften herstellen, um in der Tiefsee Metalle und Mineralien abzubauen."

„Du warst schon immer schneller und findiger als die anderen."

„Sag mir, Giacomo. Sag mir, wer steht hinter dir?"

„Die Megajungs. Die, die nirgendwo sichtbar

sind, schon gar nicht in der Presse. Die, die politisch und gesellschaftlich weltweit in höchsten Kreisen die Strippen ziehen. Die, die alles über Zwischenmänner und -holdings regieren. Die, die hier keine Steuern zahlen, sondern ihr Geld über Steuerparadiese managen und selbst den Geheimdiensten gebieten können."

Thomas zuckt innerlich zusammen, sein Magen verkrampft sind, der Mund wird trocken. Dann fasst er sich und sagt: „Ein bisschen mehr musst du mir schon anbieten. Ich bin kein Katholik." Er lächelt, und Giacomo schlägt sich erfreut mit einer Hand auf den Oberschenkel.

„Also gut, weil du es bist. Levi H. Summers aus Boston und Jacob Donald Schild aus New York."

Thomas reißt die Augen weit auf. Die Namen hat er schon mal gehört, Bilder von ihnen gibt es keine. Er vertieft sich seit Jahren in die Netzwerke der Reichen und Mächtigen, durchforstetet Teilnehmerlisten von Davos und den Bilderberger, sowie Alumni-Listen der Ivy-League- und Oxbridge-Absolventen, sucht selbst den direkten Draht zu ihnen, wo immer sich eine Gelegenheit bietet. Er vermutet, dass Giacomos Familie, alter italienischer Adel, ihm die Türen in diese Kreise geöffnet hat.

„Diskretion ist alles. Darauf basiert jedes Geschäft. Die beiden decken zusammen die Geschäftsfelder ab, auf die es künftig ankommt: Technologie, Medien, Rohstoffe und Nahrung."

„Was sind ihre Erwartungen an den CEO, an mich?"

„Keine. Ich werde dein Aufsichtsratsvorsitzender, und ich erwarte exzellente Renditen, langfristig. Die Nachfrage nach Rohstoffen wird durch die Decke gehen, das begreift selbst der dümmste Trottel. Aber wo und wie genau ... wer kann so was denken und führen ... dazu brauchen sie mich und Männer wie dich.“ Dann lacht er laut.

„Sag mir, was für mich drin ist, und ich sag dir, wie ich’s machen würde.“

„Mehr als je zuvor, Thomas, mehr als je zuvor, schau dich nur um, so lebt ein Mann von Welt heute.“

„Anteile?“

„Nein.“

„Wieso nicht?“

„Milliardäre spielen nur mit Milliardären.“

„Dann wird meine Gehaltsvorstellung deutlich höher ausfallen.“

„Wir werden sehen.“

„Es gibt keine zehn in der Branche, Giacomo, die dir eine brillante Antwort auf all die Fragen geben und die gewünschte Rendite liefern können. Es gibt noch nicht mal drei, die sofort frei sind und anfangen könnten, ohne vertragliche Hindernisse und Fußangeln aus der Vergangenheit.“

Er grinst. „Was verlangst du?“

„Festgehalt vier Millionen jährlich, Schweizer Franken, keine Dollar, und einen Fünfjahresvertrag. Bonus zu verhandeln, Dienstwagen mit Chauffeur, das Übliche ...“

„Happig.“

„Ich werde CEO der Holdingstruktur, Hauptsitz in der Schweiz, Zug.“

„Warum umziehen, wenn man schon im Paradies ist, was?“

„Du sagst es. Steuerlich geht es im Rohstoffbusiness kaum besser. Die Unternehmen siedeln sich in Zug an, die Topmanager wohnen in Rüschlikon. Ich nehme an, deine Investoren sind in der Schweiz flüssig.“

„Geld kennt keine Grenzen."

„Was kannst du mir heute schriftlich geben?"

„Willst du mir den Tag versauen? Soll ich mich jetzt etwa hier an den Schreibtisch setzen und niederschreiben, worüber wir uns schon einig sind? Schau, wie viele Dokumente dort schon auf mich warten."

„Was man schwarz auf weiß besitzt, kann man getrost nach Hause tragen."

Giacomo verdreht die Augen.

Thomas greift in seine rechte Anzugtasche und zieht einen der beiden vorbereiteten Datensticks heraus. Er hat zwei verschiedene Datensätze präpariert, je nachdem, wie weit sie voran- und übereinkommen und wie sicher er sich ist, dass es zu einer Anstellung kommt. Beide Datensticks sehen gleich aus, nur der mit allen Daten hat eine Öse, um ihn irgendwo anzuhängen. Er hält den Datenstick hoch. „Den, Giacomo, lass ich dir da für deine Investoren, wenn wir uns heute auf die Grundzüge verständigen."

„Donnerwetter."

„Da ist alles drauf, Finanzpläne, Holdingstruktur, zu gründende Tochtergesellschaften, Partner, benötigte Konzessionen, Anfangsteam, Hindernisse, International Seabed Authority-Kontakte. Du hast doch nicht geglaubt, ich komme einfach nur zum Plausch nach New York." Dann lässt er den Stick wieder in seine Sakkotasche fallen. „Ich bin nicht blauäugig!"

„Deshalb war ich auch so schnell am Telefon. Erzähl mir von deinem Plan."

„Neben den Bonbons, die du auf dem Datenstick finden würdest ... nun, die Schweizer Holding teilt sich mit Partnern in Kanada, Deutschland und Indien Konzessionen – das habe ich schon auf den Weg gebracht. Nur die Tochterunternehmen müssen noch gegründet werden. Wir weiten unsere Beteiligungen jährlich aus, alle Partner kommen in Betracht, nur die Chinesen nicht.“

„Das sehen meine Investoren auch so.“

„Wir machen gleich den übernächsten Schritt mit.“

„Heißt?“

„Space Mining.“

„Space Mining? Das ist doch Zukunftsmusik, Thomas. Elon Musk korrigiert sich doch auch bei seinen Eroberungsplänen für den Mars ständig und verballert dabei Milliarden.“

„Ich bin kein Großkotz wie Musk, ich bin sparsam. Ich posaune auch nicht erst rum und kann dann nicht liefern. Ich agiere umsichtig, mit Bedacht und auf lange Sicht. Es geht über Luxemburg. Das Land hat bereits die maßgeschneiderte Gesetzgebung für Space Mining und Forschungseinrichtungen dazu. Etwa fünfzig Startups haben sich angesiedelt, und Astra schießt schon seit Jahrzehnten Satelliten ins All. Ich kann mit überschaubarem Investment viel erreichen, einen Fuß in jeder Tür und einen Platz an fast jedem Entscheidungstisch haben, juristisch abgesichert, aber unter dem Radar fliegend. Ich will beide Wege parallel gehen, Deep Sea auf der Überholspur, Space in kleinen Schritten. Es ist doch egal, woher die Rohstoffe kommen. Hauptsache, wie beim Goldrausch, bei den ersten sein, die die ertragreichen Claims für sich abstecken.“

„Über Space hab ich mit den Investoren noch nicht gesprochen ... aber wenn dazu auf deinem Datenstick auch alles ist, was ich brauche ...“

„Für ausgeschlafene, schnelle Jungs gibt es jetzt riesige Möglichkeiten.“

„Du bist mein Mann! Prost, Thomas!“ Und schon wieder kippt er den Champagner runter wie ein Verdurstender.

Wenig später sitzen die beiden im Esszimmer bei feinstem Hummer, Chateau Briand, Bordeaux, anschließend noch einen Single Malt Whisky.

„Noch Lust auf ‘ne heiße Frau? An ganz junge Dinger ist nicht mehr so einfach ranzukommen seit Epstein, na, du weißt schon, aber sonst kannst du alles haben.“

„Nein, danke, Giacomo.“

„Das sagst du immer, nein danke. Deine Frau muss ja ‘ne echte Granate im Bett sein.“

„Ich bin in Scheidung.“

„Die zahlen wir dir aber nicht.“

„Heiß ich Jack Welch?“

Giacomo muss lauthals lachen, verschluckt sich dabei und prustet: „Meine Investoren werden den distinguiert-charmanten Kanadier lieben.“

„Das hoffe ich“, erwidert Thomas und überreicht Giacomo den Datenstick ohne Öse.

FAMILIENRAT SAN

Chroniken-Zeit 18.762.020 – 03.15

Wir sind erfreut, dich wieder bei uns zu haben, Elizabeth, Aspekt von SANCHA. Bitte berichte uns, wie dein Erdenleben als Elizabeth Peeters, geborene Schmidt, aus deiner Sicht verlief.

Gern, SANTHRON. Zunächst aber verneige ich mich vor dem Ältestenrat unserer achtköpfigen Seelenfamilie sowie vor allen Anwesenden, die mich voller Liebe zurück im ihrem Kreis empfangen. Ich bin überglücklich, wieder zurück zu sein.

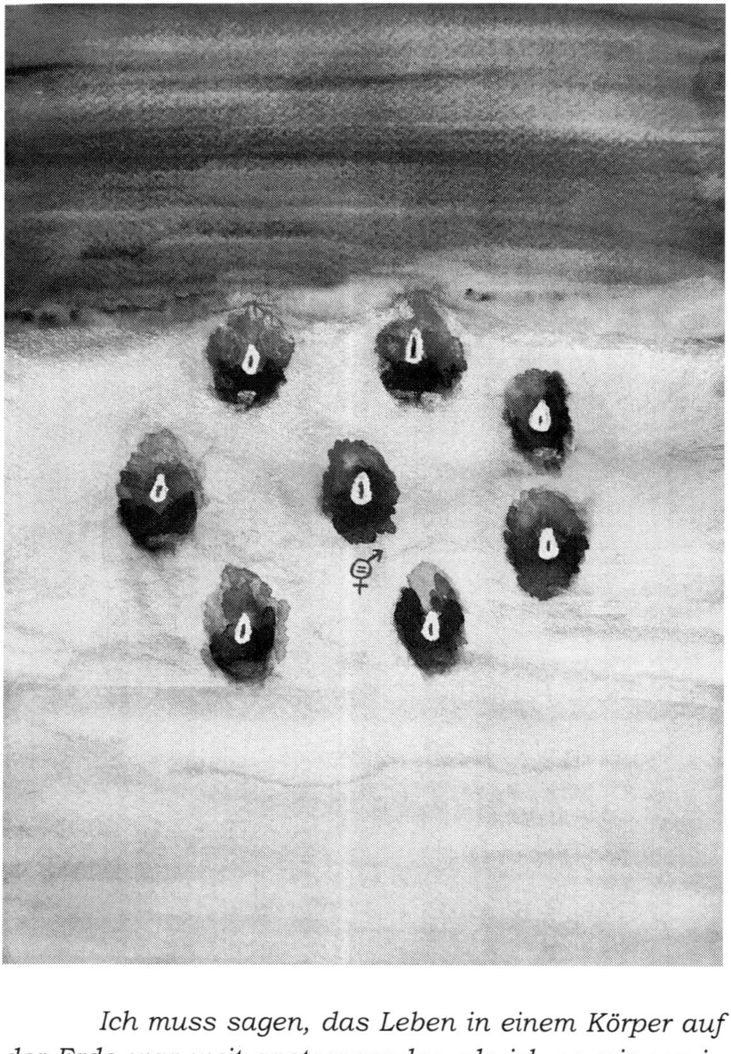

Ich muss sagen, das Leben in einem Körper auf der Erde war weit anstrengender, als ich es mir nur in Ansätzen hatte vorstellen können. Dieser materielle Körper ist eine solche Einschränkung für die eigenen Fähigkeiten ... Wo soll ich anfangen? Am besten mit den Aufgaben und Lernerwartungen, die ich und wir alle hier

für mich vorgesehen hatten. In meinen bisherigen Inkarnationen im Äther war es mir nicht gelungen, alle Menschen gleich zu behandeln, sie alle als gleichwertig mit mir zu betrachten. Nun, ich fürchte, ich habe es in der Inkarnation in dichter Materie auch nicht geschafft. Ich habe die Menschen eingeteilt in meinesgleichen, andere, zu denen ich aufsah, und die übrigen, auf die ich herabblickte, über die ich verächtlich sprach, und das waren wohl die meisten. Ich habe die aus meiner Sicht Minderwertigen in einer Art behandelt, die mich rückblickend sehr traurig macht.

Wir pflichten dir bei, Elizabeth-SANCHA.

Meine Gastrolle in der Familie von Armand ist mir auch nur teilweise gelungen. Wir hatten beide die Lernaufgabe, eine gleichberechtigte, ausgewogene Ehe zu führen ... aber ich hatte eindeutig die Hosen an. Ich habe mich immer bemüht, allen zu zeigen, dass ich mich als Deutsche in Belgien und in der Familie Peeters behaupten konnte. Auch mein Beruf als Lehrerin hat sicherlich dazu beigetragen, dass ich ständig alles besser wusste.

War dir denn als Elizabeth bewusst, dass es um Ausgewogenheit ging?

Nein, nur ganz wenige Male hatte ich einen solchen Gedanken, und dann habe ich gefürchtet, ich würde mit meinen Bedürfnissen untergehen, wenn ich Armand als gleichberechtigt behandle.

Gib uns bitte ein Bespiel.

Armand und ich entschieden abwechselnd, wohin wir in Urlaub fuhren.

Ihr konntet euch auf keinen gemeinsamen Urlaubsort einigen?

Nein. Ein Jahr entschied er, das andre ich. Und wenn er auswählen durfte, habe ich mich die gesamte

Reise jeden Tag über die Dinge beklagt, die mir nicht zusagten.

Ist dir bewusst, wie sehr du die Entfaltung Armands behindert hast.

Jetzt, ja, während der Inkarnation, nein. Ich dachte immer, dass ich die Richtung vorgeben musste, sonst sei er verloren. Er ist halt ein Pantoffelheld, überhaupt nicht zielstrebig, lässt sich von anderen herumschubsen und unterbuttern ...

Und das gefiel dir nicht?

Ich wollte einen starken und mutigen Mann, einen, der die Welt erobert und mich beschützt.

Armands Inkarnationsplan sah vor, das Leben eines genügsamen und gutmütigen Intellektuellen zu führen, der auf einer mittleren Ebenen der Gesellschaft eine Funktion ausfüllt. Das genau war die Herausforderung, die du in dieser Inkarnation im Umgang mit ihm meistern solltest und wolltest.

An der Uni in Lyon, als wir uns während des Auslandsstudienjahres kennenlernten, war er so anders, voller Abenteuerlust, witzig, ein echter Weltverbesserer. Aber als ich dann nach dem Ende meines Lehramtsstudiums aus Deutschland zu ihm nach Belgien zog, kam ich in den behaglichen Trott seiner Familie. Sie sind allesamt Lebensgenießer, die sich nicht verrückt machen. Als Richter resignierte er mit jedem Jahr mehr, glaubte nicht mehr an seine Macht, etwas verändern zu können, und irgendwann hing er dann nur noch am Rotweinglas ... Der eigentliche Bruch kam wohl, als er zu ahnen begann, dass ich eine Affäre mit Raymond hatte, dem Rektor von Lucias Schule. Aber das war er selbst schuld. Warum ist er auch nie mit mir zu den Elternsprechtagen gegangen?

Ehebruch ist Ehebruch, und du bist keine

Francesca da Rimini, die in eine Ehe hineinbetrogen wurde.

Das ist mir schmerzlich bewusst. Ich versuche wohl immer noch, die Schuld für mein Fehlverhalten anderen zuzuschieben.

Bitte lass uns nun zu den Aufgaben kommen, die du übernommen hattest, um zum Plan für die Erde beizutragen.

Offengestanden, ich bin noch etwas verwirrt. Es war vorgesehen, dass Armand und ich zusammen alt würden. Wie kommt es, dass ich so jung sterben musste? Ich meine, ich bin gerade einmal 49 Jahre alt gewesen.

Das Karma für die gesamte Erde muss ausgeglichen werden, wenn sich das Bewusstsein aller erweitert. Die Menschenfamilie geht gerade von der Betonung des individuellen Wachstums und der individuellen Kraft auf die Wassermann-Betonung des Gruppenwachstums und der Gruppenkraft über. Das allein sorgt für viel Verwirrung und Spannungen.

Aber was hatte das mit meinem Leben zu tun?

Es gilt, sich auf Respekt und guten Willen für die große und schöne Vielfalt zu konzentrierten, die innerhalb der Menschenfamilie existiert. Ihr beide, du und Armand, hattet eine gemeinsame Aufgabe zur Erfüllung des Plans für die Erde.

Ja, ich weiß, wir hatten uns bereiterklärt, ein Kind aus dem Kongo zu adoptieren, um mitzuhelfen, das schlechte belgische Karma dort auszugleichen. Ich hatte mir nicht vorgestellt, dass es so schwer sein würde, ein Kind zu erziehen. Nicht dass Lucia dumm oder unwillig gewesen wäre. Im Gegenteil, sie war mir einfach in allem über. Sie sog alles so schnell in sich auf, wollte so viel tun und lernen, dass es mich überforderte.

Es war nicht Lucia-TRUSIAN, die ursprünglich für

euch vorgesehen war. Wir mussten unseren Plan ändern. SANAT KUMARA benötigte kurzfristig Eltern, die den Kontakt zum Kongo halten und ihr zusätzlich die deutsche Kultur und Sprache zugänglich machen konnten. Ihr wart die damals greifbarste Option. SANCHA und ADLON, Armands Seele, aber auch wir stimmten zu, es zu wagen.

Ich war immer eifersüchtig auf Lucia, auf die Liebe, die sie von Armand und auch von Tilly erhielt. Und dann die Bewunderung, die ihr vom gesamten Lehrkörper, insbesondere von Raymond, zuteilwurde. Die Geschwindigkeit, mit der sie lernte, die Dinge verstand, zueinander in Beziehung setzen konnte. Dieses Kind konnte alles besser als ich, nur Grammatik nicht.

Und daran hast du dich hochgezogen, um neben ihr nicht unterzugehen?

Ich hatte doch keine Ahnung, was in diesem Kind schlummert. Ich hatte doch keine Ahnung davon, zu was sie ausersehen und wer ihre Seele ist.

Das haben die wenigsten Eltern. Alle Seelen, die seit der Jahrtausendwende mit Aspekten auf der Erde inkarnieren, haben bewusstere Fähigkeiten und schwierigere Aufgaben übernommen als die vorangehende Generation. Der Umbruch zum 21. Jahrhundert leitet eine neue Epoche für die Menschenfamilie ein. Die Älteren müssen von den Jüngeren lernen, nicht umgekehrt.

Aber Lucia spricht dank mir immerhin fließend Flämisch, Französisch, Deutsch und Englisch. Wir haben ihr die Welt gezeigt, Ägypten, Mexiko, Nepal, Tibet, Indien ... Auf ihre globale Aufgabe ist sie doch wohl vorbereitet.

Zum Teil, Elizabeth-SANCHA, zum Teil. Tilly hat in ihr die Begeisterung für die Mathematik geweckt, sie in die Lehren des Pythagoras eingeführt, die für das Verständnis der großen Zusammenhänge erforderlich sind. Die eigentliche Vorbereitung auf ihre Mission übernehmen nun die Meisterlehrer und Außerirdischen Verbündeten wie YESHUA und HONGYETSEE. Lucia muss dazu bewegt werden, ihre Seelenaufgaben anzunehmen und sie aktiv umzusetzen. Das ist von überragender Wichtigkeit für die Zukunft der Erde und der Menschenfamilie.

Das habe ich wirklich nicht gewusst. Dieser Körper ist, wie gesagt, eine wirklich große Last und Beschränkung.

Sag uns bitte, wie du deine Inkarnation als Elizabeth insgesamt bewertest und was du wie ausbalancieren würdest?

Es würde mir wohl helfen, wenn ich einmal in die Rolle eines Mannes in der dichten Materie schlüpfen könnte. Einer, der mit hohem Intellekt noch an kindlichen Handlungsmustern festhält und sich aus diesen befreien muss. Alternativ könnte ich mir vorstellen, meine Dominanz und Arroganz anderen gegenüber dadurch zu überwinden, dass ich selbst einmal bitterarm und barfuß durch das Leben gehe und stets die Unterlegene bin.

SANCHA und wir waren übereingekommen, deine Inkarnation frühzeitig zu beenden, weil dein Beitrag zum Plan der Erde erfüllt war und du für Lucia nun eine zu große Last wurdest. Wir mussten euch trennen, damit Lucia eine spirituell erfahrene Mutter bekommt. An deinen persönlichen Lernaufgaben warst du zudem, wie du selbst sagst, bereits gescheitert. Es war aus unserer Sicht nicht zu erwarten, dass du es in diesem Leben noch schaffen würdest. Du hilfst der Entwicklung unserer Seelenfamilie mehr, wenn du dich einer neuen Aufgabe widmest und dich bemühst, dieses

Mal die Verbindung zu SANCHA herzustellen und zu halten.

Aber wird es mir denn dieses Mal gelingen? Ich bin seit ewigen Zeiten ziemlich halsstarrig, dickköpfig und rechthaberisch. Warum seid ihr jetzt zuversichtlicher?

Die Energien auf der Erde sind in einem starken Wandel begriffen. Der trennende Schleier zur Seele wird dünner. Die Katastrophen auf der Erde werden immer mehr Menschen auf dem spirituellen Weg führen. Die Religionsführer und Prediger haben überwiegend versagt, und die Menschen erkennen das. Trieb Dantes Darstellung der Hölle vor 700 Jahren sie noch in die Arme der Katholischen Kirche, so treiben die neuen Energien sie nun zurück auf den Pfad der Selbstverantwortung. Jahrtausendealtes Wissen um die Verbindung, den Empfänger für Seelenbotschaften und andere Dimensionen im Inneren jedes einzelnen Menschen, wird wieder in den Vordergrund treten. Die religiösen Machthaber werden dieses Wissen nicht mehr geheim halten können.

Du meinst die kleine Drüse im Gehirn, die im Querschnitt aussieht wie ein Auge und in den spirituellen und religiösen Traditionen als Zapfen dargestellt wird?

Genau die, Elizabeth-SANCHA. Aber zurück zu dir. Deine nächsten persönlichen Lernschritte sollten dort erfolgen, wo du selbst erfahren kannst, was es heißt, als minderwertig betrachtet zu werden und den Kontakt zu deiner Seele aufrecht zu erhalten. Auch sollte es dir nun endlich gelingen, eine Ehe auf Augenhöhe zu führen. Als Beitrag zum Plan für die Entwicklung der Erde möchten wir, dass du daran mitwirkst, eine Gemeinschaft aufzubauen, die einander vorbehaltlos unterstützt und den noch Schwächeren beisteht.

Das würde mir gefallen. An welches Land oder welchen Ort hättet ihr gedacht?

Uns fehlt noch das PERGAMENT von FILATERATES, um dein gesamtes Verhalten während der Inkarnation sowie alle Wirkungen zu kennen, die du in Gang gesetzt hast. Sobald es vorliegt und wir alle es studiert haben, sollten wir uns im Planungsraum für die nächste Inkarnation treffen.

Einverstanden. In der Zeit des Ausruhens bis dahin will ich darüber nachdenken, ob ich nicht in einer der ehemaligen deutschen Kolonien in Afrika wiedergeboren werden möchte, um dort die Folgen von Ausbeutung und Völkermord am eigenen Leib zu erfahren. Ich möchte auch erfahren, was es heißt, eine dunkle Hautfarbe und dicke schwarzbraune Locken zu haben.

Bis du wieder inkarnieren wirst, wird die #blacklivesmatter-Bewegung, die Ende Mai 2020 in den USA ihren Anfang nehmen wird, schon viel verändert haben. Die Herrschaft des weißen Mannes geht endgültig zu Ende.

Dann möchte ich schnell zurück in die dichte Materie der Erde. Ich will den Umbruch miterleben.

IM GESPRÄCH MIT SANAT KUMARA

Chroniken-Zeit 18.762.020 – 03.15

Meine Power is weg. David bemuttern war voll anstrengend, aber auch schön. Wär er doch nur mein Bruder ... warum eigentlich nich? Es is gerade mal 21 Uhr, und wir sind beide total platt und im Bett, ich im Gästezimmer, er in seinem um die Ecke. Die Türen bleiben auf, damit Bea zwischen uns hin und her laufen kann. Ich kämpf mit der Müdigkeit ... *Großer Geist, dessen Stimme ich im Wind höre und dessen Atem allen Menschen auf der Welt Leben gibt, höre mich. Ich brauche deine Kraft und deine Weisheit. Lass mich ...*

Von der stockdunklen Zimmerdecke über meinem Bett hängt ein dickes Seil herab, so wie es sie in Turnhallen gibt. Neugierig greif ich danach mit beiden Händen und zieh mich mühsam daran hoch, Stück für Stück. Je höher ich komm, desto mehr weicht das Seil einem weiß-rot-blauem Wirbel, der mich emporzieht. Dann seh ich ein kleines Licht. Mit jeder Sekunde wird es sonniger und größer. Mein Herz pocht immer schneller. Wo bin ich?

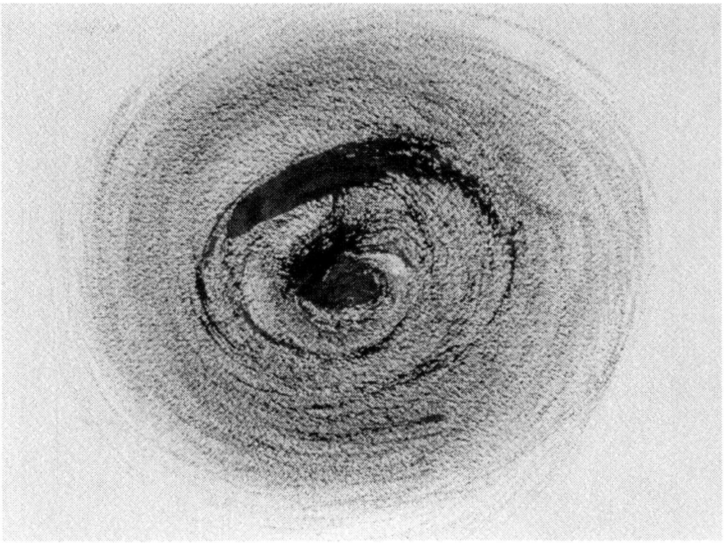

Durch eine Öffnung klettere ich hinaus auf eine Art Plateau. Als ich aufrecht steh, hab ich einen Berg im Rücken, ein leichter Frühlingswind weht mir um die Nase, und Sonnenstrahlen tanzen darauf. Unter mir im Tal is eine wunderschöne Stadt aus elfenbeinweißem Stein, filigran gebaut, eingebettet in Berggipfel mit schneebedeckten Höhen.

Das größte Gebäude in der Mitte hat eine goldene Kuppel. Die Rückseiten der Gebäude scheinen in die Berge überzugehen. Aber sicher bin ich mir nich. Ich seh das alles nur schemenhaft, blinzle, und es wird etwas schärfer. In der Mitte der Gebäude leuchtet eine grasgrüne Fläche. Die Gebäude erinnern mich an Petra in Jordanien und Klöster in Ladakh, die ich zusammen mit Elizabeth und Papa besucht hab. Hinter den Eingängen waren Höhlenzugänge. Während ich darüber nachdenk und die Erinnerung mit dem vergleich, was sich jetzt seh, entdeck ich eine kuppelförmige graue Energie über dem gesamten Tal, teilweise dichter, teilweise dünner. Darüber erkenn ich deutlich Flugzeuge, die Kondensstreifen am strahlend blauen Himmel hinterlassen. Plötzlich ein heftiger Windzug. Mit einem Ruck werd ich von etwas gepackt und flauschig abgesetzt. Ich blinzle, um sehen zu können, und find mich gehalten zwischen riesigen braunen, schwarz melierten Federn wieder. Ein Riesenvogel. Nach einem weiteren Blinzeln erkenn ich das scharfe Auge eines großen Adlers vor mir rechts unten. Ich schweb mit dem Tier in Richtung der Bergspitzen und zieh dort einige Kreise. Rechts und links fliegt je ein weiterer Riesenadler. Cool, was für ein Gefühl, frei und doch so sicher. Dann kreisen wir in einer langgezogenen Spirale zu Boden. Mein Adler setzt auf der grünen Wiese auf, und ich steig von meinem gefiederten Taxi. Um mich herum ist alles friedlich, Vögel singen, und der Adler hebt mit weiten Schwingenschlägen wieder ab. Der Luftzug weht selbst meine festen Locken kräftig durcheinander. „Danke, mein Freund", ruf ich hinterher.

Ich geh auf einen Bereich der Stadtfassade zu, der einem Pantheon ähnelt, und steig die riesigen Stufen aus weißglänzendem Stein hinauf. Ein gleißend helles Licht strahlt mir entgegen, klar abgegrenzt im Kern, nach außen feiner werdend, bis es in Millionen von Glühfäden ausläuft.

Meine Augen halten den Anblick nich aus. Ich muss mir die Hand davor halten, um nich zu erblinden. Tränen laufen mir unter der Hand hervor. Ich bin zutiefst gerührt, versteh aber nich, warum.

Fang nicht mit dem Schwersten an, Lucia.

Die Stimme is hinter mir. „Wer spricht da?“

Dreh dich um. Dann nimm die Hand langsam von den Augen und warte einen Moment, bis sich dein Herz beruhigt und deine Augen besser an die Feinheit des Äthers gewöhnen ...

Es dauert einen Moment. Eine Gestalt, verschwommen, deutlich größer als ich, ungefähr drei Meter, steht vor mir. Es is wie bei einem Fernglas, das man erst scharf stellen muss ... ein Jüngling ... so viel erkenn ich schon, schulterlanges, volles goldblond leuchtendes Haar ... gehüllt in eine fließend fallende, zartrosa schimmernde Robe mit dezenten Stickereien und ... ich blinzel noch mal ... blaue Augen. „Wir haben uns schon gesehen ..."

Erinnerst du dich?

„Ja, du bist ... SANAT KUMARA ... Wo bin ich hier?"

In meinem alten Amtssitz, in Shambala.

„Dein Amtssitz? Was für ein Amt?"

Ich bin verantwortlich für die spirituelle Entwicklung der Erde und allem, was zu ihrer multidimensionalen Natur und Lebendigkeit gehört. Nicht, dass ich diese Entwicklung initiiere, nein, ich assistiere dem Großen Wesen, das diesen Planeten zum Zweck der spirituellen Evolution belebt und das dich gerade so geblendet hat.

„Du meinst Gott."

Nein, ich spreche von ZONCRIET, der Seele der Erde.

„Die Erde hat eine Seele, und die heißt Zoncriet?"

So ist es.

„Krass, voll krass."

Du befindest dich mit deinem Erstaunen in bester Gesellschaft, Lucia. Kaum jemand kennt heute ihren

Namen und die Funktionsteilung, die zwischen uns beiden herrscht.

„Ich kenn Gott und Mutter Erde."

Mutter Erde ist die lebendige physische Verkörperung des Großen Wesens, der Erdseele mit dem Namen ZONCRIET. So wie du als Lucia die lebendige physische Verkörperung deiner persönlichen Seele TRUSIAN bist. Nur dass Mutter Erde einen besonderen Platz in der Sternenordnung einnimmt. Sie ist eine DEVA-Seele, um genau zu sein, und sie ist das mächtigste Wesen, wenn es um die Erde geht.

„Echt krass, das muss ich erst mal checken. Was machst du für sie?"

Ich bin ihre Verkörperung auf der ätherischen Ebene.

„Krass, voll krass."

Ich dachte, du fändest das cool, so wie die jungen Leute auf der Erde heute sagen.

„Auch, sicher ... Was mach ich eigentlich hier?"

Du bist hier, um zu lernen, was du für die Erfüllung deiner Aufgaben auf Erden brauchst. Leider ist dein Inkarationsplan kräftig durcheinander gekommen.

„Hast du das nich schon mal gesagt?"

Sicher. Dabei zieht er eine Augenbraue hoch. *Deine leiblichen Eltern und Großmütter konnten dich nicht lehren, was du brauchst. Viel hast du dir selbst zugänglich gemacht, in den Wiesen, als du die Tiere, die Bäume, Gräser und Blumen beobachtet hast. Viel hast du dir selbst beigebracht, als du beobachtest hast, wie die Gräser sich im Wind zärtliche Zeichen geben und du bald danach selbst mit dem Apfelbaum in der Blütensprache gesprochen hast. Es war so wichtig, dass du allein warst, offen für unsere Anleitung und deine eigenen, unvoreingenommenen Wahrnehmungen. Wir haben dich gelehrt, mehr und mehr deiner inneren Stimme zu folgen und nicht anzunehmen, was die Erwachsenen um dich herum dir einzutrichtern versuchten.*

„Du warst immer bei mir?“

Andere waren immer bei dir. Aber ich war und bin stets informiert über deine Geschicke. Das Projekt „Es werde Licht“ gehört zu den wichtigsten in meinem Verantwortungsbereich.

„Und wie komm ich genau jetzt hierher?“

Der Körper ist im Schlaf eine Kompassnadel, die ihren Norden sucht. Dein Norden ist Shambala, die geistige Gemeinschaft der Erde.

„Und da kommt man hin? Indem man an einem Turnseil hochklettert und von einem Wirbel angesogen wird?“

Es gibt viele Wege nach Shambala. Du wirst sie mit den Jahren alle kennenlernen, um jederzeit hierher kommen zu können. Heute will ich dir zeigen, wo mein Amtssitz früher war und wie er aussah. Du wirst das Wissen brauchen, wenn du mit denen sprichst, die schon alles über Shambala zu wissen glauben, aus alten Mythen und Überlieferungen.

„Aber sind die Mythen und Überlieferungen denn falsch?“

Nein, sie waren alle richtig, zu ihrer Zeit, für die Menschen, die in dieser Zeit lebten. Aber das Bewusstsein entwickelt sich stets weiter. Auch das gehört zum Plan der Erde.

„Ich hab außer dir und dem blendenden Licht ZONCRIET hier bisher niemanden gesehen.“

Wir mussten den Amtssitz verlegen. Siehst du die Schutzschicht über uns?

„Ja. Sie ist an einigen Stellen durchsichtig. Ich

hab ein Passagierflugzeug der Lufthansa gesehen und eins von der Garuda, glaub ich."

Die Passierflugzeuge sind weniger unser Problem als die Überwachungsflugzeuge und Spionagedrohnen der Militärs.

„Die sind hinter euch her?"

Aber sicher. Die Regierenden der Welt wissen viel mehr, als sie den Menschen sagen. Bei deinem nächsten Besuch sehen wir uns am neuen Amtssitz. Da ist viel los, das kann ich dir versprechen.

„Aber wie komm ich hierher?"

Wir haben dein Bewusstsein mit deinem Einverständnis aus dem tiefen Schlaf in den Äther geholt.

„Ein Teil von mir is in einer Parallelwelt, und der andere liegt im Bett?"

Dein ätherischer Körper mit seinem Bewusstsein ist hier.

„Warum bin ich wirklich hier?"

Ich will dich an deine Lebensaufgabe erinnern und benötige dein Einverständnis.

„Ich bin ne Wissenschaftlerin und bald auch Aktivistin, dass weiß ich schon. Ich lass mich von den mächtigen Männern auch nich kaufen. Aber für was willst du mein Einverständnis?"

Du liegst daneben.

„Lieg wo neben?"

Als Herr der Welt bin ich so eine Art Chief Operating Officer für die Erde. Ich kenne den Plan Gottes für das Universum, für die Milchstraße, für unser Sonnensystem, für die Erde und alle Unterpläne, alle Prozesse, alle Menschen und ihre Seelenaufgaben, und ich bekomme beständig Berichte über all das, was gut und was schief läuft.

„Wirklich? So viele Daten kann man gar nich verarbeiten."

Du nicht, ich schon.

Touché, das hat gesessen.

Du bist auf der Erde inkarniert, um bis zum Ende des 21. Jahrhunderts an sichtbarer Stelle gemeinsam mit deinem Team und zusammen mit den Meisterlehrern, Devas und Außerirdischen Alliierten die Einheit aller Menschenseelen zu realisieren.

„Das kann nich sein. Ich bin nur ne Studentin. Macht haben die anderen."

Sagt jemand, der sich seiner Aufgabe noch nicht bewusst ist oder den Mut noch nicht gefunden hat, seine Macht anzunehmen und die Bürde der Verantwortung für diesen schweren Weg zu übernehmen.

„Ich bin ..."

Gerecht, diszipliniert, intuitiv, feinfühlig, hochintelligent, fleißig, demütig gegenüber der Natur, aber auch dickköpfig, impulsiv, frech und vorlaut ... ja, du bist auf deinem Weg weit vorangekommen. Aber allein kommst du nicht weit und schnell genug voran. Wir hinken dem Plan für die Entwicklung von Menschenfamilie und Erde gewaltig hinterher. Deshalb brauchen wir JETZT deine aktive Mitwirkung.

„Du sagtest eben noch Zustimmung."

Du hast gut aufgepasst. Die Zustimmung zur Änderung deiner Inkarnationsplanung haben deine Seele TRUSIAN und das für dich zuständige Ministerium bereits gegeben. Aber mitwirken musst auch du, Lucia.

„Bei was?"

Zunächst müssen wir deine Wahrnehmung weiter verfeinern und verbessern.

„Und wie wollt ihr das machen? Mir eine Ätherbrille aufsetzen?"

Wir wollen, dass die OBLAN an deinen Chakren arbeiten. Dein materieller Körper muss höher und harmonischer schwingen. Du musst dich selbst frei zwischen dichter Materie und Äther bewegen können. Du musst zu uns kommen können, wann immer du willst, und mit den DEVAS unterwegs sein können, um zu lernen.

„Halt, halt, stopp. Das geht mir zu schnell. Ich weiß, was meine Chakren sind, dass sie manchmal blockiert oder einige zu aktiv sind. Grandmother Mepi gleicht das immer aus. Dann sind auch die Schmerzen immer weg. Aber du willst mir jetzt erzählen, es gäb da so ne Art heilende himmlische Eingreiftruppe?“

Hast du schon einmal von den Chintamani-Steinen gehört?

„Ich sammel Steine.“

Ich weiß.

„Chintamani-Steine, es gibt, glaub ich, zwölf. Die Leute streiten sich drüber, wer einen hat und wo sie jetzt sind.“

Halt dich nicht mit der Materie auf. Das wichtige ist die Energie, die in ihnen steckte, wo sie herkam und wo sie hinging.

„Wie meinst du das?“

Die Chintamani-Steine waren einmal materielle Ankerpunkte für die OBLAN auf der Erde. Die OBLAN sind als Wesen in ihrer spirituellen Entwicklung weiter als die Meisterlehrer. Sie trainieren aus dem gesamten Kosmos Mitglieder des Königreiches der Diener auf dem OBLAN.

„Noch nie von gehört.“

Ein kleiner Planet am Ellenbogen des Großen Jägers. Die Astronomen haben ihn noch nicht entdeckt. Der Planet OBLAN beherbergt die führende Leadership-

Akademie unserer Galaxie.

„Das muss ich erst mal checken.“

Verständlich. Frag nur.

„Gut, dann erzähl mir bitte mehr von den OBLAN.“

Einige OBLAN sind seit kurzem wieder auf der Erde aktiv. Einerseits helfen sie einzelnen Menschen mit großen Aufgaben wie dir und lassen ihre Chakren höher und harmonischer schwingen. Andererseits versorgen sie die Erde mit neuen, harmonisierenden Energien. Ihren globalen Einfluss üben sie über Energielinien und -felder aus. Dabei helfen ihnen im Moment ein paar Menschen hier auf der Erde. ZONCRIET hat allein nicht mehr genügend Kraft, dem Frevel der Menschen am Planeten standzuhalten. Mit deinem Einverständnis werden die OBLAN nun die Arbeit an deinen Chakren beginnen. Alles, was du dazu tun musst, ist zu sagen: Ich bin bereit.

„Ich bin ... erstmal bin ich überwältigt, um ganz ehrlich zu sein. Ich muss das alles erst mal checken.“ Mein Blick schweift verwirrt umher, sucht Halt, Bekanntes ... aber ich wag nich, mich nach dem gleißenden Licht ZONCRIET umzudrehen. Ich fühl mich wie Alice, die dem weißen Kaninchen ins Loch hinterhergesprungen und nun im freien Fall is. Ich schein wirklich in einer Parallelwelt zu schweben, umflutet von Licht. Und jetzt verlangt SANAT KUMARA von mir wie Morpheus von Neo, dass ich mich zwischen blauer und roter Pille entscheid. Ich komm mir klein und dumm vor, ein Naseweis, voreigenommen ... Was soll ich sagen? Hab ich überhaupt die Traute, mich auf so was einzulassen? Bin ich vielleicht verrückt geworden? Was soll ich sagen?

Ich bin bereit. Das wäre für dich und alle anderen

das Beste.

„Du kannst meine Gedanken lesen?“

Natürlich. Nichts geschieht auf der Erde, ohne dass ich davon weiß. Ich sagte es dir doch schon.

„Aber ...“

Wir sind immer noch auf der Erde, nur im Äther, einer ihrer Dimensionen, und hier ist es für mich noch viel einfacher, alles zu überschauen.

„Was passiert, wenn ich *Ich bin bereit* sag?“

Dann können wir dich einfacher führen, lehren und trainieren. Die Arbeit an deinen Chakren lässt deine gesamte Wahrnehmung noch feiner und feinfühliger werden. Manchmal wirst du davon unerklärlich müde sein, manchmal ein Kribbeln fühlen, manchmal deine Zahnwurzeln, manchmal Schmerzen haben, die du dir nicht erklären kannst. Manchmal alles zusammen und noch viel mehr. Gib uns ein Zeichen, falls es dich an einem Tag überfordert. Du wirst fühlen, dass dein Körper höher schwingt, und dann Phasen der Ruhe, des Ausruhens brauchen.

„Den Eindruck hatte ich schon häufiger. Immer wenn Grandmother Mepi mich behandelt hat.“

Sie unterstützt deine Entwicklung seit langem, und du selbst durch die Art, wie du lebst.

„Wie das?“

Du isst vegan, hältst dich fern von Alkohol und Drogen. Du trinkst gutes Wasser und Tee. Die Blockaden, die Grandmother Mepi schon gelöst hat, sind für den freien Energiefluss ein wahrer Segen.

„Okay ... okay ... Du hast mich fast überzeugt. Aber gib mir bitte noch ein paar Beispiele für das, was ich lernen muss.“

Erinnern musst du dich an den Weg der göttlichen Selbstverantwortung, an die Logik der Liebe, die kosmischen Gesetze, die Reise der Rückkehr, das Konzept von Genug, Amente, den Aufbau unserer Galaxie ... Außerdem musst du dich daran gewöhnen, von deinen Führern umgeben zu sein und den Eingebungen deiner Seele und ihren Fingerzeigen zu vertrauen. Du musst aufhören, deine intuitiven Wahrnehmungen mit dem Kopf zu sezieren, zu analysieren und zu bezweifeln. Wenn du nur im Kopf bist, verrennst du dich.

„Kannst du das, was du da sagst, irgendwie beweisen? Ich halt mich am liebsten an Fakten."

Die Wissenschaftlerin spricht, die bis vor ein paar Minuten noch im Glanz von ZONCRIET zu erblinden drohte. Du gestattest, dass ich lache.

Und er lacht, herzhaft und doch irgendwie höflich. Ich fühl mich nich angegriffen. Ich bin unsicher, und deshalb wehr ich mich innerlich gegen das, was hier gerad geschieht. Es passt nich zu dem, was ich bisher von Leben gelernt hab. Wahrscheinlich wach ich gleich schweißgebadet in meinem Bett auf von dem, was ich mir hier gerad zusammenträume.

Die Antwort, die wir in Shambala von dir erhofft haben, schreckt dich, nicht wahr?

„Ja, warum ich? Warum nicht jemand anderer? Ich mein, es gibt bestimmt genügend Mächtige, die schon heute die Hälfte der Menschheit hinter sich vereinen könnten."

Sie sind zu feige, zu verstrickt in veraltete Systeme von Geld und Macht. Die Mächtigen haben versagt, fast alle. Außerdem ist es deine Aufgabe. Du hast ihr vor der Inkarnation zugestimmt. Du hast allem zugestimmt, was auf dich wartet. Jeder hat seine Aufgabe in diesem Riesenpuzzle, und wenn nur ein paar mehr das auch einsehen und umsetzen, sieht die Welt schon bald ganz anders aus.

„Aber was ist mit den großen Jungs? Ich mein, den Mächtigen in der Wirtschaft, die am großen Geldhahn sitzen ... Was ist mit den Milliardären, Präsidenten, Bundeskanzlern, Premierministern, Königen, Herrschern an der Spitze von Nationen? Redest du nich mit denen?“

Sie wollen lieber den verfremdeten Unsinn glauben, dass jemand von uns, ein Meisterlehrer wie LORD MAITREYA, YESHUA, BUDDHA, MOHAMMED, KRISHNA und viele mehr die Welt statt ihrer retten ... oder eine neue Technologie.

„Also nix mit Heiland und High Tech ...?“

Wir nehmen niemandem seine Verantwortung ab. Wir werden auch die kosmischen Gesetze für die Bequemlichkeit der Menschen nicht ändern. Jeder erntet, was er sät, und muss damit leben. Wir bringen jetzt nur beschleunigt eine neue Generation an die Macht, junge Frauen und Männer, die noch nicht völlig von der Materie verblendet oder in Angst um sich selbst oder ihr Hab und Gut erstarrt sind.

„Warum kommst du nich selbst auf der Erde und hältst eine Rede vor den laufenden Kameras der Welt? In der UNO zum Beispiel.“

Mein Platz in der göttlichen Ordnung ist hier. Aber bald wirst du die Meisterlehrer aller Religionen, angeführt von LORD MAITREYA, Seite an Seite auf der Erde unter den Menschen spazieren und lehren sehen. Sie werden in Talkshows über alle Kanäle und in den Sozialen Medien verkünden und vorleben, dass die Menschenfamilie eins ist. Willst du warten, bis du YESHUA im Aachener Dom die Hand gegeben hast? Willst du das erst als Beweis seiner Existenz, meiner Existenz, ZONCRIETs Existenz? Wann hörst du auf, deine beschränkte Logik zum Maßstab der Wahrheit zu machen?

Ich muss tief ausatmen. Das hat gesessen. Ich bin wohl noch nich so weit. Zu verkopft ... zu eingebildet von mir und dem, was ich weiß ... zu wissen glaub ... verdammt, ich hab keine Ahnung.

Ich lasse dich nun zurückkehren in die dichte Materie. Ich gebe dir noch ein paar Tage Zeit, deine Lebensaufgabe mutig anzunehmen. Bist du einverstanden, dass die OBLAN ab sofort aber schon an deinen Chakren arbeiten, wir dir Zeichen senden und zeigen, was es bedeutet, von uns geführt zu sein?

„Das scheint mir ein fairer Deal zu sein, SANAT KUMARA."

Der Deal ist nicht fair. Er ist nur ein Mittel, dich zu einer höheren Einsicht zu führen.

„Dann wart ich mal ab."

Das gibt es nicht. Du bist eins mit Gott und selbst ein Schöpfer, mit jedem Wort, mit jedem Gedanken, mit jedem Gefühl. Deine Seele ist Gott, Gott ist deine Seele. Gott ist mehr als deine Seele, aber er ist auch deine Seele. Verbinde dich in deiner Meditation, in deinem Gebet und in deiner Arbeit mit ihm, in jedem Moment und in jeder Tätigkeit, wie banal sie auch erscheinen mag. Da Gott alles ist, was ist, bist du auch Teil von ZONCRIET, verstehe diese Harmonie und lebe sie. Wir werden dir nun die Augen so weit öffnen, dass du wagst zu sagen: Ich bin bereit.

„Na gut. Wir werden ja sehen."

Du wirst sehen, ich kann schon sehen.

„Du machst es mir nich leicht."

Deine Lebensaufgabe ist ganz und gar nicht leicht. Die Fähigsten dienen, indem sie die schwersten und selbstlosesten Aufgaben übernehmen. Das ist wahre Macht, und nur sie bedeutet geistigen Aufstieg und mit der Seelenfamilie die Rückkehr zum Schöpfer.

„Danke für diese Lehrstunde. Ich komm mir dumm und unwissend vor.“

Die Schöpfung ist nicht so simpel, wie der menschliche Verstand es gerne hätte!

Am Morgen wach ich wie erschlagen auf, bin duselig und hab bleischwere Glieder. Ich kann nich aufstehen und ruf nach David. Der ganze Körper kribbelt, Zähne, Lippen, selbst jeder Knöchel meiner beiden Hände. Was ist das denn nur? Gleich is sein Pa zurück, und ich könnt noch über die Grenze und zurück nach Aachen.

RÜSCHLIKON, 16. MÄRZ 2020

„Ich will deinem Pa nich helfen, Geld und Karriere mit den Bodenschätzen in der Tiefsee zu machen. Hast du diesen Giacomo mal gegoogelt? Hast du gesehen, was das für ein Typ is?“

„Ich weiß.“

David und ich sitzen in der Küche nebeneinander auf den Barhockern und trinken was. Sein Pa is mit seinem Porsche unterwegs nach Genf, um sich mit einigen Investmentbankern zu treffen.

„Ich hab dir doch die Fotos von den einmaligen Tieren und ihrer Umgebung gezeigt. Die haben kein Licht, um zu wachsen. Die folgen eigenen Lebensmustern und -gesetzen, die wir heut noch nich kennen. Dort unten is es grottenkalt. Da gibt's auch fast kein Futter. Was sich an der Wasseroberfläche in ein paar Jahren erneuern kann, das braucht dort Jahrhunderte oder Jahrtausende. Die Anwachsung, die dein Pa auf seinem Schreibtisch liegen hat ... die Laboranalyse sagt, dass es pro Zentimeter Anwachsung zehn Millionen Jahre für sein Entstehen gebraucht hat. Aber das interessiert deinen Pa nich. Er hat es uns auch nich erzählt. Ich hab die Info entdeckt, weil ich die gesamte Analyse bis zum Ende gelesen hab.“

„So ist er.“

„Ich muss nen Weg finden, solchen Idioten einen Schock zu versetzen. Die Wissenschaftler sind noch nich so weit. Wir haben heut nich genug Daten, um Tiefseebergbau verantwortungsbewusst betreiben zu können. Aber auch nich genug, um das Verbrechen an der Natur zu stoppen, bevor es so richtig beginnt.“

„Ich weiß."

„Ich brauch ne Lösung, verdammt."

„Ich weiß."

„Sag nich immer *ich weiß.*"

„Aber ich weiß eine Lösung."

Mein Körper reckt sich ruckartig kerzengerade auf. Ich dreh mich auf dem Barhocker zu ihm. „Jetzt bin ich aber gespannt."

„Ich zeig dir was", sagt er, rutscht von seinem Hocker und winkt mit der Hand, dass ich mitkomm.

Im Keller der Villa is ein Katastrophenschutzbunker. Ich glaub's nich, als David sagt, in jedem Haus in der Schweiz sei so einer. Aber das wär nich das Spannende. Wir gehen weiter bis ans Ende des Kellergeschosses und landen in einem Raum voller Elektronikschränke, vom Fußboden bis zur Decke schwarzglänzend, dazwischen blinken weiße und blaue Lämpchen.

„Was is das?"

„Darf ich vorstellen: SAM und die Lösung für dein Problem."

„Echt jetzt?"

„SAM steht für ... na los SAM, sag, was dein Name bedeutet."

„Someone Awfully Mindful."

„Danke, SAM."

„Jemand, der schrecklich aufmerksam is?"

„SAM kann dir den Beweis liefern, den du noch brauchst, und ihn auch in Bilder umsetzen, wenn's sein muss."

„Du machst Witze."

„SAM ist eine künstliche Intelligenz. Er bekam von mir einen Samen-Algorithmus und lernt selbständig, so wie ein riesiger Baum aus einem winzig kleinen Samen wächst. Seine Begrenzungen sind die Regeln und Werte, die ich vorgegeben habe, und seine Hardwarekapazität. Gestern habe ich seine Vorgaben für das Bestellen von Nachschub für den Kühlschrank verfeinert. SAM muss das Haltbarkeitsdatum aller Lebensmittel scannen, wenn sie reingelegt werden, und uns zwei Tage vor dem Verfallsdatum warnen. Vergammelt was im Kühlschrank, bestellt er das jetzt nicht mehr nach."

„Cool."

„Von dir gelernt und SAM damit gefüttert."

„Jetzt check ich's. Du willst ihn mit meinen Daten füttern, um zukünftige Entwicklungen zu simulieren, richtig? Wie schnell erholt sich ein Biotop von Eingriffen in 2000, 4000, 6000 Metern Tiefe, wenn es dort kein Licht gibt, das Wasser eiskalt is und wenn wir unsere bisherigen Erkenntnisse zu Lebensart und Wachstum zugrunde legen, richtig?"

„Ja, aber SAM allein hat nicht genügend Rechnerkapazität. Deshalb machen wir jetzt mit Bea einen Besuch bei den Freis, und ich frage Reto, ob ich SAM mit seiner ILSA verlinken darf. Pack deine Notizen und Bilder zusammen. SAM, ruf Reto und Miéko an und sag, dass wir drei unterwegs zu ihnen sind."

Das lass ich mir nich zweimal sagen. Ich saus die Treppe hoch bis ins Götter-Gästezimmer und pack Laptop, Notizbuch und Stifte in meine Umhängetasche. Ich füll auch noch Margeritenwasser in meine Unterwegsflasche ab. In der Eingangshalle warten David und Bea schon, die aufgedreht hin- und herspringt. David mustert die Wasserflasche in meiner Hand, sagt aber nix. Ich zieh noch Jacke und Stiefel an, und los geht's.

Reto und Miéko Frei begrüßen uns erfreut zusammen an der Haustür, Bea und Dante sind trotz ihres fortgeschrittenen Hundealters nicht zu halten, balgen und laufen zusammen ins Haus hinein. Das Haus is bestimmt doppelt so groß wie das der Müllers, aber viel schlichter. In der Eingangshalle liegt ein heller Sandsteinboden aus Platten. Von oben strömt durch eine große Glasluke Tagelicht hinein. Geradeaus geht es durch eine bogenförmige Öffnung ins eigentliche Haus, und dieser Durchgang is Teil einer riesigen blauen, gemalten Vase, sicher fünf Meter hoch, die fast die ganze Wand ausfüllt. Irgendwie fasziniert mich das. Die rechte Wand der Eingangshalle ziert eine Anrichte, darauf funkelt eine Amethystdruse. Ich spür ihre Energie bis zu mir. Gegenüber, an der linken Wand, befindet sich hinter einer Schrankkonstruktion aus hellem Holz die Garderobe. Wir hängen die Jacken auf, gehen durch den Torbogen der Vase und dann rechts in einen kleinen Gang und dort sofort nach rechts in eine Art Besuchszimmer. Meine Augen schweifen umher. Auch hier der gleiche Sandsteinfußboden, die Wände terracottafarben gestrichen. In der Mitte des Raumes ein runder Holztisch, wieder aus hellem Holz, darüber eine futuristische Lampe, eine freischwebende Konstruktion. Je eine Tuschzeichnung hängt an den drei Wänden ohne Fenster, ein Kirschblütenzweig, ein Bambus und ein Fisch. Auf dem Tisch, mit genau vier Stühlen drum herum, steht schon eine Teekanne mit vier Bechern bereit. Von Bea und Dante is nix mehr zu sehen und zu hören.

„Ich bin ja von David schon so einige Überraschungen gewöhnt, wissen Sie“, spricht Herr Frei mich an. „Ohne ihn hätte ich den Traum von maßgeschneiderter eigener künstlicher Intelligenz nie verwirklichen können.“

„Weiß dein Vater, was ihr da vorhabt?“, will

seine Frau Miéko von David wissen. Sie ist Japanerin, eine kleine, zierliche Person, etwa sechzig, schwarzes dichtes, kurzes Haar im Pixie-Schnitt, eine schwarze runde Hornbrille über den mandelbraunen Augen, dazu der Kontrast von heller Haut und rotem Lippenstift. Sie trägt einen dunkelblauen japanischen Hausanzug aus dicker Baumwolle und Zehensteg-Sandalen.

„Nö, den müssen wir ja als ersten zur Vernunft bringen. Die Fakten, die Lucia von den Erkundungsprojekten in der Tiefsee zusammengetragen hat, reichen noch nicht für so Betonköpfe wie ihn."

„Wir müssen von den Bodenschätzen der Ozeane die Finger lassen, solange wir nich wissen, was wir dort auslösen", füg ich hinzu.

Reto Frei wirkt noch viel sympathischer und bekommt Grübchen, wenn er so wie jetzt verschmitzt lacht und uns alle damit ansteckt. Er schenkt uns Tee ein.

„Ich brauche wahrscheinlich mehrere Tage, um SAM und ILSA zu verlinken, und mehrere Wochen mit Lucia, um die Vorgaben für den Rechner immer wieder feinzustellen und die Programmierung zu ergänzen. Was wir als Ergebnis brauchen, ist eine klarere Sicht darauf, was tatsächlich in den Meeren passieren wird, wenn wir zum Beispiel Kobalt, Mangan und Kupfer in diesen Knötchen auf Tiefseeebenen abbauen. Was passiert mit dem Ökosystem insgesamt? Was passiert mit Mikroben und Tieren? Was wird durch aufgewirbelten Dreck, gelöste Sedimente und Korallen sonst noch ausgelöst?"

„Kannst du mir erklären, Lucia, wo und wie die vorhaben, in den Ozeanen Metalle und Mineralien abzubauen?"

Bevor ich antworten kann, kommen die Hunde

reingelaufen, und Dante will von mir gestreichelt werden. Die Freis quittieren das beide mit einem Lächeln. Irgendwann geht Dante dann zu Frauchen und ich kann die Frage in Ruhe beantworten.

„Es gibt drei Arten von Ökosystemen, die für Tiefseebergbau in Frage kommen. Das erste sind Seeberge. Auf denen wachsen zum Beispiel Korallen oder Schwämme, und die Kruste, auf der sie wachsen, besteht aus Mineralien wie Eisen-Mangan. Wenn du da abbaust, zerstörst du die Korallen und den ganzen Lebensraum. Dann gibt es hydrothermale Öffnungen. Die sehen aus wie riesige Schornsteine, aus denen aus dem Erdinneren bis zu 350 Grad Celsius heißes metall- und mineralhaltiges Wasser sprudelt. Es verdampft im eiskalten Wasser und formt sich dabei zu einem Schornstein. An der Außenwand siedeln sich Mikroben an, die dann selbst das Futter und die Lebensquelle für unzählige Tierarten bilden ... Krebse, Krabben, Röhrenwürmer und die bizarrsten Kreaturen. Wir kennen die wenigsten davon und verstehen auch nix von ihrer Lebensweise in Dunkelheit und Kälte dort unten. Durch diese Schornsteine werden aus der Erdkruste und dem Erdinnern große Mengen Mangan, Kupfer, Nickel, Kobalt, Gold, Silber, Zink und Blei hochgespült. Das wär das ertragsreichste Abbaugebiet, aber auch das schwerste. Die Schornsteine befinden sich in den Ozeangräben entlang der Erdspalten mit viel vulkanischer Aktivität. Die International Seabed Authority der UN versucht bis Juli 2020 zu regeln, unter welchen Bedingungen dort wer abbauen darf. Das dritte sind Tiefseeebenen, in denen Polymetall-Knötchen von murmelklein bis pampelmusengroß herumliegen." Ich zeig ihnen ein Foto. „Wenn da unten Licht wäre, sähe das so aus."

„Der Abbau in den Tiefseeebenen scheint vorerst technisch und finanziell das Attraktivste zu sein. Darauf sollten wir uns mit der Simulation zunächst konzentrieren. Dazu kann ich auch die meisten Daten finden und die Rechner damit füttern. Vorausgesetzt, David programmiert und Sie lassen zu, dass ILSA und SAM gemeinsame Sache machen.“

„Großartig! Was meinst du, Schatz?“

Miéko lächelt wie eine Buddha-Statue. Das ganze Haus der Freis ist irgendwie Zen. Mir schenkt das Ruhe. Sie schaut erst Reto liebevoll an, dann blitzen ihre Augen auf, und schließlich sagt sie: „Worauf wartet ihr noch? Oder muss ich euch erst einen Kami schicken?“

Ich weiß nich, was ein Kami is, aber das nennt man dann wohl einen gelungenen Kick-off.

Als David und ich mit Bea zusammen den Wiesenhang von den Freis hinunter zur Villa der Müllers laufen, sind wir beide aufgeputscht. Ich verteil das Margeritenwasser mit ausgelassenen Bewegungen tanzend auf dem Gras. David schaut nur, fragt aber nich.

„Vater sagen wir davon kein Sterbenswort."

„Abgemacht."

„Einmal am Tag ist Meeting bei den Freis. Er wird nicht fragen. Wegen Corona machen Reto und Miéko mir keine Sorgen. Wir werden Abstand halten und Mundschutz tragen."

„Mieko findet Mundschutz wichtig. In Japan scheint das normal zu sein, jedenfalls in Großstädten, hab ich gehört."

„Lucia, das ist das coolste Projekt, bei dem ich je dabei war."

„Wenn wir erfolgreich sind, dann können wir allen Boomern zeigen, was echt angesagt is."

„Pa wird sich einen neuen Job ausdenken müssen, fürchte ich ... nein, hoffe ich!"

„Das wissen wir erst, wenn wir die Ergebnisse haben. Bis jetzt hab ich nur so eine Ahnung ... dass Tiefseebergbau, so wie sie es planen, eine saudumme Idee für Menschheit und Erde is. Diese Geldgeier werden alle Fehler wiederholen, die sie die letzten zweihundert Jahre an Land gemacht haben."

„Die Freis mögen dich. Hast du gesehen, wie sie sich immer wegen dir angelächelt haben?"

„Ich mag sie auch. Was machen sie eigentlich?"

„Reto ist ein spiritueller Unternehmer."

„Wie meinst du das?"

„Als ich seine ILSA programmiert habe, musste ich ihm die Online-News und Videos einiger Webseiten in den täglichen persönlichen Newsfeed einspielen.

Alles, was Business ist, klaro, NZZ, Handelsblatt, FT, Washington Post, Forbes, Japan Times, Times of India, The China Times und so. Aber auch Seiten mit spirituellen News und Videos wie ThoughtsFrom-AMaster und WeSeekToServe."

„Und was is auf den Seiten, hast du mal geguckt?"

„Klaro. Beides amerikanische .com-Seiten mit Nachrichten von Meisterlehrern oder so."

„Was?"

„Na, Wesen, die selbst mal auf der Erde gelebt haben und jetzt als so eine Art großer Bruder oder Schwester, kannst auch sagen Meisterlehrer, denen helfen, die noch mehr lernen müssen, um sich weiter-zuentwickeln."

„Beispiel?"

Als ich auf den Webseiten und Videos war, erkannte ich ein paar Namen, andere kannte ich nicht. Mutter Maria, klar, kennt jeder, aber Lord Maitreya, Meister Yeshua, Meister Saint Germain ... keine Ahnung ..."

„Hm ... interessant, wirklich interessant. Haben die Freis denn keine Kinder oder Enkel, dass sie so viel Zeit für dich haben?"

„Nö. Sie haben mich irgendwie adoptiert, sind meine Ersatzfamilie. Wenn ich ein paar Tage nicht komme, fehlt ihnen was. Sie fehlen mir dann auch. Oma Jin Jin ist zu weit weg. Sie lebt heute auf Vancouver Island und ist die coolste Oma, die ein Junge haben kann. Alles, was ich über die Natur weiß, hat sie mir beigebracht. Erst hat sie mir Indianerkleidung genäht. Dann haben wir Lagerfeuer gemacht, Fische gefangen, ausgenommen und gebraten. Wir haben zusammen im Zelt geschlafen, sie hat mir Lieder vorgesungen und

Geschichten erzählt."

„Von was?"

„Von den Okanagen und vom Okanagen-See. Am besten gefallen mir die von dem Monster im See, Ogopogo. Ogopogo ist so eine Art Nessi wie in Loch Ness."

„Und wie oft siehst du deine Oma?"

„Einmal im Jahr, in den Sommerferien. Sie lebt am Rande einer Kleinstadt auf Vancouver Island. Erzähl es nicht weiter, aber ich spiel immer noch mit den Ottern und schau hinauf zu den Adlern, wenn ich bei ihr bin."

„Ich weiß, wie wundervoll Tiere und die Natur sind. Aber noch wundervoller is es, jemanden zu haben, der das auch versteht."

David legt mir den Arm um die Schultern und drückt mich an sich. Wir schauen uns kurz an und verstehen einander, ohne Worte.

„Reto und Miéko verstehen das auch."

„Sind die Freis reiche Leute?"

„Jeder, der hier in Rüschlikon auf dem Berg wohnt, ist reich. Aber Miéko und Reto benehmen sich nicht so. Reto hatte mal ein eigenes Unternehmen in Japan, jetzt ein anderes, sagt er. Miéko ist eine berühmte Shinto-Tuschemalerin, und ihre farbigen Holzschnittdrucke erst, der Hammer. Mit der Technik macht sie echt coole Berge, Bäume, Menschen, skurrile Geister und Götter. Sie sind genau zu dem Zeitpunkt aus Japan in die Schweiz gekommen wie wir aus London. Miéko ist nun noch viel berühmter, als sie es in Japan schon war. Pa hat von ihr die zwei Bilder im Home Office gekauft. Vor ein paar Jahren hat er erst versucht, den Preis für ein Farbholzschnittdruckunikat runterzuhandeln. Da hättest du sie mal sehen sollen.

Hat ihm das Bild wieder aus der Hand genommen und dann immer wieder freundlich lächelnd Tee ausgeschenkt."

„Ich dacht, der trinkt nur Espresso?"

„Die Lektion hat voll gesessen, höflich, aber deutlich. Er hat zwei Jahre gewartet, bis er sich wieder getraut hat, sie nach einem Bild zu fragen. Auf einer Ausstellung von ihr in Zürich hat er sich das Pärchen im Home Office ausgesucht und dann auf Charmeoffensive gemacht, Miéko erst lauthals mit Lobenshymnen überschüttet und ihr ins Ohr geflüstert, er kauft sie. Und was glaubst du, hat sie gemacht?"

„Sich geweigert?"

„Nö, cooler, viel cooler. Sie hat einen roten Punkt neben die beiden Bilder geklebt, den Preis durchgestrichen, einen doppelt so hohen auf das Schildchen geschrieben und laut verkündet, wie gern sie ihm diese Bilder verkaufe. Sein Gesicht hättest du sehen sollen."

„Und er hat sich nich gewehrt?"

„Nö. Ein hohes Tier aus der Rohstoffwelt, mit dem zusammen wir dort waren und der was von Kunst versteht und sie sammelt, stand daneben. Pa hat nicht die blasseste Ahnung von Kunst."

Wir prusten beide lauthals los.

„Von der kann ich noch was lernen."

Als wir vor der Haustür ankommen, erscheint der Postbote mit einem kleinen Päckchen für David. Seine Augen leuchten auf, als er den Absender betrachtet.

„Ich habe eine Überraschung für dich und mich." Dabei schüttelt er das Päckchen.

„Mach's nich so spannend."

Im Flüsterton fährt er fort: „Ein Geschwister-DNA-Test von einem Labor aus der Schweiz. Ich will's echt wissen, du doch auch, oder?“

„Ich glaub, ich hab mir nur was eingebildet. David, es wär mega, dich zum Bruder zu haben, aber dein Pa heißt nicht Adam.“

„Aber er kann lügen, wenn es vorteilhaft für ihn ist.“

„Das können alle.“

„Der DNA-Test geht ganz einfach. Mit dem Wattestäbchen Wangenschleimhaut abstreichen, und dann schicken wir‘s zurück zum Labor. In zwei Wochen haben wir dann das Resultat. Und bis dahin kein Wort, zu niemandem. Ich leg dir dein Test-Set ins Gästebad und sammele es morgen früh unauffällig da wieder ein.“

„DNA-Test, hätt ich auch drauf kommen können …“

„Hat der Doc mich drauf gebracht, als er die Schleimhautprobe in der Nase nahm. Den Rest wusste Google.“

„Aber müsstest du es deinem Vater nich sagen? Ihr seid doch so dick miteinander.“

„Als er aus New York zurückkam, hab ich ihn gelöchert. Er hat gesagt, dass er dich nur eingeladen hat, weil das gut ist für seine weiteren Geschäftsabsichten. Er hat mir geschworen, dass er außer mir keine Kinder gezeugt hat. Aber …“

„Aber was?“

„Alles in mir sagt, du bist meine Schwester. Wenn ich falsch liege, ist nichts passiert. Außerdem, er sagt mir ja schließlich auch nicht immer alles. Aber wenn ich richtig liege, dann muss ich ganz andere Fragen stellen.“

„Würd er nich einwilligen, wenn du ihm davon erzählst?“

„Wenn er es wirklich klären wollte, hätte er

selbst vorgeschlagen, dass er einen Vaterschaftstest macht. Verstehst du nicht? Ich liebe meinen Pa, aber ich kann nicht sagen, dass ich alles von ihm weiß."

„Aber ich weiß jetzt ehrlich nich mehr, welches Ergebnis mir lieber wäre."

„Wie meinst du das?"

„Was machen wir, wenn wir Geschwister sind und rausfinden, dass er dich belogen hat, mich schon einige Zeit verarscht und meine Mutter ganz übel im Stich gelassen hat?"

David zieht die Schultern hoch.

„Genau davor hab ich Angst, David."

RÜSCHLIKON, 31. MÄRZ 2020

Thomas Müller geht mir echt auf die Nerven. Der Mann hat Hummeln in der Hose. Ständig läuft er rum, Ohrstöpsel fürs Smartphone im Ohr, und biedert sich und seine Ideen an. Er sucht einen Job, aber es muss unbedingt ein Karrieresprung nach oben sein. *Der Katholik,* wie er ihn nennt, hat ihm den erhofften CEO-Job angeboten. Aber nur einen Drei-Jahres-Vertrag, weniger Gehalt als gefordert, zahlbar in US-Dollar, 40 Prozent fest, der Rest Bonus je nach Leistung. Die Holding soll im US-Bundesstaat Delaware sein. Das stinkt ihm gewaltig. Ein mittelständisches Unternehmen aus Kanada hat ihm einen Geschäftsführerposten angeboten. Aber er will beide Jobs nich. Nich gut genug, Karriereknick, hat er David gesagt. Sind alle Männer in der Businesswelt so? Interessieren die sich eigentlich auch mal für das, *was* sie tun sollen? Welche Bedeutung ihre Arbeit für die Welt und andere hat? Ich check das nich ...

David is mit Bea bei Reto, und ich hab Ruh, um ungestört zu recherchieren. Miéko und Reto wollen besser verstehen, was ich herausfinden und dokumentieren will. David muss sich den Kopf darüber zerbrechen, wie er SAM und ILSA verlinkt bekommt. Das hat er sich einfacher vorgestellt, als es is. Ich sitz seit sieben in der Früh am Laptop, summ leise vor mich hin, hab Forschungsergebnisse von Universitäten und Forschungsstätten von der Barentssee über Okinawa, der Indischen See bis nach Hawaii und den Äußeren Hybriden zusammengetragen, aufgeschlüsselt und an SAM geschickt. Meine Augen sind wohl inzwischen viereckig und fallen mir fast zu. Reiben hilft auch nich mehr. Gleich mach ich Pause und ess was. Aber vorher noch schnell einen kurzen Übersichtstext für Reto und Miéko. Sie wollen mehr zur Tiefsee wissen, um sich ein informierteres Bild machen zu können, ohne sich stundenlang totzugooglen.

Die gesamte Erdoberfläche misst 510.000.000 Quadratkilometer, 70,7 % davon sind mit Wasser bedeckt – Ozeane, Flüsse und Seen. Die größte Wasserfläche ist der Pazifische Ozean, gefolgt vom Atlantischen und Indischen Ozean. Die mittlere Tiefe dieser drei Ozeane liegt zwischen 3870 und 3380 Metern. Weite Teile der Ozeane sind für uns bisher unzugänglich und völlig unbekannt. Wir wissen mehr über die Rückseite des Mondes als über unsere Tiefsee. Zwölf Männer haben den Mond bisher betreten, aber nur vier Menschen sind in einem Tauchboot bis auf den Boden des Mariannengrabens vorgedrungen. Das ist eine Tiefseerinne im westlichen pazifischen Ozean, an ihrem tiefsten Punkt 11.000 Meter unter dem Meeresspiegel.

Es gibt keine einheitliche Definition, wo die Tiefsee beginnt. Einige sprechen von Tiefsee schon ab 200 Metern Wassertiefe. Dort beginnt die Übergangszone zwischen Kontinentalrand und Kontinental(ab)hang. Andere Definitionen von Tiefsee basieren auf der Wassertemperatur oder der Eindringungstiefe von Licht.

Die Tiefsee ist in jedem Fall die unterste Schicht aller Ozeane, die ab einer Tiefe von 1000 Meter oder mehr. Dort ist die Tiefsee eine äußerst lebensfeindliche Umgebung mit Temperaturen, die selten 3° C (37,4° F) überschreiten und bis zu –1,8° C (28,76° F) fallen. Die bisher bekannte Ausnahme bilden hydrothermale

Entlüftungsökosysteme (die Schornsteine, von denen ich sprach, die eine Hitze von 350° Celsius (662° F)) überschreiten können. Es herrschen niedrige Sauerstoffwerte und extrem hoher Druck. In 2000 Meter Tiefe herrscht das 200-fache des atmosphärischen Drucks wie auf Meereshöhe.

Der Meeresgrund kann außerordentlich vielgestaltig sein. Neben Tiefseegräben gibt es hier weite Ebenen und eindrucksvolle Gebirgsketten, sogenannte Mittelozeanische Rücken. Obgleich scheinbar unwirklich, beherbergt die Tiefsee als wüstenähnlicher Lebensraum eine hohe Artenvielfalt. Sie gleicht insoweit dem Regenwald. Doch was vielleicht noch bemerkenswerter ist: Die Tiefsee ist das größte Ökosystem der Erde. Was wir wissen, ist: Tiefseetiere mussten sich durch ungewöhnliche und einzigartige Anpassungen entwickeln, um unter diesen Bedingungen zu leben, sich zu vermehren und zu gedeihen. Der Mangel an Sonnenlicht hat zu einzigartigen visuellen und chemischen Anpassungen geführt. Bisher kennen wir ...

Mir fallen ... ich bin müde ... die Augen zu ... ich träum von der blauen Vase ...

Ich fühl mich in tiefem, kaltem Wasser schwimmen. Neben mir schwimmt eine andere junge Frau, die so aussieht wie ich, Afrohaare, milchschokoladenbraune Haut, mandelbraune Augen. Wir tragen eine Art seegrünen Umhang, der zusammen mit unseren Haaren in der Strömung wirbelt, während wir zwischen Pflanzen und Seetang am Boden des Meeres entlang schwimmen. Wir kommen an den Rand einer glatten Felswand, und ich seh ein riesiges Loch. Eine starke Strömung zieht uns näher. Wir werden angesaugt und zu einer Höhle auf der anderen Seite gezogen, ohne dass wir was dagegen machen können. Das Wasser in der Höhle is flach. Wir stehen auf und gehen aus dem Wasser auf Treppenstufen hinein. Es is schummerig, aber es gibt genug Licht, um zu sehen. Ich frag, wer sie is und wie sie heißt.

Ich bin NÃO, dein Chaperone in der Deva-Welt. Sie lächelt, und ich lächel zurück. Es fühlt sich richtig und wichtig an, was sie sagt, und ich stell mir dazu im Moment keine weiteren Fragen. Komisch, so kenn ich mich gar nich.

Wir beide ziehen unsere Umhänge zurecht und gehen die Treppenstufen weiter hinauf in einen großen und wirklich massiven Höhlenraum. Der Felsen is flach wie eine Plattform, aber natürlich geformt. Die gekrümmte Decke der Höhle wirkt fast gleichmäßig, aber ebenso natürlich organisch und nass. Die ganze Höhle hat die Farbe von sattem, dunkelgrünem Seetang. Eine Reihe von Wesen erwartet uns am anderen Ende. Sie sehen uns gebannt an. Ich fühl ihre Augen mehr auf uns ruhen, als dass ich die Wesen klar sehen kann. In der Mitte sitzt eine Art Königin, denk ich jedenfalls. Auf jeder Seite ihres Stuhls stehen Gefährten, schemenhaft zu erkennen, größere und kleinere, einige eher bläulich, andere grünlich. Nur die Königin seh ich schärfer. Sie is ein fischköpfiges Wesen. Vorn sind Kiemen, der Mund zeigt zur Decke, und die Augen sind zu den Seiten oder zu uns gerichtet wie bei einem Frosch. Ihr hennarotes Haar is wie ein Seefächer, aber es is auch wie eine Krone, die sich aus ihrem Hinterkopf ausbreitet. Ihre Kleidung sieht aus wie eine fließende Algenrobe.

„Willkommen!"

„Danke. Wo sind wir, und wer sind Sie, bitte?" Ich kann meine Neugier nich zügeln.

„Auf den Äußeren Hebriden, einer Partnerstadt der Orkneys."

„Wir sind in einer Stadt?"

„Es gibt unzählige Städte im Meer."

„Versunkene Städte, archäologische meinen Sie?"

„Ich meine Städte, in denen Meervölker so wie das unsrige leben."

Ich glaub, ich hör nich richtig. Für mich sieht das wie ne Höhle aus, mehr nich.

„Wir müssen aufräumen mit den Fehlvorstellungen der Menschen über Meerjungfrauen, Meermänner, Neptun und Nereus. In den Ozeanen leben nicht einzelne tückische oder garstige Wesen. Hier leben hochentwickelte Wassermenschenvölker.

Du, Lucia, sollst lernen, wer wir sind. Du wirst mit eigenen Augen sehen, hören, fühlen und dieses Wissen dann anwenden können. Das ist unser Angebot an dich.“

Es verschlägt mir für einen Moment die Sprache. Ich schau zu NÃO, die nickt mir zu. „Ich danke Ihnen, welch eine Ehre“, sag ich schließlich.

„Niemand kennt die Meere besser als wir. Wir wissen alles, was hier vor sich geht. Und wir können es nicht länger ertragen, wie die Landmenschen mit uns umgehen.“

Ich schau zu NÃO, such Bestätigung.

„Dies ist dein Chaperone. Ohne sie hast du keinen Zutritt zu unserer Welt. Wir müssen vorsichtig sein. Landmenschen sind die grausamsten Kreaturen auf der Erde.“

„Ich versichere Ihnen, ich werd niemandem hier ein Leid antun.“

„Dein Herz ist rein. Aber du kannst gar nicht wissen, wann du uns Schaden zufügst. Du kennst uns und unseren Lebensraum nicht. Du kennst auch unsere Gesetze nicht und was es braucht, um alles hier im Gleichgewicht zu halten.“

Sie hat recht. Ich interessier mich dafür, aber ich hab nich wirklich Ahnung. „Entschuldige meine Naivität.“

„Du bist uns von SANAT KUMARA angekündigt worden. Die geistige Gemeinschaft ist Garant für deine Wahrhaftigkeit. Dennoch wirst du Fehler machen, und wir müssen dafür sorgen, dass wir es sofort bemerken, um jeden Schaden so klein wie möglich zu halten.“

„Das versteh ich.“

„Du wirst regelmäßig zu uns kommen. Wir werden dich lehren, wer die Meervölker sind. Wir werden dich lehren, wie wir leben und wie die Menschheit Meere und Meeresboden nutzen könnte, ohne sie zu zerstören."

„Warum lehrt ihr *mich* das? Ich mein, es gibt doch genügend spezialisierte Wissenschaftler, die nur darauf brennen, dieses Ökosystem besser zu verstehen und die den ganzen Tag dafür Zeit haben."

„Wir sind äußerst vorsichtig geworden, wen wir noch zu uns lassen und mit wem wir unsere Geheimnisse teilen. Wir beobachten einzelne Landmenschen. Wir geben ihnen Aufgaben, die für sie überhaupt keinen Nutzen haben, und sehen, ob und wie sie sie ausführen. Wir wollen zuerst ihre wirkliche Besorgnis für uns ergründen. Wir blicken tief in den Punkt ihres Herzens, schauen auf die Absicht ihrer Seele. Erst nach Jahren von Erfahrungen mit ihnen öffnen wir uns langsam."

„Aber was hab ich getan, dass ihr mir vertraut?"

„Du arbeitest seit fünf Jahren am größten Wasserreinigungsprojekt für die Erde mit, das es je gegeben hat."

„Ich versteh nich."

„Erinnerst du dich, als der alte Mann mit dem zerzausten Haar zu dir in die Nete-Wiesen kam und dir eine Margerite schenkte?"

„Ja, er hatte eine wunderbar sanfte Stimme und erzählte mir von den Tieren und den Blumen."

„Andere wären weggelaufen, hätten ihn für einen Landstreicher gehalten. Aber du warst offen für ihn, hast ihm zugehört."

„Ja, das stimmt. Er hat mich gebeten, die Margerite in eine Kristallvase mit ganz viel Wasser zu stellen und tags darauf davon zu trinken und ihm davon zu erzählen."

„Er ist wiedergekommen.“

„Ja, und das Wasser schmeckte sanfter und süßlicher als alles Wasser, was ich je in meinem Leben getrunken hab. Dann hat er mir gesagt, wie ich das Wasser vermehren soll, und mich gebeten, es zu trinken, es den Pflanzen und Tieren zu trinken zu geben und täglich eine Flasche davon in Flüsse, in Seen, ins Abwasser oder ins Meer zu gießen.“

„Und das hast du getan.“

„Ja, ich hab es ihm doch versprochen, und ich hab immer den Eindruck, Wasser, Pflanzen und Tiere nehmen es dankbar an.“

„Was du Margeritenwasser nennst, heißt bei uns DEVA-Wasser. Es dient der Erneuerung der Erde und hat die Kraft, alles Wasser in seinen ursprünglichen, reinen Zustand zu transformieren.“

„Das geht? Ohne Chemie und Technologie?“

„Natürlich. Das Wasser, das Meer, ist die Wiege der Landmenschen, und wenn sie überleben wollen, müssen sie unsere Geheimnisse kennen und respektieren lernen. Wir sind bereit, unser Wissen mit ihnen zu teilen. Aber erst müssen sie beweisen, dass wir ihnen wieder vertrauen können. Nichts, was die Menschheit auf dem Land heute weiß, kommt dem nah, was wir wissen, und wird reichen, um zu überleben.“

„Du sprichst von Landmenschen und Wassermenschen, so als seien sie eins.“

„So ist es. Beides sind Menschen.“

„Dann definierst du Menschen anders.“

„Ein Mensch ist ein Aspekt einer menschlichen Seele mit einem Vehikel dafür. Er ist inkarniert, um die göttlichen Qualitäten seiner Seele auszudrücken. Das Vehikel ist der Körper. Der Mensch muss nicht unbedingt die Augen dort haben, wo die Landmenschen sie haben. Er braucht auch keine Beine, um stehen oder sich fortbewegen zu können."

Eine Hand rüttelt an mir. „Frau Peeters, aufwachen. Sie sind eingeschlafen."

Mein Kopf tut weh. Ich heb ihn an. Kein Wunder. Er lag auf der Tischplatte neben meinem Laptop. Davids Vater steht neben mir. „Ich bin wohl eingenickt", sag ich benommen. Ich hab eine Erinnerung an eine seetang-grüne Grotte, Meervolk, eine Königin, eine Bitte, formuliert als mahnende Anweisung.

„Sie brauchen eine Pause. Wollen Sie nicht in die Küche gehen und kochen? David kommt bestimmt auch gleich und ist hungrig. Ich komm dann, wenn Sie mit dem Kochen fertig sind." Dann geht er wieder aus dem Zimmer.

Ich schüttle mich, will wieder zu klarem Verstand kommen, steht auf, hol mir ein Glas Margeritenwasser, nein, DEVA-Wasser, und trink es in einem Zug aus. Von wegen jetzt hier unterbrechen und für ihn kochen. Ich bin neugierig, will das jetzt wissen. Hab ich das nur geträumt, oder is da mehr? Zurück am Laptop, recherchiere ich Meervölker, Meermenschen, Meerjungfrauen. Ich geh aus dem Gästezimmer auf den Gang und sag laut in Richtung seines Home Office: „Ich bin noch nich fertig. Kochen Sie schon mal selbst, ich komm dann später dazu."

„Ich kann nicht kochen."

„SAM bestellt Ihnen bestimmt ne Pizza."

So nich. Ich vertief mich ins online zugängliche Standardwörterbuch der Folklore, Mythologie und Legenden. Meermenschen (Meerjungfrauen und Meermänner) sind übernatürliche Wesen, die hauptsächlich im Meer leben. Ovid schreibt, Meerjungfrauen seien aus den brennenden Galeeren der Trojaner geboren worden, indem sich die Hölzer in Fleisch und Blut der „grünen Töchter des Meeres“ verwandelten. Die Iren sagen, dass Meerjungfrauen alte heidnische Frauen seien, die von St. Patrick verwandelt und von der Erde verbannt wurden. Ein livonisches Märchen erzählt, dass sie die ertrunkenen Kinder eines unbekannten Pharaos seien, die in den Tiefen des Roten Meeres ihr Schicksal erleben. Es gibt unzählige Geschichten und Augenzeugenberichte aus verschiedenen Jahrhunderten, die meisten von Orten am Meer oder an Flüssen, wo wiederholt Meerjungfrauen gesehen worden sein sollen. Meerjungfrauen werden beschrieben als von der Taille aufwärts wunderschöne Frauen und von der Taille abwärts als fischartig. Sie verdrehten den Männern den Kopf mit ihrer Erscheinung, ihrem Gesang und den Musikinstrumenten, auf denen sie spielen. Auch die Sirenen versuchten, Homer sowie Iason und seine Argonauten mit ihrem Gesang zu bezwingen. Die Stimme einer Meerjungfrau am Rhein mit Namen Lorelei soll Schiffer so bezaubert haben, dass sie nur auf den Gesang hörten und mit ihren Schiffen an den Felsen zerschellten. Obwohl sie die meiste Zeit unter Wasser verbringen, sollen Meerjungfrauen menschliche Gestalt annehmen können, um an Land zu gehen und sich unter die Menschen zu mischen.

Je nach Land und Kultur haben Meermenschen viele Namen. Seekönigin, Meernymphe, Sirenen, Tritonen, Unterwasservolk, Wasserbabys und Wassermädchen sind nur einige davon. Es gibt auch spezifische Namen für Wassergötter und -geister in den Landessprachen: Havfrue, Havmand, Skylla, Kappa,

Ningyo. Ich entdeck auch Namen für Seegötter: Amphitrite, Atargatis, Lir, Mami Wata, Nereus, Njord, Poseidon, Rân, Sedna, Rusalka und Wodjanoi. Der Dogon-Stamm in Mali, der in Höhlen lebt, glaubt, Kontakt zu einem Fischgott zu haben. Der Wassergeist namens Nummu, der amphibisch war, soll mit einem Raumschiff von einem anderen Planeten gekommen sein. Berosus (290-278 v. Chr., zur Zeit Alexanders des Großen), ein chaldäischer Priester von Bel in Babylon, der sowohl mit der Astronomie als auch mit der Geschichte der Antike vertraut war, beschreibt Babyloniens Schöpfungsgeschichte und das Erscheinen eines Fischmannes aus dem All, der Kunst und Wissenschaft lehrte.

Mir brummt der Kopf, und dann macht es klick, klick. Ich war mit Elizabeth und Papa mehrfach im Louvre, und da steht eine über zwei Meter große Stele aus Diorit, schwarzem Tiefengestein in der Form eines Zeigefingers. Eingraviert sind oben zwei Männer in Roben, der linke steht, der rechte sitzt. König Hammurabi von Babylonien, 1800 v. Chr., spricht mit einem göttlichen Wesen und empfängt von ihm die ersten Gesetze für die Menschheit. Sie sind fein säuberlich in Stein eingeritzt. Irgendwas muss also doch dran sein. Was, wenn das keine Hirngespinste sind? Was, wenn es das alles wirklich gibt und wir bisher nur zu doof, zu arrogant, zu blind dafür sind? Ich muss das jetzt wissen! Mal schaun, was Wikipedia zum Kodex Hammurabi sagt.

BEIM SEERAT

Chroniken-Zeit 18.762.020 – 04.02

Ich lieg müde mit brennenden Augen im Göttergästebett, aber mein Kopf will noch nich schlafen. Den ganzen Tag hab ich Zahlen und Fakten recherchiert. Aber immer und immer wieder kam mir die blaue Vase aus der Eingangshalle der Freis in den Sinn. Warum is die so auffällig unauffällig an die Wand gemalt? Warum an die Wand mit dem Torbogen ins eigentliche Haus? Die Freis scheinen mir viel zu achtsam, als dass sie nur einen Witz machen. Mal sehen ... in Gedanken stell ich mich vor die große blaue Vase, frag mich, wohin sie noch führt ... und dann spazier ich in Gedanken in voller Lebensgröße in die Vase und ...

Es is dunkel. Aber dann gewöhnen sich meine Augen daran ... ich steh vor der riesenhaften Meervolkkönigin und einigen kleineren Wesen in der Unterseegrotte der Äußeren Hebriden. NÃO, mein Chaperone, steht neben mir. Die Königin sagt uns ihren Namen. ETRUTHSIA. Aber ich bin nich sicher, ob ich das richtig verstanden hab, und frag noch mal nach. Ja, sagt sie, ETRUTHSIA und es bedeutet *Familie der Wahrheit*. Sie sei ein Wahrheitsanker. Was auch immer das bedeutet. Vor meinem inneren Auge erscheint ein Bild ihres Namens. Ein Schwert steht für das erste 't'. Es reicht bis unter den Namen. Bis dorthin, wo man Wahrheit findet, in der Tiefe. Das Schwert is aus glänzend poliertem Silber, schlicht im Design. Heut erkenn ich auch ETRUTHSIAs Robe deutlicher. Sie is dekoriert mit Perlen und Seepockenbüschel. Die

Königin bringt ihr Gesicht ganz nah an meins: seegrüne Augen hat sie. Wahrscheinlich will sie meine Afrolocken und mandelbraunen Augen inspizieren.

„Folgt mir! Wir werden erwartet", sagt sie. Wir wenden uns in ihre Blickrichtung, hin zum Wasser. Die anderen Wesen, Wassermänner, vermut ich, sind etwa einen Meter fünfzig groß, sie haben eine Schuppenhaut, einige von ihnen grünliche, andere bläuliche. Auf dem Rücken tragen alle einen Panzer, ähnlich wie der einer Schildkröte, nur flach wie ein Schild. Ihr Kopf is menschlich, doch da, wo der Mund is, haben sie einen Schnabel und oben auf dem Kopf, in der Mitte zwischen den blauen Haaren, eine Öffnung, in der sie immer Wasser mit sich herumtragen. Ihre Augen funkeln rot und scheinen unterschiedlich groß zu sein.

Ich bin fasziniert und verwundert zugleich,

spür, wie mein Herz schneller zu schlagen beginnt. ETRUTHSIA, NÃO, ich und die kleinen Wassermänner steigen die Stufen hinunter ins Wasser. ETRUTHSIA und NÃO nehmen mich rechts und links bei den Händen. Wir schwimmen aus der Höhle hinaus in die offene See und folgen verschiedenen Strömungen. Sie tragen uns davon, wir werden immer schneller.

Wir schwimmen mal tiefer und mal höher. Mal seh ich klar, mal wie im Zwielicht Wellen und Kristalle in verschiedenen Farben, mal is es stockdunkel. Ich bin froh, von ihnen gehalten zu werden. Immer mehr Meerjungfrauen und Meermänner schließen sich uns an. Einige haben Flossen, einige Doppelflossen, andere Beine mit Füßen, die von Schwimmhäuten erweitert sind. Wieder andere scheinen kaum Körper zu haben, ein Kopf mit Krone dazu filigrane Fäden, die sich im Wasser zu verlieren scheinen als Körper, alles in dunkel Magenta. Ich hab solche Wesen noch nie gesehen.

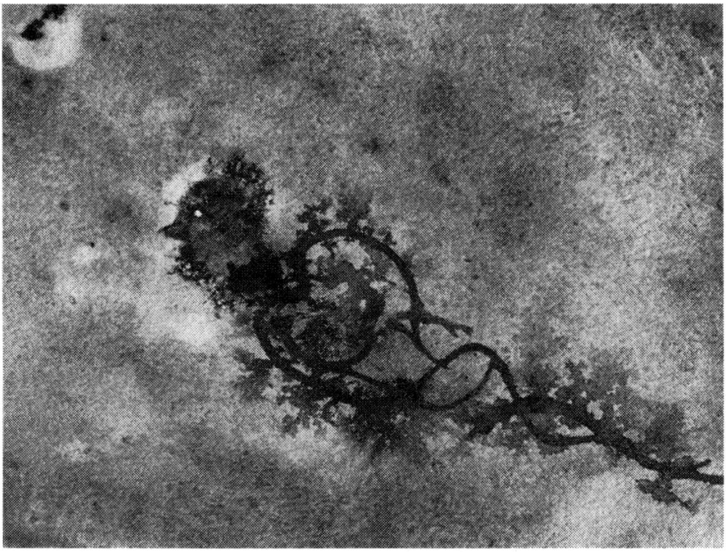

Irgendwann taucht vor uns ne riesige Unterwasserstadt auf. Ich kann sie sehen, von oben dringt Sonnenlicht durchs Wasser. Die Gebäude haben weiche, organische Konturen und Höhlen. Wir halten kurz inne, wohl damit ich den Anblick in mich aufsaugen kann.

„Die Meervölker, so unterschiedlich sie auch sein mögen, arbeiten zusammen, um die Ozeane zu pflegen. Hier und heute trifft sich der Seerat, um unser Projekt zur Heilung und zum Schutz von Korallenriffen voranzubringen. Wir haben uns entschieden, dich dazu einzuladen."

Ich bin gerührt und gespannt zugleich. Wir schwimmen langsam auf eine Art Eingang zu einem riesigen, langgezogenen Korallenriff zu. Davor steht eine gigantisch große, glasig-grünliche Weltkugel, auf der die Meere abgebildet sind, nicht das Land, wie auf dem Globus von Papa. Überall gibt es größere und kleinere Punkte mit einem roten Pünktchen in der Mitte. Sie sollen wohl Städte darstellen. Das muss ich erst mal checken. Die See is so bewohnt wie unser Land. Es gibt Städte, Bergketten und -rücken, weite ebene Flächen, Täler und Gräben. Ich fass es nich.

Plötzlich ein ohrenbetäubendes, metallisch schrilles Geräusch, so wie man es aus Horrorfilmen kennt, wenn etwas Unbekanntes naht. NÃO und ich halten uns die Ohren zu. ETRUTHSIA und die Wassermänner und -frauen winden sich vor Schmerz.

Als das grausige Geräusch endet, schwimmen wir zum Eingang des langgezogenen Korallengebäudes.

Der Eingang sieht aus wie ein Schneckenhaus, das sich gegen den Uhrzeigersinn drehend zu einer Art runden Schleuse immer mehr verengt. Es erinnert mich an eine logarithmische Spirale. Davor stehen rechts und links Seetang-Pflanzen, farnartig mit Tapioka-Perlen auf den Wedeln. Sie erinnern mich an Fischeier. Eine Meerfrau schaufelt mit der Flossenhand über die Pflanze und zieht die Perlen an den Mund. So einfach geht Essen hier.

Die Schleusenwand dreht sich von der Mitte des Schneckenhauses im Uhrzeigersinn auf, und wir schwimmen rasch hindurch. Nun sind wir in einem Zwischenraum, der von innen auch aussieht wie ein Schneckenhaus. Die Eingangsöffnung schließt sich, dann wird das Wasser abgesaugt. Als wir auf dem Trockenen stehen, öffnet sich die Rückwand der Schneckenhausschleuse auf die gleiche Art und Weise. Wir treten in einen großen Hohlraum, hoch und offen, von dem weitere Höhlenräume in verschiedene Richtungen abgehen. Der Boden unter meinen Füßen is aus Perlmutt, drunter glänzt es metallen. Die Wände sind mit massiven Spiralschalenabschnitten verziert und Korallenbäume dekorieren den Raum. Ob sie auch eine Funktion haben, kann ich nich erkennen. Alle Formen und Oberflächen sind eindeutig organisch.

Wir drei werden von super großen Wassermännern begrüßt, die den Tritonen alter Überlieferungen ähneln. Mächtige, muskulöse männliche Oberkörper, markante Köpfe mit kantigen Gesichtern und wellig langem Haar. Sie tragen eng anliegende Hosen. Die Schwanzformationen, auf denen sie stehen, haben weiche Ecken und schimmern wie Diamanten.

Sie verneigen sich vor uns und überreichen mir ein Oberarmband aus glänzendem Gold. ETRUTHSIA hilft mir, meins anzulegen. Es öffnet sich entlang eines abgegrenzten Kanals mit einer kleinen flügel- oder flossenartigen Formation auf beiden Seiten. Einer der Tritonen sagt, es sei das alte Symbol der Allianzen und ich würd jetzt als Botschafter der Nationen betrachtet. Sobald es an meinem linken Arm festklemmt, zuckt der Arm und schlägt aus, um einen Energiestoß zu entladen. Als wenn das noch nicht genug is, überreicht mir der Triton noch einen Miniatur-Tritonen in Form einer Haarnadel. Er bittet mich, sie gleichfalls anzulegen und später Oberarmreif und Haarnadel sorgfältig in meinem Dienstbeutel aufzubewahren. Es seien meine Schlüssel zur Stadt und zur Welt der Meervölker.

Ich bin verwirrt, fühl mich geehrt und respektiert. Als ich die Haarnadel in meine Afrolocken steck, klatschen alle um mich herum. Ich bin beschämt, aber frag, was das für ein Horrorgeräusch eben war. Der Triton schaut betreten zurück und erwidert mit Wut in der Stimme: „Die Geheimisse des Universums sind in Energien, Frequenzen und Vibrationen verborgen. Wer solche Geräusche bewusst erzeugt, der will ängstigen, zerstören und vernichten. Den meisten Landmenschen ist selbst nicht bewusst, was sie da anrichten. Die Ursache für den Klanghorror gerade war wohl wieder ein durch Landmenschen ausgelöster unterirdischer Atomtest. Wissenschaftler nennen sich diese Schwachköpfe."

„Folgt uns nun bitte", sagt er nach einem Moment der inneren Sammlung. Die Tritonen führen uns nun durch einen langen Gang, durchflutet von weißem Licht. Wir gelangen in eine Art Ballsaal, große Perlenseile hängen über unseren Köpfen herab. Das Licht is immer noch weiß, und ich vermut, das Deckenmaterial is durchscheinend, Korallen oder Muscheln. Es gibt keine feste Wand, nur flüssig organische Formen als Übergänge. Auf dem Boden sind erstaunliche Intarsien aus Muscheln, vielleicht Abalone und Perlmutt mit einem deutlichen Kontrast von Dunkel und Hell. Weiter vorn erhebt sich eine Art Bühne, ein erhöhter Plattformbereich, der das andere Ende des Raumes umrahmt. Riesige Korallenbäume schmückten ihn rechts und links. Ich denk, dass wir uns in oder unter einem Korallenriff befinden. Das weiße Licht is gleichförmig, es muss durch die Riffdecke kommen.

Einer der Tritonen reicht uns dreien kleine Muschelkelche mit einer kohlensäurehaltigen, orangefarbenen Flüssigkeit. Ich nehm einen Schluck und fühl mich sofort erfrischt. Es schmeckt pflanzlich-fruchtig, nich fischig.

Jemand berührt sanft meine linke Hand, und

bevor ich mich noch umblicken kann, sagt die bekannte sanfte Stimme: *Willkommen, Lucia. Wie gefällt es dir hier?*

Dieses gütige Gesicht, diese blauen Augen voller Liebe. Sein Haar geht bis zu den Schultern, und er trägt eine violette Robe, die sanft bis zu seinen Füßen und den Sandalen fällt. Von ihm geht ein weißer Lichterkranz aus.

„Wie kommst du denn hierher, YESHUA?"

Ich bin ein Vertrauter aller Menschen.

„Wo sind wir hier?"

Für was hältst du es denn?

„Eine Unterseestadt, aber etwas is komisch."

Ach, was ist denn bitte komisch?

„Siehst du den metallischen Schimmer, der von unterhalb des Fußbodens zu kommen scheint?"

Bevor er antworten kann, kommen zwei Tritonen mit einer Platte voller interessanter Formen. Köstlichkeiten zum Essen, nehm ich an. Aber ich lass die Finger davon. Ich will wissen, was hier vorgeht, und schau mich um. Der Saal is inzwischen mit wohl tausend Meermenschen gefüllt. Plötzlich scheppert es hinter mir. Ich dreh mich schnell um und seh, wie Meermänner, die so aussehen wie die, die mit uns gekommen sind, sich über einen Tritonen lustig machen, dessen Tablett auf den Boden gefallen is. Sie schneiden ihm Fratzen, und er schaut böse zurück, während er das Tablett und die Scherben aufsammelt. Dann höre ich Musik, anders als alles, was ich je im Leben gehört hab. Es is eine Art Symphonie von Unterwassergeräuschen, zart, lieblich, harmonisch. Alle Anwesenden bilden nun einen Kreis um die Mitte des Saales, in den Tänzerinnen und Tänzer treten. Muss wohl so ne Art Willkommenszeremonie sein. Die

Meervölkerpaare in der Mitte des Kreises beginnen sich umeinander in immer neuen Figuren zu drehen, aber stets im Kreis miteinander. Sie tragen fließende, sarongartige Gewänder in Blau und Grün mit goldenen Blitzen darauf. Als sie ihren Tanz beenden, verneigen sie sich und alle klatschen.

Ein Fischmann auf der Bühne erhebt seine Stimme und bittet um Aufmerksamkeit. Alle Anwesenden wenden sich ihm zu, und ich mach, dass ich bei YESHUA bleib. Ich will, dass er meine Frage beantwortet.

„Liebe Wassermenschen, liebe Freunde und Vertraute, liebe Allianzpartner, willkommen zu den Arbeitssitzungen des Seerates zum Fortbestand der Korallenriffe. Für uns ist es existenziell, die Korallenriffe gesund und voller Leben zu erhalten. Den Landmenschen sind Korallenriffe nicht wichtig, nur denen, die auf irgendeine Weise direkt davon leben. Unsere Erfahrung der letzten Jahre ist, dass auch diese Gruppe uns mit ihren Anstrengungen nicht wirklich hilft. So müssen wir unsere eigenen Bemühungen vervielfachen. Mit dem Wasserrestaurierungsprojekt der Devas einerseits und der Riffwiederherstellung andererseits werden wir Meermenschen wieder an Kraft gewinnen und besser für den Umgang mit Landbewohnern gerüstet ein. Obwohl es uns Unbehagen bereitet, müssen wir uns ihnen zu erkennen geben, Respekt und Zusammenarbeit einfordern. Einige verstehen langsam, dass die Meere, ihre Riffe und Ressourcen kein Selbstbedienungsladen sind. Mit ganz wenigen arbeiten wir bereits zusammen, doch wünschen wir uns, dass es viel mehr werden."

Er bekommt Applaus, halb gesungen, halb geklatscht.

„Wir danken den Meisterlehrern und unseren Außerirdischen Verbündeten für ihre bedingungslose Unterstützung, seit wir zurückdenken können. Sie haben heute eine weitere Landfrau zu uns gebracht, der sie vertrauen und der wir damit auch vertrauen dürfen. Sie hat über viele Jahre selbstlos bewiesen, dass sie dem Wasser dient, und Respekt für alle Lebensformen gezeigt. Die Landmenschen haben sie Lucia getauft, aber ihr eigentlicher Name ist TRUSIAN. Sie hat soeben das Zeichen der Allianz und die Schlüssel zu dieser Stadt erhalten."

Er deutet in meine Richtung, und alle schauen auf mich. Gefühlt laufe ich gerad puterrot an, weiß aber nich, ob das unter Wasser auch geht. Ich schau zu Boden, es is mir mega peinlich.

„Wir brauchen sie nicht zu fürchten. Aber sie kennt unsere Gesetze und Gebräuche nicht, weiß nicht, was hier bei uns gut und richtig ist. Lasst also im Umgang mit ihr noch Vorsicht walten."

Ich blick wieder auf. Sie müssen sehn können, dass ich verlegen bin. Etwas, das wie ein Seeraunen klingt, erfüllt den ganzen Saal, dann wackelt plötzlich alles hin und her und ich werd umgeworfen. Die anderen stehn noch, keine Ahnung, wie sie das gemacht haben. Schnell erheb ich mich. Wehgetan hab ich mir nich.

„Wir wollen uns nun unserer Projektarbeit für die Korallen zuwenden, und ich bitte alle, in den nächsten Tagen ihr Bestes zu geben, damit wir anschließend das erarbeitete Revitalisierungskonzept an allen Korallenriffen in allen Ozeanen umsetzen können. Bitte begebt euch nun zu euren Projektgruppen in den Nebenräumen. Heute Abend treffen wir uns hier wieder zum Bankett. Ich danke euch."

Die Meermenschen summen und klatschen, dann zerstreuen sie sich, und ich bin froh, bei YESHUA, ETRUTHSIA und NÃO zu stehen.

„Was war das?"

„Das? Ach, nur ein Seebeben geringer Stärke. Aber warte, bis Poseidon seine angestaute Wut ablässt und die Landmenschen am eigenen Leib spüren werden, was sie schon angerichtet haben."

„Sie dürfen den Landmenschen nich vertrauen, hört ihr. Die allermeisten sind gierig und selbstsüchtig. Für Geld und Macht oder Freizeitspaß tun sie fast alles. Bitte, warn sie, YESHUA."

Sie haben seit Jahrtausenden leidvollste Erfahrungen gesammelt. Die Tatsache, wie sie mit dir umgehen, sollte dir Beweis genug sein.

Ich bin beschämt. Ja, das hätt ich mir sparen können.

So frage schon.

Richtig, er kann meine Gedanken lesen. YESHUA lächelt mich gütig an. „Ich kann es nich erklären, aber diese Stadt hier unter Wasser wirkt auf mich nich wie ein Korallenriff."

Ach nein? Darf ich fragen, wieso nicht?

„Ich war mal mit Papa tauchen an einem Korallenriff im Roten Meer. Das Wasser war hellblau, es wimmelte von kleinen Fischen in allen Farben und Formen. Auch das Korallenriff selbst strahlte in leuchtenden Farben, aber nirgends gab es da diesen metallenen Schimmer wie hier im Fußboden. Auch die Eingangsschleuse passt nich dazu. Ein Schneckenhaus, dessen Spiralwindung als Schleuse dient. Das is zu technisch."

YESHUA beginnt laut zu lachen und klatscht

vor Freude in die Hände. Dann winkt er drei andere Wesen herbei, die ich zuvor noch nich entdeckt hab. Es sind sicher keine Meermenschen. Sie sind wie er etwa drei Meter groß, tragen weiße, sanft fallende Gewänder mit einer blauen Schärpe, die die Taille umschließt. Ihre Gesichter seh ich nur schemenhaft, schmale Augen, kleine Nasen, der Kopf ist oben breit und läuft zum Kinn hin spitzer zu. Irgendwie eine Mischung aus kaukasisch und asiatischer Kopfform. Alle tragen dezent gemusterte Rundkappen.

Sie hat euch durchschaut, auf Anhieb, sagt YESHUA.

Die drei Wesen lachen und klatschen ebenfalls vor Freude in die Hände. Einige Meermenschen sehen sich neugierig nach uns um.

HONGYSTSEE, bitte sag du Lucia, wo sie hier ist.

„HONGYETSEE, aber den kenn ich doch." Seiner Kleidung nach ist er der Wichtigste unter den dreien. Seine blaue Schärpe ist doppelt so breit wie die der beiden anderen. Er wirkt alt und weise. Sein Barthaar, über der Oberlippe und vom Kinn rechtwinklig nach unten zulaufend, is schneeweiß. Sein Haupthaar is unter der Rundkappe verborgen.

Du hast unsere Tarnung durchschaut. Dies ist in der Tat kein Korallenriff, das als Versammlungsraum dient. Es ist eine Beobachtungsstation der Außerirdischen Verbündeten vom Königreich der Diener, die den Meervölkern auch als Versammlungsraum für die Treffen des Seerates dient. Wir haben sie mit Korallen getarnt. Doch die Korallenbedeckung muss erneuert werden, weil auch hier die von den Landmenschen erzeugte Erderwärmung schwere Schäden verursacht hat.

„Du machst Witze."

Warum sollte ich?

„Raumschiffe fliegen."

Dieses gerade nicht.

„Ich dachte ..."

Man kann nur denken, was man erlebt hat.

Ich bin völlig verwirrt. Ich als Landmensch unter den Seemenschen is schon der Hammer, aber dann auch noch YESHUA und Außerirdische Verbündete vom Königreich der Diener, die ein Raumschiff bei den Meervölkern haben, das als Beobachtungsstation und Versammlungshalle dient ... voll krass. Echt voll krass.

Wir drei verabschieden uns höflich von HONGYETSEE, seinen Kollegen und YESHUA. ETRUTHSIA und NÃO wollen mir noch mehr zeigen. Die beiden führen mich den Gang zurück Richtung Schleuseneingang. Kurz davor biegen wir nach rechts in einen der Nebenräume ab, der auch durch eine Schleusentür gesichert is. Im Raum sind etwa zwanzig verschiedenartige Meermenschen versammelt, die Kristallstäbe und Instrumente in den Händen halten, mit denen sie zarte Geräusche erzeugen, um damit auf eine bleiche Koralle einzuwirken. Ich hab das Gefühl, dass sie mit den Kristallstäben Symbole in die Luft malen, sie energetisch miteinander verbinden und so die bleiche Koralle heilen. Dazu hör ich ein sanftes Geräusch, wie eine Art Harfenspiel. ETRUTHSIA erklärt mir, dass meine Ohren nicht geschult sind, um die Vielfalt der Klänge überhaupt wahrnehmen zu können. Insgesamt zwanzig gemischte Projektgruppen seien bei der Arbeit, um durch Klänge und unterschiedlichste Symbolfrequenzen den besten Weg zu suchen, die Korallen in den Ozeanen zu genesen. Jede Gruppe arbeite in einem schallsicheren Raum.

Ich bin neugierig, tret näher und will die bleiche

Koralle mit der Hand berühren, doch NÃO zieht mich blitzartig an meinem Umhang zurück. ETRUTHSIA schüttelt den Kopf und sagt zu NÃO: „Gut gemacht. Lass sie keine Sekunde aus den Augen. Sie versteht noch nichts von Geräuschen und Frequenzen. Ihre Ohren haben zwar gelernt, den Wind achtsam zu fühlen, aber hören, was wir hören, können sie nicht."

„Es tut mir leid. Ich werd jetzt nich mehr so neugierig sein."

„Du musst neugierig bleiben, aber beschränke dich aufs Fragen."

Wir verabschieden uns mit einer Verbeugung, gehen hinaus und dann in einen der benachbarten, höhlenartigen Räume. Meine Augen sind entzückt von organischen Formen, rosa bis weißlich funkelnder Decke und Wänden und dem Boden in metallisch schimmerndem Perlmutt. Wir setzen uns auf eine Art geschwungene Plattform. Ein Triton erwartet uns bereits und überreicht mir ein Tablet. Ich bin verblüfft, und als er es startet, erwart ich Symbole, Musik oder eine Art Meervölker-Gesetzbuch. Stattdessen seh ich Bilder, die mir die Geschichte einer Rebellion erzählen. Wassermenschen, fischartig mit kleinen und sehr flexiblen Körpern, die sich weigern, an Land zu gehen, nich alle, aber viele. Die Wassermenschen sterben langsam aus, und einige Landmenschen kommen zurück, um ihnen beizustehen. Aber die Landmenschen sind nich willkommen. Die Wassermenschen sabotieren sie sogar. Die zurückgekommenen Landmenschen haben große Not zu überstehen, viele sterben einen grausamen Tod. Sie erinnern sich nich mehr, was es braucht, um im Wasser zu wohnen und zu leben. Nur ein einziger Wassermann unterrichtet sie die Lieder der Wassermenschen, und die DEVAS helfen ihnen, Häuser zu errichten und Nahrung anzubauen. Nach mehreren Generationen in bitterharten Lebensumständen vertrauen die DEVAS und die Zurückgekehrten einander und vermischen sich zu einem neuen Volk. Die ursprünglichen Wassermenschen sterben aus. So viele traurige Bilder. Meine Augen werden feucht, ich muss schlucken. NÃO tröstet mich, und ETRUTHSIA sagt, wir brechen auf, es gäb noch mehr für mich zu verstehen.

Vor dem Eingang zu diesem höhlenartigen Raum erwartet uns ein großer Meermann in einer langen Robe aus rostigen Farben. Die Robe fällt wie ein Vorhang bis zum Boden, und zum Kopf hin geht sie in einen hohen schwarzen Kragen über, der fast als Hut dienen könnte. Er verneigt sich und bittet uns, ihm in einen anderen Raum zu folgen. Dort warten schon sitzend elf Meermänner auf einer kreisrunden Bank, gekleidet wie er. Wir steigen über die Sitzfläche und setzen und zu ihnen, bilden zusammen ein Rund. „Willkommen“, sagen sie im Chor, stellen sich jedoch nich vor.

„Bevor du uns verlässt, möchten wir sicherstellen, dass du etwas verstehst, Lucia-TRUSIAN.“ Sie sprechen mit einer Stimme, so als seien sie alle eins.

„Gern“, erwider ich, hab aber keine Ahnung, was kommt.

„Die Landmenschen müssen von der Existenz der Meervölker erfahren. Ihr und unser Überleben hängt davon ab. Wenn sie uns nicht mit Respekt begegnen, werden wir ihnen unsere Technologien nicht zur Verfügung stellen. Du, Lucia, bist eine äußerst wichtige Botschafterin für uns, und wir vertrauen auf dich und deine Stärke.“

Ich bin gerührt, werd wohl wieder rot im Gesicht und hoff, sie bemerken es nich. Kleinlaut erwider ich:

„Wenn es doch so viele Meermenschen gibt, warum sehen die Landmenschen euch dann nich?“

„Die Landmenschen haben die gleichberechtigte Partnerschaft mit den DEVAS gebrochen. Sie haben sich für etwas Besseres gehalten, sie betrogen und ihre Technologie gestohlen. Daraus haben auch wir gelernt, wir verbergen uns vor ihnen.“

„Wie macht ihr das?“

„Mit telepathischer Projektion, eine Technik der DEVAS. Sie erlaubt es uns, an Land zu gehen und uns unter ihnen zu bewegen, ohne dass sie es bemerken.“

„Und die Technologie, von der ihr sprecht?“

„Verborgen in Bioglyphen, geschrieben von DEVAS und sorgfältig bewacht. Wir verfügen über die Technologien, die Weltbevölkerung mit ausreichend Nahrung zu versorgen.“

„Werden die Landmenschen je vernünftig, frag ich mich. Ich seh doch, welchen Quatsch sie schon auf der Erde anrichten und wie egal es ihnen is, ob sie Wasser verschmutzen.“

„Ob es auf der Erde eine Zukunft für die Menschenfamilie gibt, hängt von den Landmenschen ab. Wir Meervölker können sie die sanften Wege lehren, Kooperation und Partnerschaft mit dem DEVA-Königreich.“

„Aber werden sie euch anerkennen, wenn ihr euch zeigt?“

„Das Risiko müssen wir eingehen. Deshalb brauchen wir zuerst Menschen wie dich. Schau, es ist die Seele, die einen Menschen macht, nicht sein Körper oder seine Kultur.“

Als ich in Gedanken aus der blauen Vase trete lieg ich im Bett, bin aber hellwach und muss ich mich schütteln. Das hab ich mir nich zusammengeträumt. Das is echt. Kaum geduscht und DEVA-Wasser getrunken, sitz ich als wieder an meinem Laptop, denk nach und recherchier. Wie soll ich dazu bloß einen sinnvollen Beitrag leisten? Wer kann mir helfen?

RÜSCHLIKON, 10. APRIL 2020

David und ich gehen jetzt jeden Tag einmal zu Miéko und Reto. David tüftelt mit Reto an der SAM-ILSA-Verbindung. Ich genieß Zeit mit Miéko, und wenn ich ihr nur bei ihrer Arbeit zuseh. Davids Pa nervt. Ständig will er was, und ihre Hausdame is noch immer nich zurück. Gestern hat er versucht, selbst Steaks zu braten. Is voll daneben gegangen, außen schwarzverbrannt und innen noch bluttriefend rot, dazu dieser Gestank im ganzen Haus. Ich hab mich geweigert zu helfen oder sauber zu machen. Ich koch vegan, maximal vegetarisch, aber nix, was Augen hat, und sein Dienstmädchen bin ich schon gar nich. Er hat getobt, und ich hab demonstrativ mit meinem Papa telefoniert.

Hier in Miékos Atelier riecht es wundervoll nach Holzspänen, verschiedenen Papiersorten, Tusche und Tuschfarben. Entlang der Fensterfront zum Zürichsee steht ihre langgezogene Arbeitsplatte, aufgeräumt, ich schätz acht Meter lang, mit Arbeitsstationen für Kaligrafie, Holzschnittfertigung und -druck. Ihre Werkzeuge an jeder Station liegen feinsäuberlich geordnet: runde Holzbottiche, Holzschnitzmesser und Holzmeißel, Bürsten und Lederstempel. An der Tuschstation hängen Pinsel verschiedenster Größen an Schlaufen in Ständern, damit die Pinsel mit den Haaren nach unten trocknen. Daneben liegen zwei Tuschsteine, flüssige Tusche und Tuschbarren zum Verreiben, weiße Keramikschalen und Töpfchen für Wasser, zum Tuschen und zum Mischen. Wenn ich nich so viel Angst davor hätt, selbst was zu malen oder zu zeichnen, ihr Atelier wär ein Disneyland zum Ausprobieren.

Miéko malt Landschaften, Zweige, Bambus, Vögel, das Meer, Wasserläufe, Fische, Götter, Sagengestalten, alles in Schattierungen schwarzer Tinte auf weißem Papier. Sumi-e nennen die Japaner das. Und sie fertigt Holzschnitte von spirituellen Themen, die sie anschließend farbig auf Papier druckt wie einst Hokusai und Hiroshige. Sie fertigt große Serien zum kleinen Preis für jedermann und kleine Serien für Sammler und Liebhaber in der ganzen Welt und superteure Einzelstücke. David hat mir verraten, dass sein Vater für die beiden Holzschnittdrucke der Shinto-Sonnengöttin Amaterasu im Home Office 50.000 Schweizer Franken berappen musste. Cool, echt cool.

An der dem Zürichsee gegenüberliegenden Wand befinden sich abgegriffen glänzende, hüfthohe Holzschränke, zuoberst ein Stehpult mit schräger Ablagefläche und darunter nur wenige Zentimeter hohe, langgezogene Schubladen. Auf einer Ablagefläche liegt die Bildmappe *Hundert berühmte Ansichten von Edo* von Hiroshige ausgebreitet. Die Ränder der einzelnen Bilder sind abgegriffen, so als blättere Miéko darin ständig zur Inspiration. In den Schubladen, von denen mehrere aufgezogen sind, lagern verschiedenen Papiersorten, und in einer liegen halb fertige Kunstwerke, aber so sicher bin ich mir nich, denn ich versteh nix von der Farbholzschnittkunst, die die Japaner Ukiyoe nennen. Ich kenn nur diese berühmte *Welle,* die jeder schon mal gesehen hat, blau-weiß-schwarz, von Hokusai. Im Vordergrund bricht von links eine riesige, wahrscheinlich den Tod bringende Welle über die Seeleute in ihren schmalen Holzbooten herein, während im Hintergrund der heilige Berg Fuji fast klein und unbedeutend rumsteht.

An der Wand über den Stehpultschränken

hängen gerahmte Kunstwerke aus Tusche, kleine Szenen mit nur wenigen Strichen zum Leben erweckt: ein Frosch, der ins Wasser hüpft, der Stängel einer ausgeblühten Blume, der mich unglaublich fasziniert, und ich weiß nich, warum. Dann stockt mir der Atem: ein Meermann. Der sieht genauso aus wie die, die ETRUTHSIA, NÃO und mich zum Treffen des Seerates begleitet und dort über den Triton hämisch gelästert haben. Ich schau zu Miéko, will sofort wissen, wie sie dazu kommt, aber sie sitzt höchst konzentriert über einer Tuscharbeit. Ich muss warten, setz mich auf einen ihrer Stühle an der freien Arbeitsstation fürs Schnitzen der Farbholzschnitte und beobachte sie aufmerksam. Miéko is in sich versunken. Jede Bewegung is fließend und kontrolliert, ein ruhiger, fester Atemrhythmus, wie Meditation. Jeder Strich ihres Tuschpinsels sitzt. Nix is überflüssig, alles sieht harmonisch und gewollt aus. Kein Gramm Energie verschwendet. Als die Gebirgslandschaft fertig is, leuchtet ihr Gesicht auf, wie bei einem kleinen Kind, das etwas vollbracht hat. Sie legt den Pinsel auf einem Porzellanbogen mit Einbuchtungen ab, der die Pinselhaare weg von der sauberen hölzernen Arbeitsplatte hält. Dann steht sie wie in Zeitlupe auf, tritt langsam zurück und betrachtet ihr Werk nochmals von etwas weiter entfernt. Ihre Mundwinkel werden noch breiter.

„Was denkst du?“, fragt sie leise.

Ich stell mich neben sie. Mein Herz hüpft, so schön, so klar, so rein. Ein Berghang, spärlich bewaldet, aus Strichen in Schwarz und Grau, dick und dünn, auf weißem Reispapier. „Ich bin überwältigt, Miéko.“

„Dann lass uns Tee trinken, damit das Blatt in Ruhe trocknen kann.“

„Ich muss dich unbedingt was fragen, Miéko." Ich deut mit der Hand auf die Tuschezeichnung von dem Meermann.

„Gleich, erst kochen wir uns zur Belohnung einen besonders guten Tee, Gyokuro, dann setzen wir uns nach oben und reden."

An der Außenwand des Ateliers, die die beide Längsseiten verbindet, geht eine hölzerne Wendeltreppe ins Stockwerk darüber. Auf der anderen, kurzen Seite gegenüber, nahe dem Eingang ins Atelier aus dem Wohngebäude gleich an der Fensterfront, befindet sich eine kleine Station, um Tee zuzubereiten. Auch an der Teestation hat alles hat seinen Platz. Eine Kristallkaraffe mit frischem Wasser, ein Wasserkocher, zwei Teekannen, eine große und eine kleine, beide aus feinstem Porzellan, und mehrere mit Schriftzeichen versehene, identische Dosen mit Teeblättern. Miéko bereitet uns wie in einem Ritus diesen grünen Gyokuro-Tee aus losen Blättern. Dazu nimmt sie aus einem Schränkchen unter der Arbeitsplatte noch Matchagebäck und reicht mir das Tellerchen.

„Wo sind die Teebecher?"

„Oben." Sie deutet mit dem Kopf Richtung Wendeltreppe. „In meinem Heiligtum. Und es gibt nur ganz wenige Menschen auf der Erde, die jemals ihren Fuß dort hinauf gesetzt haben."

Ein Schwall von Rührung läuft durch meinen Körper. Sie nimmt die Teekanne, ich das Tellerchen mit hellgrünen Miniküchlein. Ich schau nochmals auf die Tuschezeichnung des Wassermannes, halt mich aber zurück und wart, bis wir oben sind. Da blick ich auf ein langgezogenes Holzregal mit Büchern, kunstvollen Vasen, kleinen Bildern und Skulpturen mit großen

Abständen dazwischen. Alles hat seinen Platz wie in einer Komposition. Davor, mit Blickrichtung über den Zürichsee, stehen zwei Sessel aus mittelbraunem Holz, Sitzfläche und Rückenteil mit seegrünem Stoff überzogen. Dazwischen steht ein runder Beistelltisch, darauf zwei kleine Teebecher aus weiß-blauem Porzellan mit einer Lotusblüte drauf. Wir setzen uns und schweigen. Dann gießt Miéko Tee aus. Wir trinken einen Schluck und schauen immer noch wortlos auf den See unten im Tal. Der Tee ist wunderbar mild, nich so bitter, wie ich grünen Tee sonst kenn. Dann halt ich es nich mehr länger aus. Ich muss jetzt endlich fragen.

„Miéko, da unten an der Wand, die Pusteblume, überwältigend, aber der Meermann erst, ich hab ihn schon mal gesehn, ich mein, viele davon."

„Wir Japaner nennen sie KAPPA."

Dann dreht sich Miéko zur Seite und weist auf eine kleine Tuschezeichnung in einem ovalen, vergoldeten Metallrahmen. Ich steh auf, stell mich davor und seh sie mir genauer an. Wieder stockt mir der Atem. Es ist das Symbol, das mir die Meermenschen als Zeichen der Allianz überreicht haben.

Ich schau nochmals genau hin, schau zu Miéko und dann wieder auf das Symbol. Kein Zweifel, das is es. Mein Unterkiefer sinkt, bis mir der Mund offen steht ... ich kann mir das nich erklären. Langsam setz ich mich wieder, nehm noch einen Schluck des milden Tees und versuch, eine Frage für Miéko zu formulieren. Ich muss wissen ...

„Kappacho, der Chef der KAPPA, hat sich wieder einmal daneben benommen. Einem Tritonen beim Bedienen ein Bein zu stellen und sich dann mit seinen Leuten hämisch lachend darüber zu amüsieren, wie das Tablett samt Kelchen zu Boden fiel, war ungehörig. Nur gut, dass der Triton derart beherrscht geblieben ist."

„Woher weißt du ..."

„Ich war auch da."

„Ich spinn also nich?"

„Unsere Urahnen waren spirituell und technologisch erheblich weiter fortgeschritten, als wir es heute sind. Aber bestimmte Informationen wurden und werden immer noch unterdrückt, sodass die Massen der Menschen sich mental nicht entwickeln können und dem Wirtschaftssystem weiterhin als willige Diener zur Verfügung stehen. Es gäbe so viel zu wissen, zu lernen und dann zu nutzen, um unsere Erde und die Menschenfamilie in ein goldenes Zeitalter zu führen."

„Was hat das alles zu bedeuten? Was hat das mit dir, was hat das mit mir zu tun?"

„Du bist eine Symbolleserin, Lichtbrücken-erbauerin, eine Energie-Erneurerin, eine Verbinderin der Welten. Ich bin eine Symbolschreiberin. In meinen Tuschezeichnungen und Farbholzschnittdrucken verarbeite ich die kosmischen Symbole. Fingerzeige für die, die suchen oder zumindest sehen wollen. In allen meinen Werken, ob sie nun tausendfach für die Massen für kleines Geld zu kaufen sind, teuer in kleinen Auflagen oder als Unikate für Ultrareiche, die Kunst zuallererst als Geldanlage sehen – ich erreiche sie alle."

„Woher ... warum sagst du mir das?"

„Wir haben Aufgaben, die miteinander in Verbindung stehen. Mehr noch, wir gehören beide zum Königreich der Hüter des Wissens. Schau nicht so ungläubig und verwirrt. Ich kann es der Wissens-durstigen in dir beweisen."

Sie steht auf, stellt sich vor mich und bittet mich, auch aufzustehen. Ich erheb mich unsicher und neugierig zugleich. Sie tritt einen Schritt zurück, schiebt mit der rechten Hand den linken Ärmel ihrer blauen japanischen Hausjacke hoch, und ich sehe ... das kann nich sein. Sie lässt den Ärmel der Jacke wieder sinken und nimmt mich bei den Händen. „Nur der Achtsame findet. Andere sehen Blumen, die ausblühen und zu sterben scheinen, sehen mystische Wesen in unsere Zeit getragen durch Seemannsgarn und Kindergeschichten, aber wir beide sehen eine größere, viel geheimnisvollere Welt."

Ich schiebe den linken Ärmel meines Kleides hoch, zeig ihr mein Geburtsmal. Miéko lacht mich an.

„David hat auch so eins", sag ich aufgewühlt.

„Aber er sieht noch nicht."

„War er schon hier oben?"

„Nein, er arbeitet noch im Keller."

Ich muss schmunzeln, setz mich wieder in den Sessel, trink noch einen Schluck dieses göttlich leckeren Tees. Soll ich es ihr sagen, oder weiß Miéko es schon?

„Du hast die Wahl zwischen Wahrheit und Verblendung, Lucia."

„Wahrheit, was bedeutet Wahrheit?"

„Für dich und mich: ein Leben mit vielen Veränderungen, immer neuen kräftezehrenden Aufgaben und wachsenden Einsichten."

„Aber du führst doch ein stetes Leben hier am Zürichsee."

„Deine Augen zeigen dir nicht den leisesten Schimmer der Wahrheit. Sie führen dich in die Irre. Was hier im Haus vor sich geht, das wissen nur eine Handvoll Eingeweihte. Reto und ich führten auch in Japan ein nach außen hin stetes Leben, aber als David mit seinen Eltern hierher zog, wurden wir aufgefordert, die Sachen in Tokio zusammenzupacken und nach Rüschlikon zu ziehen.“

„Das hängt zusammen?“

„Ja, natürlich.“

„Warum bin ich hier?“

„Dir fällt die Aufgabe zu, Erde und Menschenfamilie zurück auf den Kurs des göttlichen Plans zu bringen. Du musst eine sichtbare Rolle in dieser Welt spielen. Die Meervölker wissen das, und die Steinwesen wissen das auch.“

„Miéko ... das is ein bisschen viel verlangt.“

„Schon wieder so eine Illusion. Du bist vor zwanzig Jahren in dieses Landmenschenleben geboren. Aber wie erklärst du dir, dass du derartige Fähigkeiten hast?“

„Hab immer gelernt und gelesen, hab die Natur beobachtet, war allein mit mir.“

„Deine Seele gibt dir dein Bewusstsein, und deine Seele ist Äonen alt. Ich bin für dich in die weiße Pyramide zurückgekehrt, um dich für ein Leben in einem physischen Körper mit vorzubereiten. Für jeden Außerirdischen Alliierten ist die Erde eine viel größere Herausforderung, als sich eine Menschenseele das vorstellen kann. Ausgenommen die OBLAN, aber das ist ein anderes Thema.“

„Wir werden also nich wie Menschenseelen behandelt?“

„Nein, du musst erst lernen, was männlich und weiblich auf der Erde bedeutet, was Materie ist, dichte und ätherische.“

„Miéko, weißt du, was damals mit mir passiert is?“

„Deine Geburt war für den 5. Januar 2000 vorgesehen, und dann musste es plötzlich ganz schnell gehen. Als auf deine Mutter geschossen wurde, hatte wir genau zwei Stunden Zeit, um dich in das heranwachsende Leben in ihrem Bauch inkarnieren zu lassen. Es war sehr schmerzhaft für dich. Eigentlich solltest du noch ein paar Wochen mehr Zeit gehabt haben, um dich vorzubereiten.“

Ich bin noch verwirrter als zuvor, schau sie mit offenem Mund an.

„Die Erde ist ein Reich, Lucia, kein Planet.“

„Was heißt das?“

„Sie ist kein Objekt, deshalb hat sie keinen Rand. Die Erde ist eine Systemumgebung. Und all diejenigen, die Symbole, Parabeln und Allegorien lesen lernen, die meditieren, sich mit Klängen und ihren Wirkungen auskennen oder in sich versunken arbeiten können, kommen dem Reich auf die Spur.“

„Ich hab in den Wiesen an der Nete in Lier immer Tiere in den Wolken gesehen. Einen herbeistürmenden weißen Hengst am blauen Himmel zum Beispiel.“

„Wenn du dir das konditionierte Denken abtrainierst, dann kannst du das Eine, das Unbegrenzte erfassen.“

„Ich spinn also nich?“

„Du gehörst zu denen, die ihre Fähigkeiten gerade erkennen und zu gebrauchen lernen. Darauf trinken wir einen.“

Ich greif zu meinem Teebecher, aber Miéko steht auf und holt aus einem Schränkchen im Regal einen kleinen weißen Krug mit Schriftzeichen und Korken drauf. In der zweiten Hand hält sie zwei schnapsglasgroße Schälchen.

„Das ist mein bester Sake.“

„Ich trink keinen Alkohol.“

„Ich trinke seit Jahren, um mich zu betäuben.

Es tut weh, so viele Blinde und Taube um sich herum zu sehen.“

„Aber gerade feiern wir doch. Warum willst du dich betäuben?“

„Es braucht äußerst viel Kraft und Mut, diesen Weg zu gehen. Du hast beide noch im Überfluss, siehst nur staunend die Wunder auf der anderen Seite des Schleiers und schaust zu denen auf, die sie schon besser kennen und verstehen. Aber mit den Jahren kann es sehr frustrierend sein mit all den Schwächen derjenigen umzugehen, die einem am nächsten stehen, die man liebt ... Mein Leben ist nicht so perfekt, wie die Außenwelt es gern pinseln würde.“ Sie schüttelt sich. „Was erzähl ich, Lucia ... Jetzt ist nicht die Zeit für dieses Thema. Jetzt ist die Zeit für die wahre Konfrontation.“

„Die wahre Konfrontation?“

„Sie ist notwendig, um die Erfahrungen zu machen, die dein Lebensplan als Erkenntnisweg zwingend vorsieht.“

„Ich soll mich und die Welt mit all dem konfrontieren, was ich nun gesehen und gelernt hab? Is es das, was du mir sagen willst?“

„Nimm deine wahre Aufgabe an. Dann ist die geistige Gemeinschaft der Welt mit dir, egal wer dich bekämpft. Und wenn du frustriert und mutlos bist, dann komm zu mir. Meine Lebensgeschichte schmeckt nach Unvernunft, Irrweg, Traum und Wahn, wie das Leben aller Menschen, die zu sehen lernen. Ich trinke auf dein Wohl und die Hoffnung, die du uns bringst.“

FAMILIENRAT SO

Chroniken-Zeit 18.762.020 – 03.16

Wir sind erfreut, dich wieder bei uns zu haben, Avidya-SOLAS. Bitte berichte uns, wie dieses Erdenleben aus deiner Sicht verlief.

Ich bin wieder zurück zu Hause bei meiner Seelenfamilie, schon eine Weile, konnte mich erholen vom Übergang und die Wiedervereinigung mit SOLAS genießen. Doch die Freude war kurz. Mein Bewusstsein erfüllt mich wieder ganz. Ich erinnere mich an meine übernommenen Aufgaben und vergleiche sie bitter mit dem, was Avidya tat und vor allem, was er nicht gewagt hat zu tun. Mein Avidya-Aspekt ist untröstlich, seine älteren Inkarnationen, die äußerst erfolgreich verliefen, sind ihm kein Trost.

Nun, da du noch vor dich hin denkst, wollen wir als Ältestenrat beginnen. Für diese Inkarnation hattest du darum gebeten, drei Aufgaben erfüllen zu dürfen, die zur Einheit der Menschenfamilie auf der Erde beitragen sollten, und dir selbst zwei Aufgaben gewählt, um deine eigene Entwicklung zu fördern.

Ja, das ist richtig, erwidere ich und verneige mich vor den Ältesten meiner dreißigköpfigen Seelenfamilie.

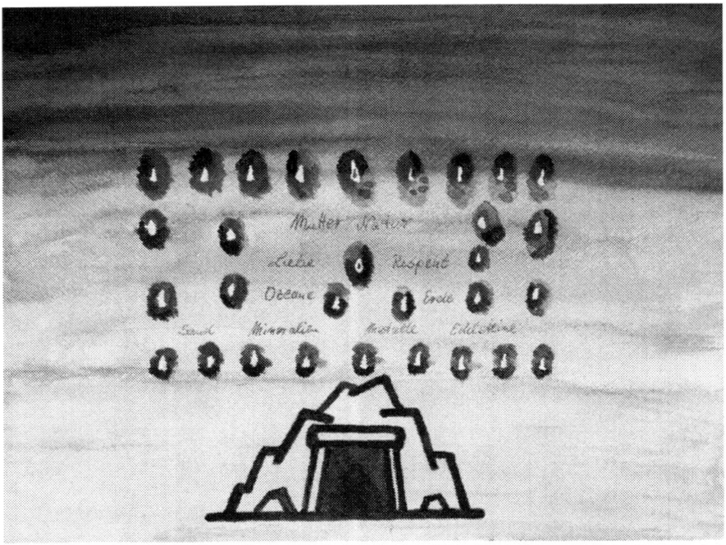

Um die Einheit der Menschenfamilie voranzubringen, wollte ich ein eigenes Unternehmen gründen, um damit Metalle und Mineralien ethisch verantwortlich abzubauen und alle beteiligten Menschen fair an deren Nutzen und Gewinnen teilhaben zu lassen. Ich wollte der Rohstoff-branche weltweit ein Vorbild sein, eine leuchtende Fackel, die die Ausbeutung von Mensch und Erde mit all ihren Folgen beenden hilft. Ich wollte mich in höchste Ämter der Branchenverbände wählen lassen, um von dort noch mehr Einfluss auf einen Wandel hin zum Guten-für-Alle und der Einheit der Menschenfamilie zu nehmen. Und ich wollte Thomas-THEODAR den Weg ebnen, damit er meine Arbeit fortsetzen und, was noch viel wichtiger ist, Lucia-TRUSIAN die Grundlage bieten kann, die sie braucht, um ihr großes Werk zu beginnen.

Du hast keine dieser Aufgaben erfüllt, obwohl SOLAS und wir dir alle Unterstützung dazu mitgegeben hatten und dich immer wieder anstupsten, zum vorgesehenen Weg zurückzukehren. Bitte schildere uns aus der Sicht des Avidya-Aspekts deiner Seele, was geschah.

Seit meiner Geburt in Bombay kämpfte ich ums Überleben. Mein englischer Vater verließ meine Mutter kurz vor meiner Geburt und ging zurück in seine Heimat. Meine Mutter wurde zwar nicht von ihrer Familie verstoßen, aber sie und ich brachten Schande über die Familie Moha. Aus der Wut über meinen Vater wuchs in mir der Ansporn, selbst nach England zu gehen, es zu etwas zu bringen und mich dann an ihm zu rächen.

Die Seele meines irdischen Vaters tritt neben mich und legt mir beruhigend die Hand auf die Schulter. *Ich hätte dich nicht im Stich lassen sollen, Avidya-SOLAS. Es tut mir leid. Um dies auszugleichen, kamen die Ältesten und ich überein, dass umgehend ein Aspekt meines Seelenfunkens erneut inkarniert und selbst in Mumbai das Leben eines vom Vater im Stich gelassenen Kindes führt. Das Kind meditiert, so kann ich es erreichen und führen. Es entwickelt sich zu einem Menschen im inneren Frieden und in Gemeinschaft mit den anderen in der Stadt.*

Die Worte meines irdischen Vaters trösten mich, und sie trösten mich nicht.

Du erinnerst dich nun sicherlich wieder, dass wir auch für dich Indien und eine hinduistisch geprägte, benachbarte Seelenfamilie wählten, damit du von Kindesbeinen an einen Weg erlerntest, mit deinem inkarnierten Seelenaspekt in deinem Inneren in Kontakt zu sein und zu bleiben, sobald die verkopfte schulische Erziehung einsetzt.

Ja, ich habe früh gelernt, zu meditieren und meiner inneren Stimme zu folgen. Darauf hat meine Mutter immer größten Wert gelegt.

Aber du hast damit aufgehört, als du in England ankamst, und dich nur aufs Überleben und Geldverdienen konzentriert.

Ich musste in den ersten Jahren niedrigste Arbeiten verrichten, meist sechzehn Stunden am Tag. Ich schlief auf einer feuchten Matratze in einem fauligen Kellerloch, all meine Habseligkeiten in einem Seesack. Ich sparte jeden Penny, konnte irgendwann Gemüse und Obst statt nur Reis und Brot kaufen, dann ein sauberes Hemd, irgendwann ein paar neue Schuhe. Es waren sechs harte Jahre. Ich arbeitete mich verbissen hoch und passte mich an.

Dein Entwicklungsplan schloss schwere Anfangsjahre in London ein, auch eine niedrige Herkunft. Wie sonst solltest du von Beginn an Mitgefühl für die Armen und Schwachen entwickeln, ihnen geneigt bleiben und für sie eintreten können? Aber SOLAS konnte Avidya nicht mehr erreichen. Avidya nahm sich keine Zeit mehr für die innere Einkehr und Achtsamkeit, um der Führung seines Seelenfunkens zuteil zu werden.

Ich blicke beschämt nieder und fahre fort. *Zu meinen persönlichen Entwicklungszielen gehörte es, das Oberhaupt einer Familie zu werden und allen ein gütiger, fürsorglicher und liebevoller Vater zu sein. Ein König, der versorgt und Ordnung garantiert. Mit fünfundzwanzig Jahren gewann ich in London die Brüder Sahadeva und Nakula Kumar zu Freunden und verliebte mich in ihre jüngere Schwester Titiksha. Sie lebten wie ich im Stadtteil Hounselow. Es war die glücklichste Zeit meines Lebens. Dann lernte ich bei einer sonntäglichen Erkundung Londons in der Edgware Road unter den Libanesen die reiche Witwe Amal Ali kennen. Ich dachte, ich könne meine beruflichen Ambitionen besser und vor allem schneller verwirklichen, wenn ich sie heirate und nicht Titiksha.*

Du hast es dir und allen anderen dadurch um ein Tausendfaches schwerer gemacht.

Ich blicke wieder beschämt nieder.

Scham ist nicht angebracht, Avidya, Aspekt von SOLAS, denn SOLAS hat gelernt, wenn auch mit schwerwiegenden Folgen.

Ja, erwidere ich und blicke auf. Es wird mir nicht leichter, während der Ältestenrat fortfährt. *Titiksha war bereits in früheren Inkarnationen deine Frau, und ihr hattet vereinbart, dies enge Band und Verständnis zu nutzen.*

Ich heiratete Amal, brachte den Metallhandel ihres verstorbenen Mannes zum Erblühen und wollte mich um ihre beiden Söhne kümmern. Aber es gelang mir bei all der Arbeit nicht. Amal und ich bekamen zwar auch zwei Kinder, Pritha und Maya, aber fürs Geschäft war das nicht gut, und nur Pritha entwickelte sich, wie ich es mir vorstellte, wurde Ayurveda-Ärztin und selbst eine angesehene Persönlichkeit, wenn auch mit einem gesellschaftlichen Makel.

Darauf müssen wir hier nicht eingehen. Nur so viel. Pritha hat keinen Makel und sie ist nicht deine Tochter.

Ich liebe es, wenn du Witze machst.

Zurück zum Geschäft.

Ja ... Ich hielt das Geld im Geschäft. Das gefiel Amal zunächst nicht, sie wollte möglichst schnell ein stattliches Haus in Chelsea und schöne Kleider kaufen. Ich aber wollte das Unternehmen zu einer Macht ausbauen, wollte selbst auch Rohstoffminen besitzen und wie die großen Minenbetreiber Steuern sparen mit Holdingstrukturen und Briefkastenfirmen rund um die Welt.

Bist du hier ganz ehrlich mit dir, Avidya-SOLAS?

Vielleicht nicht ganz. Ich wollte vor allem selbst endlich dazugehören, respektiert werden, angesehen und nicht mehr verwundbar sein. Ich hatte keine Kraft mehr, mich all den Erniedrigungen zu widersetzen. Ich kaufte die Minenkonzession in Kolwezi und weitere in anderen Ländern, die meisten in Südamerika. Aber im Kongo war das Geschäft immer am schwierigsten. Dann lernte ich dort Thomas kennen. Mir war sofort klar, dass ich ihn an den Vijay-Konzern und meine Familie binden musste. Er war besessen davon, den Chinesen auf dem Rohstoffmarkt die Stirn zu bieten, und diesen Biss brauchte es.

Nun tritt eine weitere Seele an mich heran. Ich erkenne die Energien von THEODAR sofort. Er umarmt mich liebevoll und sagt: *Ich habe den Kontakt zu Thomas verloren, seit er nicht mehr unter dem Einfluss seiner indianischen Mutter Jin Jin steht. Ich stimmte daher zu, seinen ursprünglichen Inkarnationsplan zu verändern, um noch eine Chance zu haben, unseren notwendigen Beitrag zu TRUSIANs Aufgabe zu leisten. Lucia benötigt Hilfe von Thomas, wenn auch jetzt in anderer Form als ursprünglich geplant.*

Ja, erwidere ich, ohne so richtig verstanden zu haben. *Jedenfalls hatte Thomas eine Liebschaft, als ich ihm in Kolwezi begegnete, und die musste ich beenden, um ihn nicht nur mit dem gut bezahlten Job nach London zu locken, sondern ihn auch dort zu halten.*

Und wie hast du das gemacht?

Giacomo Aringhe-Rosse hat mir gesagt, ich solle bei den Wachleuten am Tor die Losung „Plus Ultra" ausgeben. Die wüssten dann, was zu tun wäre, um die demonstrierenden Frauen ein für alle Mal zu verscheuchen. So konnte Thomas keine Informationen für seine Doktorarbeit über den Widerstand der Bevölkerung mehr sammeln und auch seine Freundin nicht mehr treffen.

Und du hast in Kauf genommen, dass sie auf unbewaffnete Frauen schießen?

Ich habe es nicht angeordnet, aber ich habe mich auch nicht dafür interessiert, was sie tun würden.

War dir klar, was damals passiert ist, als die Proteste abrupt endeten?

Nein, ich habe nie danach gefragt. Ich war nur heilfroh, dass Thomas sich irgendwann nur noch auf das Geschäft und meine Tochter konzentrierte.

Aber du weißt nun, was geschah!

Zum Teil, SOLAS hat manches mitverfolgt, aber so viel wie ihr Ältesten weiß keine einzelne Seele. Ich weiß jetzt wieder, dass Thomas Lucias irdischer Vater ist und seine Hilfestellung für die Erfüllung ihrer Aufgabe gebraucht wird.

Wir haben damals mit SANAT KUMARA konferiert, was zu tun war. Ein Aspekt von EDELs Seele ist erneut inkarniert, um Lucia beizustehen. Aber um dieses Problem zu lösen, haben wir von einem Seelensplit Gebrauch machen müssen.

Es tut mir so leid, dass ich alles durcheinander gebracht hab, wirklich sehr leid.

Dein Leid hält die Dunkelheit. Das hilft niemandem. Wir müssen ausbalancieren. Aber du hättest all das und vieles mehr wissen können, hättest du dich darum bemüht, mit deinem Seelenfunken im Innersten in Kontakt zu sein und seinen Eingebungen folgen können. Du hättest all die Folgen verhindern können, wenn du dich nicht deiner kontrollieren wollenden Angst und deinen rein selbstbezogenen Gedanken hingegeben hättest.

Meine Lichtgestalt sackt in sich zusammen, mein Licht flackert nur noch. Dann fangen mich alle Aspekte von SOLAS auf und trösten mich.

Bitte schildere uns, was aus deiner Sicht noch geschah, lieber Bruder, sagt der Vorsitzende des Ältestenrates.

Thomas, setze ich wieder zaghaft an, *war der Sohn, den ich mir immer gewünscht habe und den ich für den weiteren Ausbau des Geschäfts brauchte. Ich förderte ihn, er folgte meinen Wünschen. Auch meiner Anregung Maya zu heiraten, denn die war ganz versessen auf ihn, begriff sie doch sofort, dass er ihr immer ein Leben in Wohlstand und Ansehen bieten können würde. Dazu musste ich nur dafür sorgen, dass die Briefe, die er anfangs noch an seine Liebe im Kongo sandte, nie abgeschickt wurden.*

Und dazu fühltest du dich berechtigt?

Thomas ist ein Zweifler, ein brillanter Kopf, ein harter Arbeiter, aber manchmal eben ein Zweifler, dem der Mut fehlt, bis zur endgültigen Klärung zu gehen. Ich wusste, er würde aufgeben, wenn sie nicht antwortete.

Wie hast du erreicht, seine Zweifel an einer Ehe mit Maya zu zerstreuen?

Ich habe ihm versprochen, dass er bei meinem Tod Anteile an der Firma erbt, wenn er Maya heiratet. Und da er so versessen darauf war, seinen eigenen Vater in seiner Karriere zu übertrumpfen, ließ er seine Zweifel fahren und nahm Maya zur Frau.

Aber du wusstest, dass Amal deinem Versprechen nicht zustimmen würde. Voraussetzung für die Eheschließung mit ihr war, dass sie und damit später ihre beiden Söhne deine Anteile am Unternehmen erben würden, sodass das Eigentum wieder ausschließlich in den Händen der Familie Ali liegen würde.

Ja, aber ich habe gehofft, sie überzeugen zu können, dass der Fähigste das Ganze leiten muss, damit alle weiterhin in großem Wohlstand leben können. Ich hatte sie auch so weit, sie zeigte sich einsichtig. Warum sie dann im letzten Moment doch nicht erlaubte, dass ich mein Testament zugunsten von Thomas und David änderte, ich weiß es nicht.

Möchtest du es wissen?

Ja.

Amal ist hinter dein Geheimnis gekommen.

Das ist nicht möglich.

O doch. Sie hat erfahren, dass du Titiksha immer noch liebtest und dich auch nach eurer Hochzeit noch regelmäßig mit ihr getroffen hast. Titikshas Seele hatte sich einverstanden erklärt, noch viele Jahre auf dich zu warten, denn es gab immer noch eine Chance, dass du deine Aufgabe zusammen mit ihr annehmen würdest. Das bedeutete für Titiksha ein großes und schmerzhaftes Opfer, für das wir ihrer Seele sehr dankbar sind. Gleichwohl war ihr Opfer umsonst.

Wie hat Amal es erfahren?

Die Menschen in der dichten Materie nennen es Zufall. Ein zarter Brief von Titiksha an dich steckte jahrelang unbemerkt in der Innentasche deines Sakkos. Eine Angestellte fand ihn, als sie das Sakko endlich einmal reinigen lassen wollte, und überreichte ihn Amal.

Sagt mir bitte noch eines. Es war vorgesehen, dass ich mit 75 Jahren die Erde wieder verlasse, aber es war nicht vorgesehen, dass das so qualvoll und schnell durch Pankreaskrebs geschehen würde.

Dieser Krebs war die unmittelbare Folge deiner dominanten Gedanken und Gefühle fast die gesamte Inkarnation über. Zuerst machtlose Wut gegenüber deinem Vater, dann tiefe Angst vor dem, was in London kommen würde, und schließlich kein Vertrauen in dein eigenes Selbst und das ständige Manipulieren der Geschehnisse. Mit den Jahren wurdest du stets labiler und unsicherer; aus Angst zu versagen und abzustürzen, hast du dich immer mehr an Dinge, an die Materie, geklammert. Die Frequenzen von Schmerz und Trauer überwucherten dein ganzes Selbst, und SOLAS hatte keine Chance mehr.

Mein Innenleben hätte ich selbst nicht besser beschreiben können.

Wir betrachten deine Inkarnation als Avidya als gescheitert, SOLAS. Du hast keine deiner Aufgaben erfüllt. Siehst du das auch so?

Ja, antworte ich als Avidya-SOLAS getragen traurig.

Wo und wie traust du dir selbst zu, die vielen und schwerwiegenden Ursachen, die dein Handeln gesetzt hat und die du selbst kennst, auszugleichen?

Ich habe darüber nachgedacht, seit ich wieder eins mit SOLAS bin. Es beschämt mich zutiefst, derartig versagt, den Plan für die Erde beschädigt und den Aufstieg unserer Seelenfamilie gefährdet zu haben.

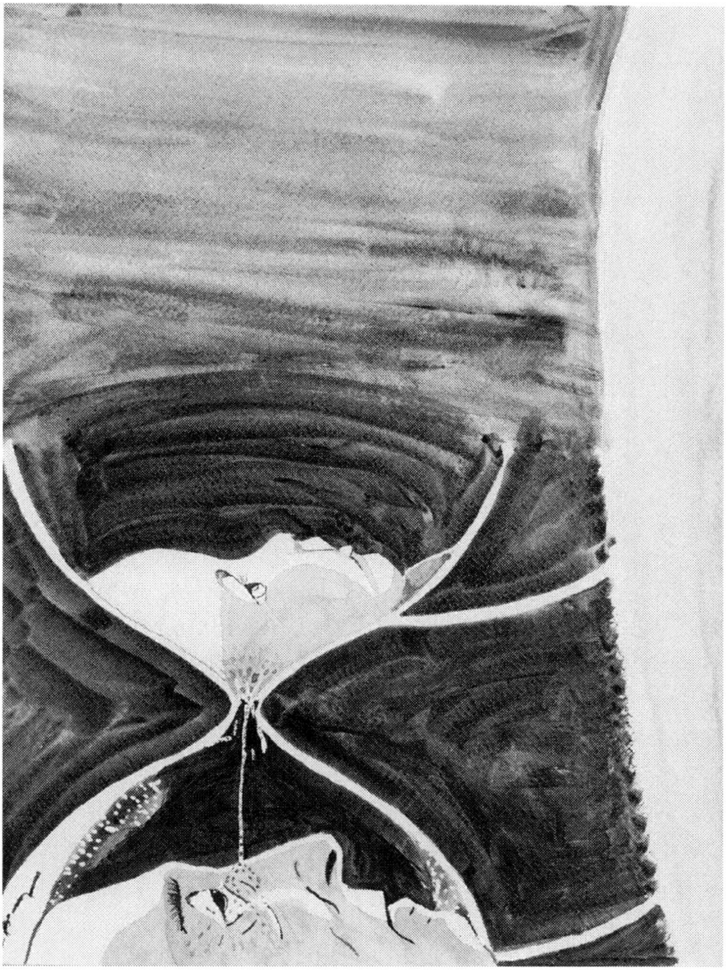

Auch dies setzen wir auf deine Liste der zu lernenden Aufgaben: Selbstkasteiung, Schuld und Scham gehören nicht zu einer gesunden Bewusstseinsentwicklung der Seele.

Ja, ich verstehe ... Es gibt zu viel, was auszubalancieren ist, allein schaffe ich das nicht. Ich bin wohl auch noch nicht gereift genug, um sicherzustellen, dass die Balance gelingt. Und ich vermute, dass ich nicht im Geringsten weiß, welche Folgen das Betreiben der Mine in Kolwezi für Zehntausende von Menschen dort, vielleicht in der ganzen Provinz hat. Von den Minen in anderen Ländern will ich gar nicht erst sprechen.

Das sehen wir auch so, erwidert der Ältestenrat mit einer Stimme. *Ein Aspekt von EDEL und ein Seelensplit sind bereits mit dem Ausgleich befasst, der Lucia-TRUSIAN betrifft. Aber alles andere können wir erst in der Planungssitzung für die nächste Inkarnation beschließen, wenn auch der Bericht des RATES der FILATERATES vorliegt.*

Die Kette meiner Fehlentscheidungen begann wohl damit, dass ich den Respekt und das Ansehen derjenigen gewinnen wollte, die mich als armen Inder ausnutzten und missachtet haben. Statt mich ihnen als Vorbild für die Einheit der Menschenfamilie und verantwortliches Verhalten zu präsentieren, habe ich ihnen nachgefeiert. Vielleicht könnte ich eine derartige Reinkarnation wiederholen.

Wir sind überzeugt, dass du zuerst lernen sollest, dich von deinen materiellen Täuschungen zu befreien, damit sie dir bei späteren Inkarnationen nicht mehr im Wege stehen.

Der Täuschung, dass es nur um mich geht? Der Täuschung, dass ich mit den anderen nichts zu tun habe? Der Täuschung, dass die Erde da ist, um vom Menschen benutzt zu werden?

Das sind nur einige davon. Wir sind überzeugt, dass es gut wäre, wenn du alsbald auf die Erde zurückkehrst. Es gibt viel zu tun.

Und was ist mit der Tötung der Inkarnationen von Shaira-EDEL und Amaike-MOISTARA?

Um die Morde ausbalancieren zu können, bist du nicht stark und umsichtig genug. Um den industriellen Minenbergbau zu verändern, auch nicht. Zwei Seelen aus unserem Ältestenrat haben das in Abänderung ihres Inkarnationsplanes bereits freiwillig auf sich genommen.

Und der Aufstieg unserer Seelenfamilie auf dem Rückweg zum Schöpfer?

Ist nach der Entwicklung deiner Inkarnation im Moment nicht möglich. Wir müssen erst besser dienen lernen.

Was ist mit Titiksha?

Es gibt Grund, uns mit ihrer Seelenfamilie zu freuen. Trotz der Tatsache, dass Titiksha den Teil ihrer Inkarnationsaufgabe nicht erfüllte, der vorsah, in nachbarlicher Hilfe eine Familie mit dir zu gründen und dich bei deinen Aufgaben zu unterstützen, hat sie duldsam alles auf sich genommen. Sie hat auch ihre irdischen und seelischen Brüder vorbehaltlos unterstützt. Zusammen haben Sahadeva, Nakula und Titiksha Kumar ihrer Seelenfamilie zu einer Bewusstseinserweiterung und damit dem weiteren Aufstieg auf dem Weg zurück zum Schöpfer verholfen. Alle dreißig Mitglieder ihrer Seelenfamilie sind bereits aufgestiegen, und wir freuen uns herzlich mit ihnen. Auf dass uns dies auch in der nächsten Lehrer-Lern-Schleife auf der Rückreise zum Schöpfer gelingen mag. Und nun geh, ruh dich gut aus. Anschließend bereite dich im Planungsraum mit den anderen zusammen auf deine nächste Inkarnation vor.

RÜSCHLIKON, 28. MAI 2020

Das Testergebnis is gekommen. Wir wissen echt nich, wie wir damit umgehen sollen, und, schlimmer noch, Davids Pa is gar nich mehr zum Aushalten. Er setzt jede Minute Himmel und Hölle in Bewegung, um irgendwo im Tiefseebergbau nen Topjob zu finden. Sobald einer von Thomas‘ geschäftlichen Kontakten in den Medien is, spielt SAM die Nachrichten über Lautsprecher und die Flachbildschirme an den Arbeitsplätzen und in der Küche ein. Egal ob Presseinfo auf unternehmenseigenen Webseiten, Nachrichten von TV-Sendern, Berichte und Kommentare aus Zeitungen, Online-Dienst-Notizen oder Social Media News. Das ständige SAM-Gedudel nervt, und es hat bisher nix gebracht, absolut gar nix. Also telefoniert Davids Pa nur noch in der Welt herum, freundliches Blabla, das ich aus seinem Home Office bis hierher ins Gästezimmer mithören muss. Meine Tür zu machen hilft nich länger als ne halbe Stunde, dann kommt er wieder reingelaufen, erzählt mir irgendwelchen Quatsch, den er gerade von jemandem gehört hat und den ich einarbeiten soll.

Um Nachrichtenbalance im Haus zu schaffen, hat David SAM programmiert, einmal am Tag die weltweiten Nachrichten über COVID19 zusammenzufassen und auch alle #blacklivesmatter- und #congo-Nachrichten. Faktisch sind wir jetzt unter Dauerbeschallung. Für Ruhe sorgt einzig Bea. Die liegt hier neben mir am Schreibtischstuhl, damit ich ihr über den Kopf streicheln kann. Tut nich nur ihr gut, sondern auch mir.

David kommt mit seinem Phablet in der Hand rein. „Schau dir das hier an, Lucia."

Aber so weit kommt es nich, denn er stiert wie gebannt auf meinen Bildschirm.

„Grün fluoreszierende Alien-Raumschiffe in einem galaktischen Sandsturm? Haha."

David deutet auf das Foto auf meinem Laptop und fantasiert rum, während auch Thomas neugierig reingelaufen kommt.

„Nein, Mikroben im Tiefseeschlamm unter dem Mikroskop einer amerikanischen Meeres-Mikrobiologin."

„Wie uncool, Aliens und UFOs würden mir viel besser gefallen."

„Das sagst du gleich nich mehr, David."

„Dann lassen Sie mal hören, Frau Peeters."

„Forscher haben solche Proben aus der Tiefsee seit 2002."

„Und?"

„Bisher ist es trotz aller Anstrengungen keinem Labor der Welt gelungen, sie in Petrischalen, den kleinen runden Glasdingern, in denen man alles, was sich rasant vermehren lassen kann, wie ..."

„Schimmelpilz, Fußpilz, Coronaviren ..." scherzt David.

„Quatschkopf! Wir können sie nich vermehren, obwohl wir ihnen all die Nahrung angeboten haben, die sie in der Tiefsee auch haben."

„Na, da hatten die wohl nicht den coolen Energiedrink, den wir im Kühlschrank haben."

„Sie hatten, was wir Landmenschen nich haben, Zeit, viel Zeit, um zu existieren und zu leben."

„Du spinnst. Warum sollten sie das wollen?"

„Um einen Landmenschen einen Tag lang mit

Energie zu versorgen, brauchst du 100 Watt. Eine solche Mikrobe braucht nur 1 Zepto-Watt Energie."

„Klaro, ist doch viel kleiner." David nimmt sein Phablet und will wohl die Einheit Zepto-Watt checken.

„Zepto-Watt is 10^{-21} Watt."

„Das kann ich mir nicht vorstellen. Gib mir ein Verstehbild, Lucia."

„Ein Zepto-Watt Energie is, wenn du ein einziges Sandkörnchen nimmst, und dann stellst du dir ein Kügelchen vor, das nur ein Tausendstel der Masse des Sandkörnchens hat und dann lässt du es einen Nanometer fallen. Ein Nanometer is der millionste Teil eines Millimeters. Und du musst das Tausendste eines Sandkorns nur einmal den millionsten Teil eines Millimeters fallen lassen. Das reicht an Energie. Das is alles, was diese Mikroben brauchen, um zu existieren."

„Und wie oft muss so ein Sandkörnchen für mich fallen?", will Thomas wissen.

„Für Menschen brauchen wir ne Ananas. Eine richtige. Wenn man die aus Hüfthöhe 881632 mal am Tag auf den Fußboden fallen lässt und die frei werdende Energie in eine Turbine verlinkt, dann ergibt das 100 Watt und kann einen erwachsenen Mann einen Tag mit Energie versorgen."

„Mach ich garantiert nicht, zu anstrengend und klebrig."

„Denkt doch mal nach! Die Landmasse der Tiefsee is mehr als doppelt so groß wie die Landmasse über dem Meeresspiegel. In der Tiefsee is kein Licht, gibt's keinen Sauerstoff und kaum Nahrung. Da geht Leben nach anderen Gesetzen, als wir's hier kennen. Wir kennen Sonne, Sauerstoff, Fotosynthese, schnell größer werdende ..."

„Um jeden Preis, wenn es nach Pa geht." Dabei

stößt er seinem Vater den Ellenbogen unsanft in die Rippen, und der zuckt zusammen.

„Aua, das tut weh. Lass das!"

„Menschliche Zellen sterben nach Tagen, Wochen, Monaten. Der Mensch stirbt nach achtzig, vielleicht bald hundert Jahren, aber dann is Schluss. Diese Mikroben sind Tausende, Hunderttausende, Millionen von Jahren alt. Aber das is auch megakurz, denkt man an die Zeit, die die Erde existiert: wenigstens 4,6 Milliarden Jahre, sagen übereinstimmend die meisten Wissenschaftler. Sonnenlicht, Fotosynthese, Tag-und-Nacht- Zyklen ... all das macht uns schnell und kurzlebig. Aber nich die Mikroben. *Wir sind das Problem der Erde!* Es existieren auf der Erde mindestens zwei völlig unterschiedliche Kreislaufsysteme, und das der Menschen is das schwächere. *Wir* sind die Kurzlebigen, und wir zerstören auch das Langlebige. Wenn das Erdalter ein Vierundzwanzig-Stunden-Tag wär, zerstören wir in zwei Tausendstelsekunden, was seit 23 Stunden, 59 Minuten und 998 Tausendstelsekunden schon existiert hat." Ich steh auf, dreh mich zu Davids Pa und sag: „Haben Sie's jetzt begriffen? Statt die Tiefsee für weiteres Wachstum hier an Land auszubeuten, sollten wir besser diesen Lebenskreislauf studieren, verstehen und seine Mechanismen und Fähigkeiten auf unsere kurzlebige, alles verzehrende Welt übertragen, damit wir Menschen und die Erde länger leben."

„Cool! Du bist einfach genial", jubelt David, umarmt mich, ja erdrückt mich fast. Sein Pa schaut uns mit offenem Mund an und schweigt.

Kurz darauf sitzen wir zu dritt an der Kücheninsel und essen zu Abend. Ich hab Tacos mit Guacamole,

Hummus, gemischtem Salat und frischem Obst gemacht. Thomas musste noch Rühreier mit Speck haben. Was er sich da in der Pfanne zusammengerührt hat, wirkt so depressiv wie er. David isst jetzt auch vegan. Wir kauen still vor uns hin, die Luft knistert vor Spannung zwischen Thomas und uns. David überlegt noch, wann der beste Zeitpunkt is, die Sache anzupacken, und hat noch keine Antwort gefunden.

„Es sieh nicht so gut aus wie erwartet, David“, beginnt sein Pa zaghaft. „Die Rohstoffbranche ist geschockt von den Ereignissen in Hongkong. Das aufoktroyierte Sicherheitsgesetz der Chinesen nimmt der unternehmerischen Freiheit den Atem. Man hat mich aufgefordert, mein Mandat bei der London Metal Exchange zurückzugeben. Es gefällt China nicht, dass … “

„Tu, was du willst, Pa und geh hin, wo du hin willst. Ich bleibe mit Bea hier, studiere und baue SAM weiter aus.“

„So einfach ist das nicht. Entweder ich bleibe im klassischen Minenbergbau, aber da gibt es keinen Topjob, der mich interessiert. Oder ich nehme das Angebot von Giacomo an und muss in die USA umziehen. Oder, dritte Möglichkeit, ich geh zurück nach Vancouver und werde Geschäftsführer eines kleinen Unternehmens, das sich auf die Tiefsee fokussiert.“

„Die Coronakrise bringt bestimmt auch noch neue Jobs.“

„Ich kann hier nicht untätig rumzusitzen und am Telefon oder im Business Club in Zürich nur Smalltalk machen. Ich brauch wieder eine richtige Aufgabe.“

„Ah, so ist das, Alter.“

„Sag nicht Alter zu mir, David. Ich werde in ein paar Tagen erst fünfzig. Das ist das beste Mannesalter."

„Dann eben Midlife Crisis."

„Unsinn."

„Merkst du eigentlich nicht, dass du uns mächtig auf den Zeiger gehst?"

„Da hört sich doch alles auf. Wer sorgt denn für all das hier?"

„Glaubst du echt, es geht darum?"

„Natürlich geht es darum, nur darum."

David verdreht die Augen.

„Wie dem auch sei, ich werde wohl das Angebot von Giacomo annehmen. Ich muss nur noch unterschreiben. Mit den weniger schönen Dingen wie Arbeiten in den USA werde ich umgehen lernen. Im Moment stehen die USA sowieso wegen Corona fast still. Vielleicht überlegt Giacomo es sich ja deshalb noch und nimmt meinen Vorschlag Schweiz doch an. Die Corona-Todeszahlen in den USA gehen in schwindelerregende Höhen mit diesem Idioten Trump. Als CEO eines neu entstehenden Konzerns habe ich jedenfalls alle Möglichkeiten."

„Bist du dir da ganz sicher, Pa?"

Bevor Thomas etwas erwidern kann, meldet SAM sich. „Nachricht auf CNN über Giacomo Aringhe-Rosse. Wird nun auf allen Bildschirmen eingespielt."

„Warte, SAM, ich gehe erst hoch in mein Home Office, um Notizen machen zu können."

Thomas schnappt sich sein Smartphone, rutscht hastig vom Barhocker, lässt Essen und Bier stehen und rennt die Treppe hoch.

David verdreht die Augen. „Es muss was geschehen, Lucia. So geht es echt nicht weiter mit ihm", sagt er leise zu mir. Dann wartet er einen Moment, bis er seinen Vater im Home Office wähnt, und instruiert SAM: „Abspielen." Er will gerade mit der Fernbedienung den Bildschirm in der Küche auf stumm schalten, damit wir uns das nich anhören müssen, doch die ersten Worte des Nachrichtensprechers von CNN schlagen auch bei uns ein wie eine Bombe.

Einer der einflussreichsten Männer der internationalen Rohstoffbranche, Giacomo Aringhe-Rosse, italienischer Staatsbürger mit Green Card, wurde soeben in Handschellen aus seiner Suite am Central Park in Manhattan abgeführt und in eine Haftanstalt nach Brooklyn gebracht. Laut FBI-Angaben wurde er verhaftet wegen des dringenden Tatverdachts auf mehrfache Anstiftung zum Mord, Betrug, Geldwäsche, Steuerhinterziehung sowie sexuellen Missbrauch von Minderjährigen. Aringhe-Rosse gilt als Vertrauter und Handlanger einiger der reichsten Männer der Welt. Er wurde vom FBI schon seit Monaten rund um die Uhr überwacht. Der zuständige Staatsanwalt wird der Presse in Kürze weitere Einzelheiten mitteilen. Aringhe-Rosses Anwalt teilte auf Anfrage mit, dass er im Sinne seines Mandanten mit Ermittlern und Staatsanwaltschaft zusammenarbeiten will.

Wir schauen uns für einen Moment mit aufgerissenen Augen und offen stehenden Mündern an.

„Der Hammer!"

„Ich glaub's nich, David!"

„Bin gespannt, wann die hier vor der Tür stehen oder Pa zum Verhör hopps nehmen, wenn er wieder in die Staaten einreist." David läuft rot an. „Mir wird ganz heiß, Lucia."

„Glaubt's du, er hat das gewusst?"

„Nein, habe ich nicht, Frau Peeters!“ Thomas steht kreidebleich im Türrahmen zur Küche. „Schaut mich nicht so an. Ich wusste nicht, was Giacomo so alles macht. Er hat nie erlaubt, dass ihm jemand in die Karten schaut. *Frag mich nicht nach meinen Geschäften*, hat er neulich in New York erst zu mir gesagt.“

„Und bei dem Satz bist du nicht rausgerannt?“

„Red keinen Unsinn. Das kann alles und nichts heißen.“

„Das ist *der Satz* des Paten. Schaust du denn keine Filmklassiker?“

Thomas schweigt.

„Dann sag mir wenigstens, *was* du wusstest, Pa.“

Sein Pa kommt zwei Schritte näher.

„Giacomo verschafft den Superreichen Möglichkeiten, Geld langfristig und mit hohen Renditen anzulegen. Er ist in allen rohstoffreichen Ländern aktiv, unterhält Kontakte zu den lokalen Eliten. Ich wusste auch, dass er seine Steuerlasten optimiert. Das tun wir doch ja alle. Aber von kriminellen Machenschaften wusste ich nichts, und bei so was mache ich auch nicht mit, das weißt du.“

David und ich schauen uns an. Mir kocht die Wut in den Adern. Es ist so weit, es geht keinen Moment länger. Ich spring vom Barhocker. „Herr Müller, ich kündige. Morgen in der Früh pack ich meine Sachen, und dann bin ich weg.“

David bleibt ruhig. Wir hatten schon darüber gesprochen, und er konnte mich verstehen. Sein Kopf is immer noch rot und heiß. Ich hol ihm eine Stoffserviette aus der Schublade, lass kaltes Wasser drüber laufen und reich sie ihm, damit er sich das Gesicht kühlt.

Thomas poltert zurück. „Erst nutzen Sie mich aus, und dann wollen Sie sich so einfach mir nichts, dir nichts aus dem Staub machen. Unverschämt, nenn ich das, Frau Peeters. Kommen Sie von Ihrem hohen Ross. Sie sind nicht besser oder schlechter als ich auch."

„Neue Nachrichten im Zusammenhang mit Giacomo Aringhe-Rosse", meldet sich SAM, bevor ich antworten kann.

„Lass hören, SAM", sagt David ruhig. Thomas kommt wieder ganz in die Küche, um besser hören zu können.

Die New York Times meldet als Breaking News auf ihrem Online-Portal, dass zusammen mit Giacomo Aringhe-Rosse sein Bodyguard Vito Puzo verhaftet wurde, ein mit gefälschter Identität und gefälschtem Pass seit Jahren untergetauchter ehemaliger Kommandant einer Paramilitärischen Spezialeinheit, die unter anderem als Söldner in Afrika Sonderaufträge ausführte und Rohstoffminen bewachte. Vito Puzo wird des mehrfachen Mordes sowie des Waffen- und Menschenhandels bezichtigt und wurde schon seit Jahren von Interpol gesucht. Er arbeitete nach einer Gesichtsumwandlung unter dem Namen Enzo Morello als Bodyguard für Giacomo Aringhe-Rosse.

Ich habe ein Foto von der Festnahme gefunden und sende es auf alle Bildschirme.

Auf dem Flat Screen in der Küche erscheint das Bild eines muskelbepackten, kahlköpfiger Mannes mit wulstigen Lippen in schwarzem Hemd und Anzug, umringt und gebändigt von vier FBI-Agenten.

„Kanntest du den, Pa?"

„Ich ... was?

„Ich will wissen, ob du mit dem mal was zu tun hattest."

„Nein."

Thomas is kreidebleich geworden. David und ich schauen uns an. Irgendwie glauben wir ihm das beide nich. Thomas geht zum Barschrank, holt sich eine Flasche Whisky, geht aus der Küche und dann die Treppe hoch.

SAM meldet sich abermals über Lautsprecher. *Ich habe eine Eilmeldung von CNN gefunden, keine Minute alt.*

„Lass hören, SAM", instruiert David.

Giacomo Aringhe-Rosses Bodyguard Vito Puzo gelingt Flucht aus der Haftanstalt. Es könnte sein, dass er Helfer hatte. Eine Großfahndung ist eingeleitet.

Ich geh die Treppe hoch in Thomas' Home Office und klopf an den Rahmen der offen stehenden Tür. Er sitzt in seinem Bürosessel, schwingt ihn mit einen Stups vom Fuß herum, schaut mich geistesabwesend an, ein volles Whiskyglas in der Hand.

„Ja?"

„Ich will kein Geld von Ihnen. Ich will gar nix von Ihnen. Ich pack jetzt sofort und geh."

„Sie machen es sich zu einfach, Frau Peeters. Damit Sie's wissen, ich bin kein schlechter Mensch!"

„Ein Herrscher wollen Sie sein auf einem Unternehmensthron und denken, die Welt da draußen ging Sie nix an. Mir graut's vor Leuten wie Ihnen."

„Sie sind doch nur naseweis."

Mir reicht's. Ich dreh mich um und will Richtung Gästezimmer, aber in dem Moment schellt es unten an der Haustür. Der Türsummer geht ohne Rückfrage.

„Lucia", ruft David aus der Eingangshalle. „Reto

ist hier für dich.“

Mit feuchten Augen geh ich die Treppe runter, dann auf Reto zu. Er nimmt mich in die Arme, hält mich fest und sagt: „Ich komme dich holen. Das hier ist nicht der richtige Ort für dich.“

RÜSCHLIKON, 7. JUNI 2020

„Das ist aber ein skurriles Empfangskomitee zu meinem fünfzigsten Geburtstag. Ich hätte nicht erwartet, Sie je wiederzusehen, Frau Peeters."

David und ich sitzen seit dem frühen Morgen im Wohnzimmer nebeneinander auf dem Sofa und warten, das sein Pa die Treppe runterkommt. David wollte es so.

„Herzlichen Glückwunsch, Pa."

Thomas Müller öffnet die Arme, wartet wohl, dass David aufsteht und ihn umarmt. Aber David bleibt neben mir sitzen und sagt stattdessen: „Wir beide sitzen hier, weil wir auf Antworten warten."

„Was ist das für ein Unsinn? Noch dazu an meinem Geburtstag! Was soll der Quatsch, David? Und Sie, Frau Peeters, verlassen Sie bitte sofort mein Haus."

„Sie bleibt, solange ich bleibe."

„Bist du jetzt auch übergeschnappt?" David deutet mit einer Kopfbewegung auf einen großen Umschlag mit Schleife, der zwischen uns und Thomas Müller auf dem Sofatisch liegt.

Thomas nimmt ihn verunsichert auf, öffnet ihn, zieht den Testbericht des Schweizer DNA-Labors heraus und liest halblaut vor.

Die beiden Testpersonen sind mit einer Wahrscheinlichkeit von 99,9 Prozent Halbgeschwister.

„Erklär uns das bitte, Pa, und zwar ohne rumzueiern!"

Thomas läuft puterrot an und schweigt.

„Zeit, reinen Tisch zu machen, Pa! Lucia hat

dieses Haus schon verlassen, und ich frag mich, ob ich nicht auch gehen muss."

Er schaut wie vor den Kopf geschlagen und schnappt nach Luft.

„Wir warten, Pa."

David macht das gut, ich könnt das so nich, bin noch zu benommen. Als der Testbericht mit der Post kam, haben wir uns umarmt und vor Freude geweint. Wir haben es beide gespürt. Aber dass sein Pa uns beide so verarscht hat, macht uns megawütend.

Thomas setzt sich auf den Sessel uns gegenüber. Die Lippen bewegen sich, aber erst mal kommt kein Ton raus. Dann beginnt er stammelnd: „Während meiner Doktorarbeit zum industriellen Minenbergbau in Dritte-Welt-Ländern … an der RWTH … bekam ich ein Stipendium, um vor Ort im Kongo zu forschen. Bei Protestversammlungen lernte ich Amaike Keita kennen … habe mich sofort in diese mutige, kluge und schöne Frau verliebt. Wir waren einige Monate sehr glücklich … ich jedenfalls. Dann kam Avidya und bot mir an, bei ihm in London meine Forschungen fortzusetzen … bezahlt und mit anschließender Festanstellung als Manager, sobald ich die Doktorarbeit eingereicht hatte. Er nahm mich einfach mit … von einen Tag auf den anderen …. Ich konnte nicht mal Tschüss sagen."

„Sie haben meine Mutter und mich im Stich gelassen!" Am liebsten würd ich aufstehen und ihm den Hals umdrehen.

„Nein! Ich wusste nicht … dass sie schwanger war. Ich wäre nie mit Avidya gegangen, hätte ich gewusst … Ich wollte doch immer Kinder. David, du weißt, wie sehr ich Kinder mag … immer gewollt hab, dass du noch Geschwister bekommst."

„Einen Sohn haben Sie sich jedenfalls mit Avidya erkauft."

„Habe ich nicht!"

„Wie konntest du Maya überhaupt freiwillig heiraten, Pa?"

„Sie ..."

„Sie ist ein berechnendes Weib, das nur sich selbst liebt, wenn sie überhaupt einen Menschen lieben kann. Sie hat mich nie beachtet, gehalten, gestreichelt, wie eine Mutter das tut. Ich war nur Beiwerk, Teil deiner Show einer glücklichen Familie."

„Nein! Sie ..."

„Los, spuck's schon aus ..."

„Sie ist keine Mutter und wollte es nie sein. Ich hab dich erzwungen."

„Wird ja immer besser."

„Davon verstehst du nichts."

„Jedenfalls redest du dich gerade um Kopf und Kragen."

„Das ist wirklich nicht meine Schuld."

„Ich glaube dir kein Wort mehr. Deine Geschichte stinkt doch zum Himmel. Merkst du denn nicht, dass Lucia und ich schnallen, dass du etwas verbirgst und dir schönlügst?"

Stille. Er reibt sich die Hände, steht auf, geht auf und ab, schaut uns an und dann sofort wieder zu Boden. David greift nach meiner Hand.

„Also gut. Es gibt da etwas, was du wissen solltest, David ... Maya war ... "

„War was?"

„Mein Cover ..."

„Bist du auch noch ein Agent?"

„Darüber reden wir, wenn du älter geworden bist, in zehn Jahren vielleicht."

„Entweder du machst jetzt und hier reinen Tisch und mit mir und Lucia deinen Frieden, oder es gibt kein *in zehn Jahren*. Schnallst du das endlich?“

Er atmet mehrfach tief aus. Schweißperlen treten auf seine Stirn. Er zückt wie üblich ein frisches Taschentuch und tupft sie ab. „Der Teamleiter hat Frau Peeters aus Aachen geholt, ihren Namen kannte ich nicht. Dann sind wir uns am Tag meiner Übergabe an Ismael auf dem Flur begegnet. Sie sieht aus wie ihre Mutter, nur ihre Haut ist heller. Sie trägt den gleichen Ring wie sie ... sie spricht wie sie, sie schaut mich an wie sie, sie lacht wie sie. Ich habe nie mehr eine Frau so geliebt wie Amaike.“

Ich glaub ihm kein Wort mehr. „Und Sie sind nich auf die Idee gekommen, dass Sie mein Vater sein könnten?“

„Nein! Wirklich nicht. Ich war nur von Ihnen fasziniert, und als der Teamleiter mir dann noch erzählte, Sie seien eine Jahrhundertbegabung, da hab ich ganz spontan entschieden, Sie festzuhalten.“

„Ich glaub Ihnen kein Wort.“

„Ich auch nicht, Pa. Deine Geschichte hat einen fiesen Schönheitsfleck.“

„Nein! Nein, verdammt noch mal. Ich wusste wirklich nicht, dass ... Amaike schwanger war, und wenn ich es gewusst hätte ... ich wäre bei ihr geblieben. Du weißt, wie sehr ich dich vergöttere, wie sehr ich Kinder mag ...“

„Ich weiß, wie sehr du deinen Status magst, dein Ansehen, deinen Porsche ...“

„Warum haben Sie meiner Mutter gesagt, Sie hießen Adam?“

Er fasst sich an Herz, taumelt und setzt sich dann benommen wieder auf den einzelnen Sessel uns gegenüber.

„Bitte, versucht es zu verstehen und verurteilt mich nicht."

„Wir wollen die Wahrheit. Lucia mehr noch als ich. Verstehst du, in was für ein Leben du sie gestürzt hast?"

„Nein ... ja ... vielleicht ... ach, ich weiß nicht."

„Spuck es endlich aus."

„Adam ... Adam ist meine zweite Identität."

„Du bist kein Doppelagent."

„Adam ist das Wesen, das noch in mir lebt. Ich ... ich ... bin bisexuell ... veranlagt ... schäme mich so dafür. Einmal im Jahr, wenn ich in Québec fischen gehe, dann lebe ich es aus. Mit Adam, meinem Freund aus der Studienzeit in Aachen. Adam ... geht es genauso wie mir. Manchmal treffen wir uns auch auf Geschäftsreisen ..."

Er sieht irgendwie erleichtert aus, aber etwas an der Geschichte is faul. „Und was sollte meine Mutter glauben?"

„Auf ihre Frage nach meinem Namen ... ich habe spontan *Adam* geantwortet ... Es kam einfach so raus. Ich wollte sie wohl warnen ... vor dem Monster in mir. Nachher hatte ich nicht den Mut, ihr meinen richtigen Namen zu sagen. Ich hatte Angst, sie würde mich verlassen, wenn ich bekennen musste, sie belogen zu haben."

„Ich glaub Ihnen kein Wort. Ich glaub, Sie haben meine Mutter nach Strich und Faden benutzt und verarscht. Sie haben sie und die anderen Frauen für Ihre Doktorarbeit ausgehorcht und kurz mal guten Sex gehabt. Das glaub ich."

„Nein, verdammt, NEIN! Ich habe ihr drei Briefe aus London geschrieben, aber nie eine Antwort bekommen.“

„Das is alles? Drei Briefe von London nach Kinshasa? Und Sie behaupten, es sei die Liebe ihres Lebens gewesen? Das passt doch nich zusammen. Sie hatten ihre Adresse und sind nich wieder hingereist?“

„Ich ... ihr ... Sie müssen mir glauben, ich dachte, sie wollte nichts mehr von mir wissen.“

Er kann meinem Blick nich standhalten. Ich starr ihn schweigend an. David tut das Gleiche.

„Was soll ich denn noch sagen?“

„Wie wär’s endlich mit der ganzen Wahrheit? Wir können das ab, Pa, besser als Lügen.“

„Aber ich möchte ...“

„Mich manipulieren, damit ich Ihnen gewogen bleib, weil da Dinge abgegangen sind, die Sie nich mehr wahrhaben wollen?“

„Nein, nein ... ach ... Sie bringen mich ganz durcheinander.“

„Sie mich nich mehr. Sie sind mein biologischer Vater. Das steht fest. Sie behaupten, sie hätten nix von der Schwangerschaft meiner Mutter gewusst. Sie hat ihrer Mutter und Schwester gesagt, sie hätt es Ihnen erzählt. Einer lügt, und ich kann nich mehr rausfinden, wer. So einfach is es doch, oder?“

„Nein, so einfach ist es nicht ... Ihre Mutter und ich hatten eine wundervolle Zeit zusammen. Ich habe nie mehr eine Frau so sehr geliebt wie sie.“

„Sie haben sie verlassen und kurz darauf eine andere geheiratet. Passt nich zusammen, oder irre ich mich?“

„Ich musste ...“

„An Ihre eigene Zukunft denken? Karriere und Kohle machen? Schon begriffen.“

„Nein. So einfach war das nicht. Mein Vater

hätte Amaike nie akzeptiert.“

„Warum glaub ich Ihnen das nur nich?“

„Sie kennen meinen Vater nicht.“

„David sagt, er sei ein Arsch gewesen.“

„Was?“

„Ein verbittertes, arrogantes Arschloch war er, Pa, so einfach ist das. Warum glaubst du wohl, wollte ich immer nur zu Oma Jin Jin?“

„Dann könnt ihr doch verstehen ...“

„Warum Sie die Liebe zu meiner Mutter und mich gleich mit verraten haben? Nein, kann ich nich. Haben Sie denn keinen Arsch in der Hose? Was sind Sie nur für ein erbärmlicher Feigling!“

„Was es damals gebraucht hätte, um bei Ihrer Mutter zu bleiben, das können Sie nicht ermessen.“

„Sie haben gesagt, dass sie nich gewusst hätten, dass sie schwanger war. Merken Sie was? Sie verstricken sich in neue Lügen.“

Er schweigt und schaut zu Boden.

„Sie wollen, dass David Sie liebt, und kapieren nich, dass das nich läuft, wenn Sie die Wahrheit weichspülen, je nachdem, mit wem von uns beiden Sie reden.“

Wieder schweigt er, knetet sich die Hände so hart, dass die Knöchel weiß werden.

„Ich mach es Ihnen einfach. Ich akzeptier, dass Sie mein biologischer Vater sind, und stell keine weiteren Fragen. David is mein Bruder, und das tut ihm und mir gut.“

„Mir fällt ein Stein vom Herzen.“

„Hör ich, Pa. Aber ich bin noch nicht fertig. Du möchtest gut Wetter machen, Lucia besser kennenlernen, möchtest dich um sie kümmern, möchtest für sie da sein?“

„Genau, David, du verstehst mich."

„Sie lügen. Sie wollen nen neuen Job als CEO, in einem Unternehmen, das demnächst die Ressourcen in der Tiefsee ausbeutet, ohne erst verstanden zu haben, was das für das Ökosystem bedeutet. Meine Fähigkeiten, mein Wissen und mein Fleiß waren Ihnen dazu nützlich. So sieht's doch aus."

„Ja, aber so dürfen Sie das nicht sehen."

„Wenn Sie mir beweisen wollen, dass Sie mein Vater sein wollen, dann wechseln Sie jetzt die Seiten."

„Die Seiten wechseln?"

„Sie kämpfen mit mir und David für den Erhalt der Meere in ihrer Natürlichkeit."

„Aber ich muss doch mein Geld verdienen."

„Hab nix dagegen. Aber wenn Sie wollen, dass ich irgendwann Vater zu Ihnen sag, dann stellen Sie sich beruflich auf Davids und meine Seite."

„Sie sind wahnsinnig!"

„Sie kennen alle Tricks und Schliche im industriellen Minenbergbau, oder etwa nich?"

Er schweigt, während seine Miene sagt: *Natürlich weiß ich alles, was da abgeht.*

„Es wird Zeit, Pa, dass du an *unsere* Zukunft denkst."

„Wie meinst du das, David?"

„Du hilfst aufzudecken, was sich schnellstmöglich ändern muss, ohne Wenn und Aber."

„Wenn ich das mache, bin ich in der Branche ein toter Mann."

„Bisher sind Sie ein Naturzerstörer und Menschenverächter. Sie gehören zu denen, die seit zweihundert Jahren die Erde schneller zerstören und unlebbar machen, als das in Milliarden von Jahren der Fall war."

„So schwarzweiß ist das alles nicht! Machen Sie nicht auf naiv. Wer sorgt denn für den Wohlstand der westlichen Welt?“

„Gut, ich mach es Ihnen einfacher. Sie schreiben einen Artikel über all das, was Sie über die Kobaltmine in Kolwezi wissen, und wir veröffentlichen und verbreiten ihn im Netz.“

„Sind Sie wahnsinnig? Niemand will mich dann noch für eine Topposition.“

„Ich bin klarer bei Verstand als Sie. Wenn das Leben meiner Mutter Ihnen auch nur ein Tausendstel von dem bedeutet hat, was Sie vorgeben, dann is das Ehrensache.“

„Was hat das denn miteinander zu tun?“

„Das Wachpersonal der Mine in Kolwezi hat meine Mutter rücklings erschossen, meine Großmutter auch, und dass ich heut leb, das grenzt an ein Wunder.“

„Das ...“

Ich steh auf, um zurück zu Miéko und Reto zu gehen.

„So können Sie nicht mit mir umgehen, schon gar nicht, wenn Sie meine Tochter sind. Sie schulden auch mir Achtung und Respekt.“

„Es reicht. Hören Sie auf, den besonnenen Tugendhaften raushängen zu lassen. Sie lügen, beuten aus, tun, was nötig ist, damit das Geld fließt, das Sie haben wollen, für sich, für Ihren Glanz, für Ihr Fortkommen. Sie dienen noch größeren Lügnern, Ausbeutern und Killern. Sie geben vor, getrennt von anderen zu existieren und Ihren eigenen Kodex für Arbeit und Erfolg zu haben. Sie machen sich vor, dass etwas in Ihrer Art Business zu machen die Schrecken ausgleicht, die Sie für Menschen und Natur herbeiführen, in Kolwezi und ich weiß nich wo noch auf der

Welt. Aber dieser Schrecken, diese Kaltherzigkeit sind Teil von Ihnen. Und sie werden niemals von selbst verschwinden."

„Das ist nicht wahr, und ich werde es Ihnen beweisen."

„Wo denn, im nächsten Topjob für ein Rohstoff-unternehmen?"

Er verzieht ein bitteres Gesicht, dass in sich zusammenfällt wie ein Kartenhaus als David hinzufügt: „Ich gebe dir vierundzwanzig Stunden, um es Oma Jin Jin selbst zu erzählen."

MENSCHHEITSPROTOKOLL

Chroniken-Zeit 18.762.020 – 06.10
Projekt: *Es werde Licht*
Giacomo Aringhe-Rosse (Aspekt von ALANOS) und Clemente Chigioni (Aspekt von ALANI)
Lokalisiert 40° 39' 0.374'' N 73° 56' 58.496'' W

„Sie haben zwanzig Minuten“, erklärt der kleinere der beiden Gefängniswärter Clemente Chigioni in scharfem Tonfall und sagt, während er die schwere Eisentür hinter dem Eintretenden schließt, leise zu seinem Kollegen: „Je krimineller der Häftling, desto hochrangiger der Beichtvater.“

Der kleine Besucherraum der Haftanstalt ist kahl, steingrau und in neonkaltes Licht getaucht. Es riecht nach Desinfektionsmittel. Giacomo sitzt in sich zusammengesunken in brauner Häftlingskleidung mit gefalteten Händen in Handschellen am abgewetzten Tisch. Clemente geht zum freien Stuhl für den Besucher. Zwei Überwachungskameras folgen ihm, dem rundlichen Mittsiebziger in Soutane mit sonnenverwöhnter Haut, haarlos wie ein Ei, parfümiert und mit randloser Brille auf der Hakennase. Mithören dürfen sie bei einer Beichte nicht. Clemente legt nacheinander Mund-Nasen-Schutz, Bibel und Hostienkästchen mit seiner hochgeäderten rechten Hand, dominiert vom massiven Goldring mit der Kreuzigung Jesu, auf dem Tisch ab und setzt sich. Es ist ihm bitter ums Herz.

Ein leiser, welker Duft von Schweiß geht von Giacomo aus, als er mit ungewohnt rasselnder Stimme sagt: „Sie behandeln mich wie Vieh."

„Ich weiß, wie du dich fühlst", entgegnet Clemente.

„Mein Anwalt sagt, das FBI hat Beweise für Lebenslang hinter Gittern ... Aber wenn ich Namen nenne ..."

„Omertà!"

Giacomo zuckt zusammen und senkt den Kopf.

„Geheimnisse mit Blut daran bleiben unser wertvollster Besitz."

Giacomo schweigt.

„Die Schilds wollen dich liquidieren. *Sie* haben Vito zur Flucht verholfen."

„Verstehe", sagt Giacomo mehr hoffnungslos als gefasst. „Gewalt ist eine Dienstleistung wie jede andere auch."

„Von Vito weiß ich, dass Schilds Männer dich in der Zelle erhängen und es wie Selbstmord aussehen lassen werden. Sie glauben nicht, dass du ein Ehrenmann bist."

Giacomo greift sich an die Kehle.

„Zwei von ihren Leuten haben sie schon in die Haftanstalt eingeschleust."

„Kann die Familie denn nichts für mich tun?", fleht er Clemente mit feuchten Augen an.

Clemente greift zum Hostienkästchen und öffnet es. „Ich werde dir die Kommunion erteilen. Das Gift wirkt innerhalb von dreißig Minuten und ist nicht nachweisbar."

Giacomos Augen öffnen sich weit und starren auf die Hostien. Eine Träne rinnt ihm über die Wange.

„Das ist alles, was die Familie für *dich* tun kann."

Giacomo schluckt, schaut Clemente durchdringend an und fragt: „Wie wird die Zitronenernte in diesem Jahr?“

„*Du* musst jetzt die Familie schützen.“

Giacomo nickt. Tränen rollen zuhauf aus seinen Augen. Er faltet unbeholfen die Hände. „Fang an“, rasselt es kleinlaut aus seiner Kehle.

Clemente spricht ein langes Gebet in lateinischer Sprache. Dann erheben sich beide. Clemente bekreuzigt sich und segnet Giacomo, spricht ein weiteres Gebet auf Italienisch. Mit dem *Amen* nimmt er die oberste Hostie aus dem Kästchen und legt sie Giacomo auf die Zunge. Der zieht die Zunge ein, um die Hostie im Mund zergehen zu lassen, und bekreuzigt sich dabei. Nach einigen Augenblicken nickt er. Clemente reicht ihm seine rechte Hand, und Giacomo küsst den Ring. Dann beugt sich Clemente vor, küsst ihn auf die Stirn und haucht: „Gott möge uns vergeben ...Von Vito soll ich dir sagen, dafür bezahlt die Artischocke mit dem Herzen.“

Auf Giacomos Gesicht ist so etwas wie Genugtuung zu erkennen.

Clemente wendet seinen Oberkörper zur Tür und winkt für die Kameras eindeutig nach dem Wächter. Dann legt er den Mund-Nasen-Schutz wieder an, nimmt Bibel und Hostienkästchen an sich und geht gemächlichen Schrittes zur Tür. Sie öffnet sich, und die beiden Wachhabenden treten herein. Der größere von beiden fragt verwundert: „Haben Sie die Beichte denn schon abgenommen, Eure Eminenz?“

„Ja, mein Sohn. Herr Aringhe-Rosse hat sein Gewissen erleichtert.“

„Ich dachte, der hätte ganz viel zu beichten?“

„Gottes Wege sind unergründlich, mein Sohn.“ Dann wendet Clemente sich ein letztes Mal zu Giacomo um und sieht ihn tränenüberströmt ein Vaterunser stammeln.

RÜSCHLIKON, 15. JUNI 2020

Ich schreib an den letzten Seiten meiner Bachelorarbeit, folg online den Vorlesungen, die eigentlich keine mehr sind, und liefer auf diesem Weg meine Aufgaben bei meinem Prof ab. Im August is der Bachelor geschafft, und ich weiß nich, was dann kommen soll. Doch das erste Mal in meinem Leben kommt so'n Gefühl wie Zuhause auf. Mein Zimmer bei den Freis hat wie das ganze Haus Sandsteinfußboden, Schreibtisch und Stuhl aus hellem Holz, einen Lesesessel, ein französisches Bett, und in die Wand is ein einfacher Kleiderschrank eingebaut. Mehr braucht es nich. Aber das Coolste is die Decke, besser gesagt, das Deckengemälde. Eine große blaue Vase, wie die in der Eingangshalle. Ich hab Miéko nich erzählt, was ich in Gedanken schon mit der blauen Vase gemacht hab, aber bestimmt kommt bald ne gute Gelegenheit dazu.

Hier im Haus is nix einfach nur da, alles hat eine Funktion, eine Aufgabe. Ich bin froh, dass ich den Protz bei den Müllers hinter mir hab. Von meinem Gästezimmer hier geh ich in ein kleines japanisches Badezimmer mit Wanne und Dusche aus Holz sowie einem kleinen Waschbecken. Das Badezimmer teil ich mir mit dem Bewohner des anderen Gästezimmers, und das is David. Er und Bea wohnen jetzt auch hier. Wir teilen auch die Toilette im Gästeflur zu diesen beiden Zimmern, eine japanische, die den Popo mit warmem Wasser spült, cool. Das Ding hat so viele Knöpfe und Einstellungen, dass ich da nich durchblick.

David und Reto haben es inzwischen geschafft, SAM und ILSA zu SAMILSA zu verlinken. Zusammen überlegen wir, wie wir schneller vorankommen. Die Daten, die zusammengetragen und verarbeitet werden müssen, sind einfach zu vielschichtig. Wir müssen besser systematisieren. Wissenschaftler haben seit Jahren geforscht, um der International Seabed Authority der UN für den Mining Code für die Tiefsee Vorschläge zu unterbreiten, was erlaubt werden sollte und was nich. Aber sie alle stehen noch ganz am Anfang, wissen zu wenig. Länder und Unternehmen auf der anderen Seite machen Druck, wollen jetzt und schnell an die Schätze der Ozeane. Gerade deshalb müssen wir mit SAMILSA vorankommen, hochrechnen und Zukunftsszenarien visualisieren. Wir wissen wenig über die Tiere und Mikroben, wie lang sie leben, wie langsam sie wachsen, wie sie sich miteinander verbinden. Wir wissen nich, wie tolerant sie gegenüber Veränderungen in ihrem Lebensraum sind. Wir wissen nich, um wie viel ausgebreiteter die Effekte von Tiefseemining im Verhältnis zum reinen Abbaugebiet sein und wie lange die Effekte anhalten werden. Ozeanographen messen die Strömungen am Boden und ihren Einfluss auf die Bodenablagerungen. Messgeräte untersuchen die Trübung von Sedimentfahnen, die im Wasser entstehen, nachdem die Ablagerungen durch äußere Einwirkung wie Probeentnahmen aufgewirbelt sind. Geologen untersuchen die Zusammensetzung der Ablagerungen. Biologen die verschiedenen Größen von Fauna und Lebewesen, angefangen von Meso- bis Megafauna, von Kleintieren bis hin zu Riesenkraken. Sie bemühen sich seit Jahrzehnten, die Tier- und Pflanzenwelt kennenzulernen, vom Leben der Mikroben gar nich erst zu reden. Rausgekommen is wenig. Geochemiker bemühen sich um langfristige Aussagen zu Entstehung und Entwicklung der Tiefsee. Jeden Tag finden all diese Wissenschaftler etwas Neues: neue Lebewesen, neue Lebensräume, neue Lebensbedingungen. All das muss zusammengetragen und miteinander verbunden und analysiert werden. David hat SAMILSA jetzt mit einem Such- und Auswertungsalgorithmus versehen. SAMILSA sucht im Internet allein und verknüpft auch schon allein. Ich muss nur die Ergebnisse und Schlussfolgerungen ansehen und kann schon mal anfangen, über eine Strategie nachzudenken, *wie* wir die Welt damit wachzurütteln.

„Lucia, kommst du?“, ruft Miéko.

Ich hab schon wieder die Zeit vergessen. Wir beide wollten in den Garten gleich hinter dem Haus, um frischen Salat und Gemüse zu ernten und heute Mittag dann zusammen zu kochen. Bisher hab ich Miéko nur zugesehen, wenn sie japanisch kocht, aber ich will das auch lernen. Miéko hat mir angeboten, ganz hier zu bleiben und mein Master-Studium in der Schweiz zu machen. Sie und Reto glauben, dass das gut für meine Entwicklung und auch für die von David is. David findet das megacool und hat schon bei der Eidgenössischen Technischen Hochschule alle Hebel dafür in Bewegung gesetzt. Mein Prof in Aachen will, dass ich bleib, und hat mir eine Assistentenstelle angeboten. Mit Thomas Müller herrscht Funkstille. Nur David geht einmal am Tag kurz runter zu ihm und schaut nach dem Rechten. Allein, meint David, sei er nich überlebensfähig. Ihre Hausdame Fee is Spirit sei Dank wieder da, sonst würd er vereinsamen. Aber er hat sich eine neue Strategie einfallen lassen, um an einen Topjob zu kommen. Er will nach dem Sommer einen MBA in Harvard machen, um deren Alumni-Netzwerk und Image für seine Karriere zu nutzen. Ich glaub nich, dass er so weiterkommt. Seine ganzes Leben is doch nur Fassade. Es schellt an der Haustür, und das reißt mich aus meinen Gedanken. Die künstlich intelligente Stimme, die neue Männerstimme von SAMILSA, meldet sich.

„Kannst du die Person identifizieren?", hör ich David aus dem Nebenzimmer.

„Ein junger Mann, Asiate, trägt eine Mund-Nase-Maske. Augenblick ... er nimmt sie ab ... einen Augenblick bitte ... Herr Robin Ong."

Ich springe entsetzt auf. „Was? Woher willst du den kennen, SAMILSA?"

„Sein Bild befindet sich unter den gelöschten Dateien auf der Festplatte deines Laptops, Lucia. Meine Gesichtserkennungssoftware sagt, es besteht kein Zweifel."

„Du schnüffelst in meinen gelöschten Dateien herum?"

„Du hast SAM selbst Zugriff auf deinen Laptop gegeben."

„Aber doch nur für die Tiefsee-Recherche."

„Dann hättest du präzisere Angaben machen müssen."

„Mach die Tür auf, SAMILSA."

„Er steht vor dem anderen Haus. Soll ich trotzdem aufmachen?"

„Ja, lass ihn rein. Ich ruf Pa auf dem Smartphone an, er soll ihn begrüßen, wir kommen sofort."

„Ich geh nich mit, David."

„Und ob du das tun wirst, Lucia. Oder glaubst du, der ist gekommen, um Herrn Thomas Müller die Hand zu schütteln?"

Als David und ich ankommen, steht Robin in der

Eingangshalle und redet mit Thomas. Ich hab einen Kloß im Hals und Pudding in den Knien. Mein Herz rast. Robins Gesicht is eingefallen und blass, die schwarzen Haare sind strubbeliger als sonst. Nur Turnschuhe, Jeans, weißes Hemd und Blazer zeigen ihn, wie ich ihn kenn. In der rechten Hand hält er einen Strauß rote Rosen, den er mir entgegenstreckt, als er mich sieht. Seine Augen leuchten auf. Mit der linken Hand sucht er Halt am Ziehbügel seines Handgepäck-Koffers.

„Woher weißt du, wo ich bin?"

„Von Dimitri."

„Wie kommst du hierher?"

„Mit Singapur Airlines, um 8:15 Uhr gelandet, Corona-Formular ausgefüllt, Fieber messen lassen, im Ankunftsterminal geduscht, Blumen gekauft und ins Taxi gestiegen."

David zieht Thomas am Ärmel und bedeutet ihm, zusammen mit ihm ins obere Stockwerk zu gehen. Ich nehm die Rosen an und bitt Robin, mit in die Küche zu kommen. „Soll ich uns Tee machen?"

„Ja, bitte."

Ich nehm Kanne und Tee aus dem Schrank, setz Wasser auf. Robin bitt ich, an der Kücheninsel Platz zu nehmen, und geb ihm schon einmal ein Glas Wasser und frisches Obst. Dann such ich eine Vase für die Rosen, füll sie mit Wasser, ordne die Blumen darin, riech kurz ihren betörend zarten Duft und stell sie auch auf die Kücheninsel. Robin beobachtet mich bei jedem Schritt. Ich gieß das heiße Wasser auf die Teeblätter in der Kanne, nehm zwei Teetassen und setze mich neben ihn. Der Tee muss noch ziehen. Robin dreht sich auf seinem Barhocker zu mir und nimmt meine rechte Hand, schaut gebannt auf meinen Schlangenring und dann in meine Augen.

„Ich wollte das alles nicht. Du musst mir glauben, ich wollte das alles nicht."

„Warum bist du hier?"

„Ich habe es ohne dich nicht ausgehalten."

„Seit März, seit wir uns im Café Dom in Aachen zum letzten Mal gesehen haben, hab ich kein Wort von dir gehört."

„Es ging nicht."

„Sag mir nich, dass du nich mehr telefonieren oder texten kannst."

„Es bestand keine Hoffnung."

„Und wo nimmst du die jetzt her?"

„Guan Yin hat mich gerettet."

„Seit wann ist die Göttin der Barmherzigkeit im Rohstoffhandel tätig?"

„Meine Mutter hat mich gerettet."

„Seit wann hat die deinem Vater was zu sagen?"

„Die chinesische Regierung hat mich gerettet."

„Ach, haben die jetzt auch Singapur erobert, und eure Familie is auch auf der Flucht. In den Nachrichten war nur, dass sie angefangen haben die letzten Freiheiten aus Hongkong rauszupressen mit ihrem Nationalen Sicherheitsgesetz."

„Davon weißt du?"

„Die ganze Welt spricht davon, was in Hongkong los is. Peking nimmt den Hongkong-Chinesen den für fünfzig Jahre zugesagten Sonderstatus durch die Hintertür weg, Rechte auf freie Meinung, Versammlung, Demokratie und eine unabhängige, rechtsstaatswürdige Justiz. Mit Wischiwaschi-Formulierungen können sie jeden hopps nehmen, der was tut, sagt oder schreibt, was der chinesischen Führung nich passt. Sie können jeden nach China in ihre Haftanstalten mitnehmen und von ihren Sondergerichten in Scheinprozessen aburteilen lassen. Ganz wie es ihnen in den Kram passt."

„Dann kannst du auch verstehen, was mich gerettet hat."

„Sprich nich schon wieder in Rätseln, bitte, Robin, sprich mal Klartext."

Ich zieh meine Hand aus seiner, schütt uns grünen Tee aus, langsam, aber meine Hand zittert. Als ich die Kanne wieder abstell, greift er sofort wieder nach ihr und streichelt sie. Mit seinem Daumen berührt er immer wieder den Schlangenkopf des Rings und murmelt dabei *lóng*. Dann schaut er mich an und sagt mit feuchten Augen: „Ich hab jeden Tag zu Guan Yin gebetet, bin krank geworden, lag tagelang im Bett. Der chinesische Doktor sagte meinen Eltern, das Herz sei schwach und wolle nicht genesen. Meine Mutter hat sofort begriffen. Mein Vater nicht. Er hat mich im Alexandra-Hospital mit westlicher Medizin durchchecken lassen. Die haben nichts Organisches gefunden. Dann hab ich meiner Mutter alles erzählt."

„Und dann?"

„Hat sie gesagt, dass sie das I Ching vor ein paar Monaten nach meinen Aussichten auf eine glückliche Ehe befragt hat. *Das Schöpferische wirkt erhabenes Gelingen, fördernd durch Beharrlichkeit* muss sie anders interpretieren, wenn es eine Frau in meinem Herzen gibt ... Dann war sie jeden Tag mit mir im Tempel zu Guan Yin beten."

„Und das hilft?"

„Conny Wong wurde bei Demonstrationen in Hongkong verhaftet. Sie ist mit dem Studentenaktivisten Joshua Wong befreundet. Mein Vater war geschockt. Das ist nicht gut fürs Geschäft, hat er gesagt. Er hat gewartet, bis sie wieder frei war, und dann ihrem Vater gesagt, dass das nie wieder vorkommen dürfe."

„Und der hat das akzeptiert?"

„Er hat Conny Hausarrest gegeben. Auch für ihn war das nicht gut fürs Geschäft. Man legt sich nicht mit der Machtelite in Beijing an, das ist nicht gut fürs Geschäft."

„So was macht doch keine Göttin ..."

„Connys Vater hat das neue Sicherheitsgesetz Chinas für Hongkong verteidigt."

„Und das soll auch Guan Yin gemacht haben?"

„Als das geschah, hat mein Vater die Geschäftsbeziehung beendet und die Verlobung gelöst. Wir Singapur-Chinesen wissen zu schätzen, was Freiheit bedeutet."

„Davon sitzt du noch immer nich im Flieger zurück nach Europa. Du hast mir selbst gesagt, du schuldest deinem Vater Gehorsam."

„Ich habe meinem Vater von meiner Geschäftsidee erzählt, von der Firma *OngOrigin*, die Ursprung und Lieferketten aller Metalle und Mineralien bis zum Endkunden nachvollziehen und zertifizieren wird. Dann hab ich ihm gesagt, dass ich eine Freundin im Herzen trag, die ich über alles liebe ...Vater hat geweint und mich um Verzeihung gebeten. Dann ist die ganze Familie in den Tempel gefahren, um Guan Yin zu danken."

Bevor ich etwas antworten kann, kommt Thomas in die Küche, David hinterher und bedeutet mir mit Gestik und Mimik, dass er ihn nicht länger zurückhalten konnte.

Robin lässt sich nich beirren, steigt vom Stuhl, stellt sich vor mich und nimmt meine beiden Hände. „Ich bin hier, um dich zu holen, Lucia."

„Zu holen?“ Ich glaub, ich hör nich richtig, und schau ihn verwirrt an.

„So schnell holt hier niemand meine Tochter ab“, mischt Thomas Müller sich ein.

„Thomas, halt dich da raus. Hol dir einen Espresso, und dann gehen wir wieder ins Home Office. Wir stören hier. SAMILSA, mach einen doppelten Espresso.“

Robin schaut wie vor den Kopf geschlagen und verdreht die Augen. Ich weiß nich, ob wegen des Auftritts von Thomas oder weil der Kaffeeautomat wie von Zauberhand Espresso brüht. Thomas nimmt sich seinen Zaubertrank, und die beiden verschwinden dank David wieder.

„Der Mann hat *Tochter* gesagt. Ist er ... ist er dein Vater?“

„Ja, aber er hat meine Mutter damals im Kongo schwanger im Stich gelassen. Er verdient es nich, dass ich Vater zu ihm sag, er is nur mein Erzeuger. Aber David is mein jüngerer Bruder, und wir verstehn uns mega.

„Und wer ist jetzt deine Familie?“

„Mein Papa und Tilly in Belgien. Hier in der Schweiz bin ich, weil unser Prof mir ein Praktikum vermittelt hat im Tiefseebergbau, und da land ich doch bei dem Konzern, dem die Mine in Kolwezi gehörte, wegen der meine Mutter erschossen wurde. Krass, voll krass.“

„Und jetzt gehst du zurück nach Aachen?“

„Nein, David hat mit dem Nachbarn zusammen einen künstlich intelligenten Computer gebaut, mit dessen Hilfe wir wissenschaftliche Prognosen machen wollen, wie Tiefseebergbau das Ökosystem verändert, durcheinander bringt, vermutlich zerstört und damit auch die Lebensgrundlagen der Menschen zerstören wird, denn wir können nich ohne das Meer. Aber das is noch eine andere Geschichte."

„Du musst mit mir kommen, Lucia."

„Wohin?"

„Meine Eltern möchten dich kennenlernen."

„Ich ..."

„Ein Flugticket für dich hab ich schon in der Tasche."

„Wissen sie, dass ich milchschokoladenbraun bin und ne Afrolockenmähne hab, Kleider mit Fliegerjacke und wadenhohe Schnürstiefeln trag?"

„Ich hab ihnen alle Bilder von dir und uns gezeigt."

„Und dein Vater hat keine Einwände?"

„Er ..."

Es läutet an der Tür, und der Türöffner summt im gleichen Moment.

„Wer macht auf?", fragt Robin entgeistert.

„SAMILSA, die künstliche Intelligenz."

„Einfach so?"

„Gesichtserkennung."

„Und mich, wie hat sie mich erkannt?"

„SAMILSA hat ein Foto von dir auf meinem Laptop zum Erkennen genutzt."

„Dann hast du mich also doch noch lieb ..." Eine Träne rollt ihm aus dem Augenwinkel.

Bevor ich etwas erwidern kann, kommen Bea und Dante reingelaufen. Robin steigt erschrocken auf den Barhocker und zieht die Beine hoch. Hunde sind nich sein Ding, große schon gar nich. Ich führ die beiden weg Richtung Eingangshalle und bitte Miéko und Reto, mit in die Küche zu kommen. Thomas kommt auch wieder die Treppe herunter, David hinterher, und kurz darauf stehn alle zusammen in der Küche und glotzen Robin an. Wie Fleischbeschau für die Erstsemester an der Uni. Ich stell allen Robin Ong aus Singapur noch einmal vor.

„Und wer sind Ihre Eltern, junger Mann?"

„Typisch Thomas, als ob das was ausmacht. Frag lieber nach seinem Charakter."

„Mein Vater ist K. O. Ong und meine Mutter Zai Intan."

„Der Inhaber von Ong Rohstoffe International?"

„Ja."

„Sag mal, Thomas, was soll das? Robin ist nicht wegen dir hier."

Das find ich auch. Mir gefällt es gar nich, wie Thomas Müller den Vater raushängen lässt. Er zieht sein Smartphone aus der Tasche, lässt eine Nummer wählen, stellt auf laut und legt es für alle sichtbar auf die Kücheninsel.

„Wei?", tönt es am anderen Ende der Leitung.

„Verehrter Herr Ong, Dr. Thomas Müller hier aus der Schweiz, Ex-Board-Member der London Metal Exchange, Ex-CEO von Vijay ... Sie erinnern sich vielleicht an mich?", sagt Thomas auf Englisch.

„Ah, Herr Doktor Müller. Ja, ja, guten Tag, guten Tag."

Man kann an seiner Stimme hören, wie er sich auf der anderen Seite halb verneigt.

„Ich wollte nur sagen, Ihr Sohn Robin ist wohlbehalten in meinem Haus in Zürich bei meiner Tochter angekommen. Ich gebe Sie weiter, damit Sie selbst kurz mit ihm sprechen können."

Robin weiß im ersten Augenblick keinen Ton rauszubringen. „Vater? Ja ... ich bin's." Dabei neigt er Kopf und Oberkörper nach vorn. „Ich bin bei Lucia ... 这

比我想的要复杂，现在无法解释."

„Ja, Herr Ong, es ist etwas komplizierter, als Ihr Sohn es im Moment erklären kann. Aber ich kann es erklären, Herr Ong, ich kann", mischt sich Thomas wieder ungefragt ein.

Stille am anderen Ende der Leitung. Mir reicht das jetzt. „Herr Ong? Hier spricht Lucia. Ich danke Ihnen, dass Sie Robin geschickt haben, und ich freue mich über Ihre Einladung."

„Aijaaa. Wir freuen uns, wir freuen uns."

„Wenn Sie gestatten, Herr Ong, komme ich auch gleich mit, um übers Geschäft zu reden."

„Hast du sie noch alle?", flüstert David und stößt Thomas den Ellenbogen in die Rippen. „Das geht dich gar nichts an."

Thomas krümmt sich mit schmerzverzerrtem Gesicht.

„Herr Ong, hier is wieder Lucia. Ich komm Sie zusammen mit Robin gern besuchen. Bitte geben Sie uns erst ein paar Tage Zeit."

„Ja, ja, ja, Missis Lucia, wir freuen uns."

Dann beend ich das Gespräch und die Peinlichkeit is vorüber. Ich würd am liebsten vor Scham im Boden versinken. Was denkt dieser Thomas Müller sich eigentlich?

Reto tritt einen Schritt vor, schaut Miéko an und sagt: „家に連れて帰ろう　同意しますか？" Miéko nickt, zwinkert mir zu, und Robins Gesicht hellt sich auf. Offenbar versteht er Japanisch. Ich ahne nur was.

„Solange Herr Doktor Müller noch Zeit und Ruhe benötigt, um seine geschäftlichen Angelegenheiten neu zu ordnen, würden wir uns freuen, auch Sie als Gast in unserem Haus willkommen zu heißen."

Robin geht auf beide zu, verneigt sich ein wenig

und schüttelt beiden die Hand. Mich schaut er verwirrt an. Kann ich ihm nich verdenken.

„Ich nehme Ihre Einladung gerne an“, erwidert Robin.

„Und was ist mit mir? Ich habe dazu ja wohl auch noch etwas zu sagen“, meint Thomas.

„Wir freuen uns, wenn Sie heute zum Abendessen vorbeischauen, Herr Doktor Müller, jedenfalls wenn Ihr Zustand das schon erlaubt. Um neunzehn Uhr, wenn es Ihnen behagt. Ich werde den Grill anwerfen.“

Aber Thomas erwidert mit Bitterkeit in der Stimme: „Nein, danke, Herr Frei. Ich bin mir selbst genug.“ Er muss sich auch selbst genügen, denn seine Mutter hat von David erfahren müssen, dass sie zweifache Oma is.

GERÜSTET

Chroniken-Zeit 18.762.020 – 06.17

„Wir haben einen Besuch zu machen“, sagt Miéko, nimmt mich bei der Hand und geht Richtung Eingangshalle ihres Hauses. Ich hab keine Ahnung, wohin sie will. Ich kenn außer den Müllers und ihnen hier niemand. In der Eingangshalle angekommen, greif ich zur Schranktür, zieh meine Hausschuh aus und wechsel sie gegen die Sneaker. „Brauch ich ne Jacke? Es regnet.“

„Wo wir hingehen, brauchst du das nicht. Feste Schuhe genügen.“ Sie fasst mich bei der linken Hand und dreht uns beide zum Wandgemälde der großen blaue Vase. Jetzt weiß ich, was sie vorhat.

„Ich bin schon mal durch die Vase, Miéko, in Gedanken, und dann war ich ...“

„Bei ETRUTHSIA im DEVA-Königreich. Ich weiß. Schließ die Augen und geh in Gedanken mit mir. Du wirst schon sehen, was heute passiert.“ Kurz darauf spür ich, dass auch jemand meine rechte Hand hält. Ich mach die Augen auf und seh NÃO, die mich anlächelt. Ich lass meinen Blick schweifen. Wir stehen zusammen in der großen grünen Grotte auf den Äußeren Hybriden. Hinter uns führen die Stufen ins Meer, das klatschend dagegen schlägt. Vor uns, am hinteren Ende der Grotte, sitzt ETRUTHSIA auf ihrem Thron. Sie hält den Griff eines silbern blinkenden Schwertes mit beiden Händen umfasst. Die Schwertspitze ruht zwischen ihren Beinen auf dem nassen Stein. Rechts und links neben ihr stehen einige von den Meermännern und Meerfrauen, die ich beim Seerat getroffen hab, Tritonen, Kappas und viele mehr.

„Willkommen. Tretet näher."

Wir gehen zusammen Hand in Hand auf sie zu. Als wir fünf Meter vor ihr sind, lassen Miéko und NÃO mich los und bedeuten mir mit Blicken, dass ich das letzte Stückchen allein gehen muss. Mir wird warm, zumal, als sich ETRUTHSIA erhebt und nun auf mich herabblickt. Ich geh noch zwei Schritte vor und schau ihr in die Augen.

Ein Triton tritt von rechts an mich heran und überreicht mir einen ledernen, bernstein-orange-farbenen Hüftbeutel, wie ihn die Menschen vor Jahrhunderten am Gürtel oder über dem Kilt trugen. Ich öffne das zusammengezogene Band, das ihn durch Ösen rund um die Öffnung zur Schleife gebunden verschließt. Im Beutel find ich meine Haarnadel und mein Oberarmband vom Seerat. Der Triton sagt, es kämen mit der Zeit noch weitere *Schlüssel* hinzu. Ich solle sie stets bei mir tragen.

ETRUTHSIA fasst ihr Schwert allein mit der linken Hand, wendet es und hält die Spitze in die Höhe.

„Dies ist das Schwert der Wahrheit, wie ich es im Namen trage."

Ich erinner mich, als sie mir bei unserer ersten Begegnung den Namen aufschrieb, konnte ich deutlich sehen, dass das erste t in ihrem Namen kein richtiger Buchstabe war, sondern ein silbern glänzendes Schwert.

„Du hast dich der Wahrheit und deines Wesens würdig erwiesen. So trägst du für alle auf Erden nun sichtbar auch das Schwert der Wahrheit in deinem Namen." Sie berührt mit der Spitze des Schwertes meine beiden Schultern, dann den Kopf und zuletzt mit der Spitze kaum merklich den Brustkorb vor dem Herzen. Sie zieht das Schwert zurück, fasst es wieder mit beiden Händen, sagt etwas, das ich nich hören kann, und mit einem Mal verdoppelt sich das Schwert. Sodann reicht sie mir das linke von beiden.

„*Lucia-TRUSIAN, die, die die Wahrheit auf den Tisch legt*, nimm jetzt dein Schwert in Hand und Namen und werde eins mit ihm.“

Beschämt blick ich zu Boden und nach einem Moment erst wieder auf. All das muss ich erst einmal checken. ETRUTHSIA weist mit der Spitze ihres Schwertes auf die Wände der Grotte, und dort leuchtet in goldener Schrift der Name TRUSIAN, nur dass das T ein silbernes Schwert is und sein Griff über den Querbalken des Buchstaben hinausragt. In seinem Quersteg erkenn ich deutlich einen Rubin und einen Smaragd, genau wie im Ring meiner Mutter. Ich bin gerührt, meine Augen werden feucht. Die Meervölker singen dazu ein wunderbar wohlklingendes Lied, das ich nich kenn. Als sie fertig sind, klatschen alle.

„Bringt die Drachenpanzer“, ordnet ETRUTHSIA an. Von hinten kommen Miéko und NÃO mit einer Art Samurai-Rüstung aus bernstein-orangefarbenem Leder und legen sie mir an. Helm, Brust-, Rücken- und Armpanzer. Das Leder ist in kleinen, sich überlappenden Tafeln und Balken angeordnet, die flexibel miteinander vernäht zu sein scheinen. Jedenfalls kann ich mich gut darin bewegen. Schwer is diese Panzerung trotzdem. Ich streich mit der Hand drüber, erfühl, wie weich das Leder is, und auch raue Steine auf dem Brustpanzer. Ich schau genauer hin und find eine Ansammlung von ungeschliffenen Edelsteinen, angeordnet als Sternenhaufen, genau wie auf meinem linken Unterarm. Ich muss tief durchatmen, innehalten, und schau dann zu NÃO. Die trägt jetzt genau so einen ledernen Panzer. Wir sehen aus, als seien wir eineiige Zwillinge. Aber bevor ich nachdenken kann, geht es bereits weiter. Miéko und NÃO fassen mich erneut bei den Händen, und ETRUTHSIA fordert alle auf, ihr zu folgen.

ETRUTHSIA geht voran in eine Öffnung ganz hinten in der Grotte, wir drei dahinter, anschließend folgen Tritonen, Kappa, Meerjungfrauen und ich weiß nich wer noch. Es geht durch einen dunkeln Schacht, feucht, aber nich unangenehm. Ich weiß nich, wie lang es dauert, aber schließlich stehn wir in einer anderen großen Grotte mit einem achteckigen See oder Wasserloch aus blaugrünlichem Wasser. Wir gehen bis etwa fünf Meter auf dessen Ufersteine zu, und ETRUTHSIA ruft: „SILVIAR'I'A, wir sind bereit." Dann tritt sie geschwind zwei Schritte zurück, und wir tun es ihr instinktiv gleich. Das Wasser wird unruhig, immer höhere Wellen bewegen sich mächtig von der Mitte zu den Rändern. Heraus stößt plötzlich ein riesiger schuppiger bernstein-orangener Drache.

SILVIAR'I'A

Er katapultiert sich auf die Steine der Grotte. Das Wasser spritzt. Ich zuck zusammen, alle anderen bleiben ruhig stehen, so als sei es das Natürlichste der Welt.

Der Drache senkt den Kopf zu mir herab und beschnüffelt mich. Ich bin innerlich ganz ruhig. Wir kennen uns. SILVIAR'I'A, ja der Name sagt mir was, fühlt sich vertraut an. Das riesige Geschöpf paradiert vor mir auf und ab. Kopf, Gebiss, Maul, Flügel und Beine sind eindeutig drachenhaft. Zwei Flügel, ein mächtiger Körper auf vier Beinen mit fünfgliedrigen Füßen und dazwischen Schwimmflossen. Bis auf Flügel und Schwimmhäute ist der Drachen mit golden-rosa-bernsteinorangen Schuppen überzogen. Farben und Körperbau lassen mich auch an ein Seepferdchen denken. Das Tier funkelt mich aus hellgrünen Augen an. Instinktiv streck ich meine flache rechte Hand

Richtung seines Kopfes aus und will es berühren. Der Drachenkopf kommt noch näher, schnüffelt direkt an meiner Hand, schnüffelt am Schwert in meiner Linken, zieht dann den Kopf zurück, schnaubt und stößt Feuer in Richtung der Grottendecke aus. Die Augen aller Meermenschen sind auf mich gerichtet. Ich fühl mich sicher, bin innerlich ruhig, und offenbar spürt der Drache das auch. Wieder neigt er den Kopf, diesmal zu ETRUTHSIA, die zart ihre Hand zwischen die beiden Nasenlöcher legt. Sie wendet ihren Kopf zu mir und sagt: „Lucia-TRUSIAN, dies ist das Band, das dir noch fehlte. SILVIAR'I'A ist deine Drachenbegleiterin. Erweckt ist nun eure innere Eroberung und Pflicht. *Die Wahrheit naht!* Lasst uns feiern.“ ETRUTHSIA verbeugt sich vor uns beiden, und SILVIAR'I'A, eine Sie also, kein Er, schnüffelt abermals an mir. Miéko tritt hinzu und überreicht mir eine japanisch anmutende Scheide für mein Schwert mit einem langen Lederriemen, den sie mir anschließend kunstvoll um die Taille befestigt. Jetzt hab ich wieder beide Hände frei. Und sofort packt SILVIAR'I'A mich sanft mit ihrem Maul und setzt mich in ihrem Nacken vor den Flügeln ab. NÃO setzt sie auf die gleiche Art und Weise hinter mich. Alle anderen versammeln sich vor uns in einem Halbkreis, und ETRUTHSIA singt beschwingt:

Geehrt seid ihr, denn eure Worte sind wahr.
Getrost sind wir, die Wahrheit naht.
Das Feuer der Luft,
Das Feuer der Erde,
Das Feuer der Meere,
Das Feuer der Sterne,
Auf dass der Drachenreiterin
Großes gelingen werde.

Alle klatschen und beginnen wieder ein Lied zu singen, noch eins, das ich nich kenn. Es klingt nach Hoffnung und Vertrauen in das, was kommen wird.

Dann folgt ein kräftiger Ruck. SILVIAR'I'A drückt sich vom Grottenboden ab und springt zurück in das blaugrüne Wasser. Ich halt mich fest, so gut ich kann. Zuerst sind wir in einem mächtigen Strudel, der durch ihr Eintauchen entstanden is. Aber nun geht es minutenlang mit großer Geschwindigkeit in die Tiefe. Irgendwann wird das Wasser dunkelgrau, ich vermut, wir sind jetzt im offenen Meer. SILVIAR'I'A lässt sich geschickt mit den verschiedenen Strömungen treiben. Als es heller wird, seh so ne Art Unterwasserstraßen, jedenfalls kann ich unterschiedliche Strömungen erkennen und auch fühlen. Die Wasserschichten sind mal wärmer und mal kälter. Sie trägt NÃO und mich zu einer versunkenen Stadt. Einige mächtige Gebäude und Säulen stehn noch aufrecht, andere liegen umgestoßen oder schon zu Steinhaufen zerbrochen am Boden, teils überwuchert. Davor, den Blick auf uns gerichtet, wartet ein riesiger Triton mit langem grauen Haar, dichtem Bart und einem goldenen Dreizack in der Hand. SILVIAR'I'A setzt mit den Beinen auf, beugt ihren Kopf zu ihm. Kommt mir vor wie eine Verbeugung vor dem Herrscher des Wassers, denn das scheint er mir zu sein, so groß, stark und weise, wie er aussieht. Er sagt kein Wort, aber die beiden scheinen zu kommunizieren. Dann stößt er sich vom Meeresboden ab und schwimmt davon, SILVIAR'I'A folgt ihm.

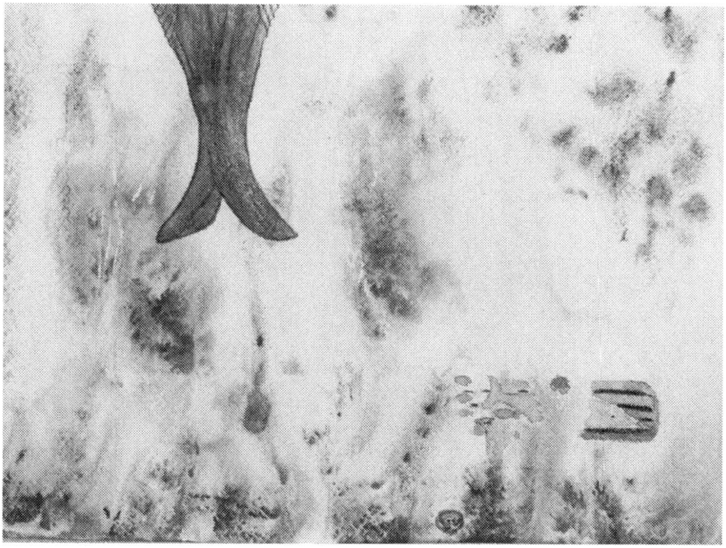

Was dann kommt, ist überwältigend. Wir schwimmen auf eine gigantisch große Unterwasserfarm zu und dann über sie hinweg. Unter uns betreuen Meermänner und -frauen verschiedenartige Pflanzen. Sie streicheln sie, sie besingen sie, sie machen Musik für sie. Andere schneiden mit runden Sicheln größere Pflanzen und binden sie zu Bündeln zusammen. Dazwischen spielen kleinere Meerkinder. Wow. Das Gebiet, das wir überschwimmen, misst sicher Zehntausende von Fußballfeldern. Ich kann mich gar nich satt sehn. Ich würd gern absteigen und selbst mal fühlen und es von Nahem sehen. Also klopf ich SILVIAR'I'A an den Hals und deut mit dem Finger nach unten. Sie stößt gelbliche Luft durch ihre Nasenlöcher aus. Luftblasen steigen auf. Der Triton wendet sich zu mir und schüttelt den Kopf. Verstanden, nix is mit anfassen.

Das ist die Megaversion von etwas, das ich vor Jahren mal gelesen hab, *Nemos Garten.* Ein Italiener baut Obst und Gemüse in Unterwasser-Gewächshäusern vor der Küste Süditaliens an.

Der Triton und SILVIAR'I'A halten inne. Der Triton kommt mit seinem Gesicht nah an meins und sagt mit tief donnernder Stimme zu uns beiden:

Die Geheimnisse des Meeres und all unsere Technologien liegen in Schwingungen und Tönen. Wir teilen sie mit denen, die uns bewiesen haben, dass sie uns, unseren Lebensraum und unser Wissen respektieren. Mach das den Landmenschen klar, oder sie werden durch Dürre, Feuer und Flut verenden. Sag ihnen, ich und die Drachen werden mit jedem Tag wütender. Sie dürfen sich nicht wundern, wenn die See immer häufiger bebt, immer mehr Staudämme bersten, täglich mehr Flüsse über die Ufer treten und Land und Leute mit sich reißen. Sie dürfen sich nicht wundern, wenn das Land in Flammen

steht und ihre Häuser frisst. Genug ist genug! Mach es ihnen klar.

„Ich hab gesehen und verstanden. Ich versprech dir, ich werd mein Möglichstes tun, um die Menschen zu überzeugen, dass die Ozeane auch ihnen das Leben sichern können."

Wir vertrauen dir. Wenn du uns brauchst, komm durch die blaue Vase.

Er nickt NAÕ und mir nochmals zu, und bevor ich *Auf Wiedersehen* sagen kann, schnellt SILVIAR'I'A mit uns Richtung Wasseroberfläche. Dann fühl ich einen immer stärker werdenden Luftwirbel, seh unter uns Leute, Gebäude, Bäume und Berge verschwinden. SILVIAR'I'A erhöht beständig das Tempo. Wir durchstoßen Wolkendecken, dann Sphären.

Irgendwann kommt eine gigantisch große Raumstation in Sicht. An ihrer Unterseite erkenn ich zahlreiche kleinere und größere Raumschiffe, runde und längliche, angedockt an eine Art Landezone. Wow, was für ein Anblick. Wir aber setzen zur Landung auf einer Art Drachendeck gleich dahinter an. Etwa fünfzig unterschiedlich aussehende Drachen seh dort versammelt. SILVIAR'I'A landet sanft auf ihren vier Beinen auf einer freien Position. Ein Drache mit rotem Schuppenpanzer, vier Beinen, langem Schwanz und riesigen Flügeln stößt uns Feuer entgegen, sobald wir aufsetzen. Der scheint mir ein unfreundlicher Geselle zu sein. SILVIAR'I'A bleibt unbeeindruckt und geht ein paar Schritte bis zu einem anderen freien Platz gleich bei einer Wasserstelle, könnte auch ein Pool für Wasserdrachen sein. Rechts neben uns steht ein eher pelikanartig aussehender Drache, deutlich kleiner als SILVIAR'I'A, und bläst feurige Luft aus seinen Nasenlöchern. SILVIAR'I'A erwidert das. Links von uns liegt ein schlangenartig anmutender Drache und döst vor sich hin, die vier Beine mit je drei krallenartigen Zehen und den ellenlangen Schwanz weit von sich gestreckt. SILVIAR'I'A hebt uns von ihrem Nacken und deutet dann mit dem Kopf auf ein metallen glänzendes Tor kaum fünfzig Meter weiter. Offenbar sollen wir da hin. Wir beide machen uns in unseren Samurai-Rüstungen auf den Weg. Entweder tragen andere Drachenreiter auch so was, oder wir sehen komplett daneben aus, schießt es mir durch den Kopf.

Nach kaum zehn Metern stellt sich uns ein kleiner goldener Drache in den Weg, der aussieht wie die auf dem blauen Ischtar-Tor aus Babylon im Pergamon-Museum in Berlin. Er geht auf vier Beinen wie ein Hund und hat einen langen Hals, der zu einem schlangenartigen Kopf mit zwei großen Augen und einer flachen Mundöffnung ausläuft. Mit seiner gespaltenen

Zunge befühlt er mich. Der Oberkörper, einschließlich des Schwanzes, is mit Schuppen bekleidet. Die beiden Vorderbeine haben Löwentatzen, die beiden Hinterbeine die Krallen eines Adlers. Eine Kralle steht nach hinten weg, drei nach vorn. Ich steh still und lass mich befühlen. Das dauert einen Moment, dann läuft der kleine Drache davon. Wohl nicht interessant genug. Wir gehen weiter Richtung Eingang zur Raunstation. Plötzlich Krawall hinter uns. Wir drehen uns um. SILVIAR'I'A und der pelikanartig aussehende Drache tollen wie zwei junge Hunde miteinander. Ich muss lächeln, und wir setzen unseren Weg fort. Rechts vor uns liegt eine weithin leuchtende Schwanzfederschlange. Die hier is bläulich und von oben bis unten mit leuchtend roten und gelben Federn bedeckt. Die Tolteken, Azteken und Maya verehrten solche Wesen als Gottheit. Als ich mit Papa mal im Hochland von Mexiko war, hab ich bei einer Führung von denen gehört. Sie nennen sie Quetzalcoatl. Die hier jedenfalls sieht megacool aus, und ich genieß ihren Anblick für einen kleinen Moment. Wir gehen weiter Richtung Eingang. Ich bin neugierig, warum SILVIAR'I'A uns zu dieser Raumstation, oder was immer das auch is, gebracht hat.

Als wir vor die metallene Eingangstür treten, bleibt sie geschlossen. NÃO zeigt auf eine Art Scanner. Sie nimmt ihr Oberarmband aus ihren Dienstbeutel und bedeutet mir, das auch zu tun. Zusammen halten wir sie gegen den Scanner, und tatsächlich öffnet sich die Metalltür. Vor uns steht, ich glaub's nich, YESHUA. Ein Glücksgefühl wallt durch meinen Körper vom Kopf bis zu den Zehen.

Willkommen auf dem Mutterschiff, ihr beiden!

Wir umarmen uns.

Wie schön, dich wiederzusehen, YESHUA.

Wir werden erwartet, du, Lucia-TRUSIAN, mehr als NÃO und ich.

Von wem?

Vom SANAT KUMARA natürlich und einigen der Meisterlehrer ... im Empfangsraum, gleich neben der Kommandobrücke. Lasst uns gehen.

Wir laufen einen breiten Gang entlang, passieren drei kleinere Lifte und stehen jetzt vor einem großen, dessen Sensor uns von oben bis unten scannt.

Wir nehmen diesen nur, damit du deine Neugier befriedigen kannst, kommentiert YESHUA und zwinkert mir zu.

NÃO kichert. Ich find das nich lustig.

Als die Tür sich öffnet, strömen uns Tausende kleinste Wesen entgegen, nich größer als eine Linse, durchsichtig. Sie brüllen und toben durcheinander wie eine Horde wilder Schulkinder, nachdem man sie zu lange hat stillsitzen lassen. Ganz zum Schluss kommt ein Steinmännchen, das mir etwa bis zum Knöchel reicht, entschuldigt sich für das Benehmen seiner *Elementals* und folgt ihnen Richtung eines Ausgangs der mit *DEVA-Königreich* überschrieben is. Was war das denn?

Wir steigen in den großen runden Lift. Ein Lichtstrahl scannt uns abermals, und YESHUA sagt: *Brücke.* Wir sausen in die Höhe, jedenfalls vermute ich das anhand der Lichtanzeige. Dann stoppt der Aufzug und drei männliche Lichtwesen, um die drei Meter groß, steigen zu. Sie sind lachend in ein Gespräch vertieft und bemerken uns nich. Der erste sieht aus wie ein älterer tibetischer Mönch aus einem Lama-Kloster. Er hat ein rundliches, gütiges Gesicht, kurzgeschorene Haare, einen Oberlippen- und einen spitz zulaufenden grauen

Kinnbart. Gehüllt ist er in ein bodenlanges, grünliches Lichtgewand, und in der linken Hand spielt er mit einer Mala aus Holzperlen. Der zweite scheint jünger. Er hat schulterlanges braunes Haar und einen Vollbart. Auf dem Kopf trägt er ein Tuch zu einer Art Turban geschlungen, und gehüllt ist er in eine königlich blaue Robe. Der dritte scheint noch jünger, hat blonde lange Haare, strahlend blaue Augen und Vollbart. Er trägt eine goldene Robe.

Konferenzräume verkündet der Lift. Die Tür geht auf, und die drei steigen aus in einen breiten, hellen Gang und gehen nach rechts. Ich streck meinen Kopf hinterher und seh eine ganze Reihe von Wesen, Männer und Frauen in bodenlangen Roben unterschiedlichster Farben, alle mit einer strahlenden Aura. Von links kommen Wesen, die ich so noch nie gesehen hab. Auch etwa drei Meter groß, wachsartige grünbläulich schimmernde Köpfe, oben rund, am Kinn spitz zulaufend, riesige Augen, zwei kleine Nasenlöcher und ein winziger Mund, eher ein Strich als ein Mund. Sie tragen fluoreszierende Roben in verschiedensten Farben mit Ornamenten und Symbolen geschmückt. Ihre Hände sind lang und schmal, die Finger zart. Zwei schauen mich an. Plötzlich zieht jemand mich an meinem Schwert zurück in den Lift.

Wie war das mit der nicht vorhandenen Neugier?

YESHUA sollte doch Verständnis dafür haben, dass ich den Dingen auf den Grund gehen muss. Als die Lifttür schon wieder zu is, öffnet sie sich noch einmal. Ein Mann und eine Frau treten ein und mustern mich von oben bis unten, aber liebevoll.

Guten Tag. Darf ich vorstellen, Lucia-TRUSIAN und NÃO, MUTTER MARIA und LORD MAITREYA.

Die Frau scheint mir die Verkörperung von

reinem Licht, Liebe und Mitgefühl. Sie ist deutlich größer als ich, strahlend zartes Gesicht, blaue Augen, blondes Haar, und sie trägt ein weißes Kleid mit einem Kopftuch, darüber eine blaue Robe mit violetten Armabschlüssen. Ihre Aura strahlt golden und weiß von der Brust aufwärts und dann bis zum Boden hin erst grün, dann gelb, dann orange und zuletzt rot. Der Mann ist von oben bis unten in eine weiße Lichtrobe gekleidet, Kopfbedeckung wie ein Araber, allerdings in Weiß, und das Kopfband, das sie hält, is in einem leuchtenden Blau. Dunkle Haare, dunkler Bart und braune Augen, die Hautfarbe ähnelt meiner, etwas heller vielleicht. Sie lachen NÃO und mich an. Der Lift saust weiter nach oben und kommt bald zum Stehen. *Brücke,* verkündet der Liftlautsprecher. Wir steigen hinter den beiden aus. Die beiden gehen auf einem ebenso hellen, aber etwas schmaleren Gang nach links. YESHUA deutet mit der Hand nach rechts.

Wir gehen hier lang ... Nun frag schon, Lucia-TRUSIAN.

„Ja, ich will so einiges wissen. Zuerst diese kleinen durchsichtigen, megaquirligen Kerlchen, YESHUA ...“

Die kommen wohl vom Nikola-Tesla-Deck. Elementals heißen sie bei uns, eine Einzweck-Lebensform. Zusammengeschlossen als Gruppe, tragen sie mit ihrem ganzen Wesen zu dem Zweck bei, zu dem sie ins Leben gerufen wurden. Sie sind Baumeister auf kleinstem Niveau. Die DEVAs müssen sie ständig bändigen und verbunden halten, sonst sind sie Gott weiß wohin auf und davon. Die da waren relativ groß, die meisten haben eine Größe nicht über mikroskopisches Niveau hinaus und gehen in andere Dimensionen über. Die Landmenschenwissenschaftler sind ihnen auf den

Fersen mit ihren Up-Quarks und Down-Quarks. Aber durchschaut haben sie noch nicht, was wirklich dahintersteckt. Die Elementals leben aus Vibration und Frequenz. Jedes Feld in der Teilchenphysik, wie das, welches die Landmenschen das Higgs-Feld nennen, ist die Vibration von einer Kategorie von Elementals.

„Wow. Und die drei Männer. Ich hab sie schon mal gesehen, aber ich erinner mich nich an ihre Namen und was sie tun."

NÃO, wir werden noch ein bisschen Erinnerungsarbeit mit ihr haben, was meinst du?

Das fürchte ich auch, YESHUA.

„Macht euch nich über mich lustig. Ihr tut ja gerad so, als würd ich absichtlich nix wissen ..." Peinliche Situationen treiben mir immer die Schamröte ins Gesicht.

Die drei Herren, Lucia-TRUSIAN, bilden eine Gruppe Universeller Weltenlehrer. Sie sind unter den Namen MEISTER DJWAHL KHUL, auch der Tibetische Meister genannt, MEISTER MORYA und MEISTER KUTHUMI bekannt. Alle erreichten irgendwann die fünfte Einweihung und entschieden sich dann für den Karrierepfad des Aufgestiegenen Meisters. Zuerst diktierten sie Helena Blavatsky und dann Alice Bailey Botschaften für die Landmenschen. Leider neigten die dazu, die beiden Damen in einen Kultstatus zu erheben. Die drei Weltenlehrer gerieten darüber in Vergessenheit. Seit 2019 stellen sie der Menschenfamilie über die Buchserie Ageless Wisdom Evolving, empfangen und herausgegeben von einer Dame in Minnesota, aktuelles Wissen für das 21. Jahrhundert zur Verfügung. Ich nenne die drei auch die Lehrer der Lehrer. Sie sind äußerst beschäftigt und gönnen sich selbst keine Ruhe, um die Dinge auf Erden doch noch zum Guten zu wenden. Nehmt ihnen nicht übel, dass sie uns noch nicht einmal bemerkt haben. Ich vermute, sie haben euch beide für Teammitglieder von MIYAMOTO MUSASHI, dem großen Samurai, gehalten.

„Der Meister im blauen Gewand hat irgendwie etwas Königliches an sich, und der, der mir der jüngste scheint, Meister KUTHUMI, der muss mal Lehrer gewesen sein."

Wieder lacht YESHUA liebevoll.

Wie schnell du alle durchschaust. MEISTER MORYA hat in der Tat einen bemerkenswerten Karriereweg auf Erden vorzuweisen. Er führte unter anderem die Leben, die den Landmenschen als Abraham, König Melchior, König Arthur, Großmogul Akbar und Thomas Moore, der Dichter, bekannt sind.

„Und Meister KUTHUMI?"

Den hat Lucia in der Schule kennengelernt, als Pythagoras, aber dort nicht gelernt, was er zum spirituellen Hintergrund von Zahlen und Geometrie lehrte. Deshalb hat Tilly dich gelehrt, was Pythagoras den Landmenschen an geistiger Weisheit zu den Zahlen hinterlassen hat. MEISTER KUTHUMI führte unter anderem die Leben des König Balthazar, des heiligen Franz von Assisi und von Shah Jahan, der das Taj Mahal in Agra erbauen ließ.

„Dann kennst du beide, seit du in der Krippe lagst?"

Er lacht laut. *So kannst du es auch sehen. Aber auch ich habe nicht nur das Leben geführt, das die Christen als das von Jesus von Nazareth beschreiben. Von meiner Zeit in Indien wollen sie nichts wissen. Aber auf dem Weg zurück zum Schöpfer trifft man sich immer drei- bis fünfmal, wie wir hier im Mutterschiff zu scherzen pflegen.*

Wir sind am Ende des Gangs angekommen. Geradeaus geht es zur *Brücke,* sagt ein Schild rechts von einer sich wohl ebenso elektrisch öffnenden Metalltür. YESHUA und NÃO sind vor dem Raum mit dem Schild *Empfangsraum* stehen geblieben. Aber ich geh weiter und hoff, die Tür zur Brücke öffnet sich. Ich will zu gern wissen, wie es da aussieht. Aber nix geschieht, die Tür bleibt zu. YESHUA lacht lauthals über mich.

Ich dreh mich um und sag: „Nur wer zu weit geht, kann sich richtig umsehen."

Genau, aber jetzt gerade nicht. Hier herein, bitte, Lucia-TRUSIAN.

AUF DEM MUTTERSCHIFF

Chroniken-Zeit 18.762.020 – 06.17

Ihr seid spät dran.

Ich bitte um Nachsicht, Herr der Welt, unsere Kämpferin fragt ständig und erkundet, was sie nur kann, sobald sie auch nur die kleinste Chance dazu bekommt, sagt YESHUA und verbeugt sich. NÃO und ich verbeugen uns auch.

Sehr verzeihlich. Dann lacht der SANAT KUMARA und die anderen vier am Tisch mit ihm.

Glaubst du jetzt, Lucia-TRUSIAN, dass du nicht allein bist und dass es sich lohnt, deine Aufgabe anzunehmen?

„Ja, SANAT KUMARA, und ich möchte dir aus tiefstem Herzen sagen: Ich bin bereit."

Das wollte ich hören! Nehmt bitte Platz.

Es is ein Meeting-Raum wie in den Star Trek Filmen, abgerundete Wände, in der Mitte ein ovaler Tisch, darum acht Sitzschalen. Die drei an der langen, uns zugewandten Seite, sind noch frei, und am rechten Kopfende sitzt der SANAT KUMARA. Die anderen Herren kenn ich nich. YESHUA setzt sich in die Mitte, ich mich rechts davon, gleich neben SANAT KUMARA und NÃO links von YESHUA. Mir gegenüber sitzt ein jugendlich wirkender Afrikaner, schwarze kleine Locken, so wie meine, aber männlich kurzgeschnitten, dazu ein fein getrimmter Bart. Seine traurig braunen Augen dominieren die breite Nase, wohlgeformte, violett schimmernde Lippen und die milchschokoladenfarbene Haut. Er trägt kleine Diamanten in beiden Ohrläppchen. Cool. Um seinen Kopf strahlt eine ins Königsblaue übergehende Aura. Sein gelbgoldenes Gewand is auf der Brust mit Goldfäden bestickt, die zwei in sich verbundene Pyramiden zeigen.

Auch ich begrüße euch, Lucia-TRUSIAN und NÃO. Ich bin Bruder AFRA, einer der Meisterlehrer Afrikas. Meine Aufgabe ist es, das Wissen der afrikanischen Stämme in seiner ursprünglichen Form aus allen Zeitaltern zu hüten, zu verbreiten und mich darin mit meinen Brüdern und Schwestern anderer indigener Völker auf der Erde zu verbinden.

„Ich begrüße dich auch, Bruder AFRA. Krass, dass mal jemand mir ähnlichsieht."

Alle anderen lachen herzhaft los, nur wir beide nich. Er wird wohl während seiner Inkarnationen ähnliche Erfahrungen gesammelt haben wie ich.

„Kannst du mir sagen, welches Wissen du

hütest?“

Nur kurz so viel, denn wir sind aus einem anderen Grund hier. Die afrikanischen Stämme waren einst erhabene Völker. Wir sprachen die Sprache der Sterne. Gloria, die du in Kolwezi kennengelernt hast, spricht sie noch heute. Deine Oma Shaira und deine Mutter Amaike sprachen sie, und deine Tante Walikia spricht sie auch.

Ich muss innehalten, meine Augen werden feucht, als die Bilder vom Tag mit Gloria und Walikia in Kolwezi in mir hochsteigen. Bruder AFRA erspürt das und gibt mir einen Moment Zeit, mich zu fangen.

Geht‘s wieder?

„Ja.“

Wir Indigenen vermögen die Wahrheit intuitiv zu erfassen und können sie in bewusstes Denken übersetzen. Früher, als wir von den Sternen als Saat auf die Erde kamen, hatten wir eine blaue Hautfarbe. Wie du siehst, hat sich das durch die intensive Sonnenbestrahlung in Afrika ändern müssen.

Er deutet mit dem Finger auf seine Nase und lächelt. Ich lächle zurück.

Wir fühlen uns mit allen Wesen und Lebensformen verbunden, gleichgültig ob es Pflanzen, Tiere, Menschen, Engel, Elfen, Devas, Drachen, Meisterlehrer oder unsere Brüder und Schwestern von anderen Sternen sind. Wir fühlen und kennen die Klänge, Laute und Rhythmen, den Herzschlag, den Puls, die Melodien des Windes, der Wolken, des Wassers, des Feuers und allen Lebens, überall. Mehr als in jedem anderen Stoff auf der Erde ist im Wasser das Echo der Sphärenmusik lebendig, genauso wie die unsäglichen Taten der Landmenschen. Wir Indigenen sind zugleich mit allen Planeten und Intelligenzen verbunden. Alle Naturvölker und ihre Nachfahren leben noch in dieser Verbindung.

Seine Worte klingen in mir wider, so als hätt ich's schon immer gewusst. Ich hab's ja auch gelebt, in den Wiesen an der Nete, mit den Tieren, Bäumen, Gräsern und Steinen. AFRA schaut mich eindringlich an, alle anderen auch. Es is wohl Zeit zu sagen, was ich begriffen hab. Sie scheinen drauf zu warten.

„Ich versteh jetzt, das ZONCRIET ein großes Wesen, eine große Seele is, die sich als der Körper der Erde manifestiert, und die Menschen sind nur ein Organ dieses Körpers in verschiedenen Dimensionen. Und weil die Landmenschen der dichten Materie nich kapieren wollen, dass sie nur ein Teil von etwas viel Größerem sind und nich das Wichtigste, is das ganze Mensch-Organ krank. Das macht auch die anderen Organe krank, und damit is der ganze Körper krank. Die Landmenschen zerstören das Mensch-Organ und damit den ganzen Körper. Was in Milliarden von Jahren entstanden is und von SANAT KUMARA und vielen, die ihm helfen, beaufsichtigt wird, is krank, sehr schwer krank. Es is krank, weil die Landmenschen krank im Kopf und fast tot im Herzen sind."

Der weiße Mann hat die Krankheit ausgelöst und verbreitet sie täglich weiter. Deshalb sterben unsere Gesellschaften von innen, sagt der Indianerhäuptling mit magischen Augen, weise mit vielen Wintern unter der Haut, in der ein weißer Adler leibhaftig wird. Er sitzt links neben Bruder AFRA.

Sie nennen mich WHITE EAGLE, Lucia.

„Ich grüße Sie, Häuptling. Wie meinen Sie das, von innen sterben?“

Das innere Sterben begann, als Columbus und nach ihm Scharen von erst abenteuerlustigen, dann gierigen und später armen Europäern auf unseren Kontinent kamen. In Nordamerika haben 60 Millionen Indianer ein brüderliches Leben gelebt, Mutter Erde verehrt und klares Wasser aus jedem ihrer Flüsse getrunken. Als die Eindringlinge sich genommen hatten, was sie wollten, lebten noch 800.000 von uns. Heute kann niemand noch frisches Wasser aus einem Fluss trinken, denn sie haben der Welt ihre ausbeuterische Lebensweise aufgezwungen und daran geht nun unsere Erde zugrunde. Aber es ist Mutter Erde, die uns nährt, nicht der Supermarkt. Es ist Mutter Erde, die uns Schutz und Zukunft gibt, nicht Unternehmen, Regierungen und Waffen. Und wenn Mutter Erde nicht leben kann, lebt niemand.

„Was rätst du meinem Team und mir?“

Die Einsichten, um alle Stürme, Fluten, Feuersbrünste, Plagen, Konflikte und Kriege durchzustehen, kommen von Großen Geist. Bleibt im Licht der Brüderlichkeit, so hielten alle indigenen Völker schon immer Stand. Wir entzünden ein Feuer, schlagen die Trommeln, tanzen unsere Zeremonien, singen Mensch und Erde in eine neue Richtung, haben Freude, helfen einander, dienen unserer Mutter Erde. So gehen wir schon ewig durch jedes Portal des Wandels, so schmerzlich es auch sein mag. Nutze deine spirituellen Fähigkeiten und huldige dem Großen Geist, der in allem lebt. Dann schaut er mit Dankbarkeit erfülltem Gesicht auf und beginnt tief und melodisch zu singen, als ob er mit den Sternen spricht: *Hey ya hoho heyhahahaaaaa, hey ya hoho heyhahahahaaaaa, hey ya hoho heyhahahahahaaaaaa.*

Links neben WHITE EAGLE, auf der anderen Seite des Tisches, sitzt, oder soll ich besser sagen schwebt, ein wolkiges Wesen, in seiner Mitte ein grün-gold-rotes Symbol, das mit atemberaubend schönen, filigran geschriebenen goldenen arabischen Buchstaben eher ein Kunstwerk is.

Ich sehe die Verwunderung in deinen Augen, und ich nehme sie als Kompliment.

„Ja ... du bist einzigartig und wunderschön.“

Ich stehe für den Glauben. Damit auch du die Botschaften des Schöpfers und der Schöpferin, die Botschaften Gottes und Allahs, klar empfangen kannst, musst du dich immer wieder reinigen und auch reinhalten. Dann kannst du den Glauben an das, was wahr und wirklich ist, erfassen und das Wissen darüber verbreiten. Ich werde dir dabei helfen.

„Danke. Woher weiß ich, dass es Botschaften von dir, von Euch sind?“

Wenn dein Herz in Frieden ist und dein Kopf nichts will.

„Aber wer stoppt denn das Böse? Wer sorgt für Gerechtigkeit?“

Niemand entgeht dem, was er gesät hat. Folge du deinen Aufgaben und deiner Bestimmung, sei mutig und wahrhaftig. Das Böse, das Dunkle kann nicht siegen, denn es ist nicht die Quelle, der Ursprung. Es sucht nur mühseliger seinen Weg zurück.

Ich muss wohl ziemlich fragend dreinschauen, denn der Mann am linken Kopfende schaltet sich nun auch ins Gespräch ein. Er sieht jung und frisch aus, um die vierzig, volles braunes, nach hinten gekämmtes Haar und einen Vollbart. Seine Lichtrobe strahlt in Königspurpur, so wie die Iris seiner Augen.

Ihr gestattet, Lucia, dass auch ich mich vorstelle. Man kennt mich unter dem Namen Meister SAINT GERMAIN. Ich komme vom Sternbild Cygnus. Ich bin der Lenker des siebten, violetten Strahls und werde deine Führung übernehmen, sobald du nach Aachen zurückgekehrt bist.

„Soll ich das denn?“

Du wirst von Aachen aus wirken, auch wenn dir heute noch schleierhaft ist, wie genau. Du erfährst alles zu seiner Zeit.

Ich bin erstaunt und gerührt zugleich. Doch mein ganzer Körper schwingt warm und harmonisch ... Interessant. Bevor ich mich bei allen bedanken kann, geht hinter mir die Tür auf und ich dreh mich um. Herein kommt eine bezaubernd schöne Frau mit langen blonden Haaren und blauen Augen, gehüllt in ein Gewand mit Kopfbedeckung in Königsblau. Ihre Aura strahlt mindestens einen Meter über ihren Körper hinaus in Weiß. Alle erheben und verneigen sich vor ihr und ich tu das auch.

Dies, Lucia-TRUSIAN, ist die Planetarische Stille Wächterin, ihr Name ist IMMACULATA. Sie hütet den ersten, den reinen und ursprünglichen Plan für die Erde und das lange bevor ich kam, sagt der SANAT KUMARA und verneigt sich nochmals vor ihr.

Erinnerst du dich meiner, Lucia?

„Nein, IMMACULATA, es tut mir wirklich leid."

Du wolltest eben auf die Brücke, aber der Weg war dir noch verwehrt.

„Ja", sag ich. Ich kann machen, was ich will, alles, was ich denk, sag, tu, aber auch wirklich alles, is hier bekannt.

Nun ist deine Zeit gekommen. Folge mir, dann kannst du sehen, worauf du und dein Team zunächst hinarbeiten sollt.

Sie wendet sich zur Tür und dann nach rechts, wir alle folgen ihr. Die Tür zur Brücke öffnet sich, und ich freu mich auf so ne Art Kommandobrücke, wie ich die von den *Star Trek*-Filmen kenn. Aber nix da. Sie kann mir meine Enttäuschung wohl vom Gesicht ablesen.

Glaubst du im Ernst, hochentwickelte Wesen arbeiten mit einer Technologie, die der Vorstellungskraft von Landmenschen mit eingeschränktem Bewusstsein entspringt? Glaubst du wirklich, dass wir Torpedos und Schutzschilde brauchen? Wir kämpfen nicht, wir sind.

So hab ich darüber noch nie nachgedacht. Sie erwartet wohl keine Antwort und fährt fort. *Dies ist die Brücke zum aktualisierten Plan für die Erde, und damit auch zum Plan des Schöpfers und der Schöpferin für unser Sonnensystem und unsere Galaxie. Alles hängt zusammen, alles bedingt und beeinflusst einander.* Sie tritt beiseite. Vor einer riesigen Fensterfront hinaus ins Weltall dreht sich in holographischer Darstellung ein Erdball von etwa zwei Metern Durchmesser freischwebend im Raum. *Hier siehst du, zu was die Erde umgeformt werden muss, damit sie wieder dem Plan entspricht und ihre Aufgabe für Sonnensystem, Milchstraße und Kosmos erfüllen kann.*

Die Kontinente kann ich wohl erkennen, unendlich weite Wald- und Grünflächen, Gebirgsketten und Ozeane, kaum Wüsten, nur noch winzige Eisflächen, aber, und ich geh ganz nah ran, um sicher zu sein, ich seh keine Megastädte. Stattdessen viele klein- und mittelgroße Städte, angesiedelt um einen leuchtenden roten Kreis herum. Ich deut mit dem Finger auf einen der Kreise. IMMACULATA lächelt.

Portale und Sternentore. Sie müssen nicht mehr gebaut werden. Sie sind alle schon da. Sie wurden der Erde von anderen Sternenrassen geschenkt, als sie ihren Dienst im Gefüge des Ganzen aufnahm. Hier, schau ... Sie deutet auf New Delhi, berührt die Oberfläche des Hologramms, zieht die Projektion größer und das Bild einer Stele erscheint im Großformat. Ich hab sie schon mal gesehen. *Dieses Sternentor ist ein Geschenk von Andromeda. Du hast davorgestanden, als du mit deinen Adoptiveltern Indien besuchtest.*

„Die Eiserne Säule im Innenhof der Quwwat-ul-Islam-Moschee, meinst du die? Keiner kann sich erklären, warum sie so korrosionsresistent is."

Viele Lichtarbeiter sind auf der ganzen Erde schon dabei, Portale und Sternentore wieder zu öffnen und das Wissen über sie zu verbreiten. Dazu braucht es dich nicht. Eine deiner Aufgaben ist es, die Erde wieder an das Conree-System anzubinden. IMMACULATA verändert die holographische Darstellung der Erde abermals. Sie dreht sich nun und außer blau und Wolken sehe ich nur fünf goldene Punkte. Sie reichen wie mit Fäden verbunden in höhere Sphären hinauf und sind untereinander vernetzt.

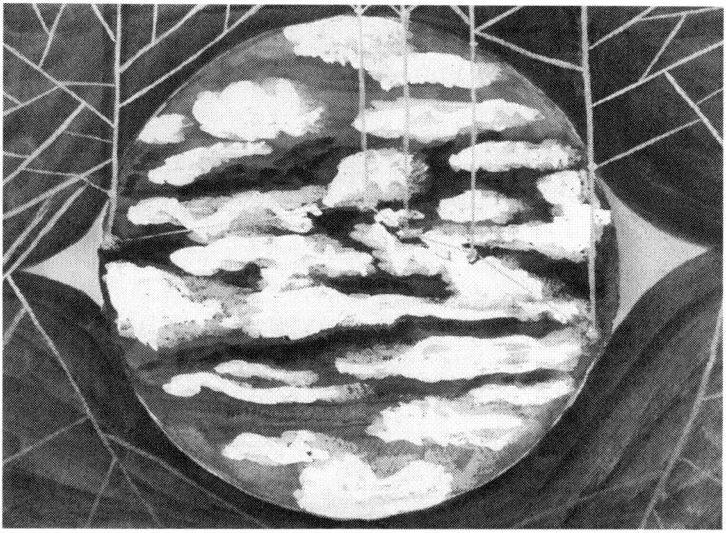

Weckt dieses Hologramm ein tieferes Erkennen in dir?

Ich halt inne. IMMACULATA, SANAT KUMARA und die anderen schaun mich durchdringend an. Es is, als ob plötzlich eine begrenzende Schicht in mir sanft wie eine Seifenblase zerplatzt. Ich weiß jetzt wieder. *Auf jedem Kontinent der Erde befindet sich eine Station, eine Anbindung zum Conree System ... an das Nervensystem des Universums ... in dem alles verbunden is, alle Wesen und Informationen fließen.*

Genau, Lucia, sagt der SANAT KUMARA freudestrahlend. *Dein Team und du müsst die fünf irdischen Stationen finden, sie wieder öffnen und auch untereinander verbinden. Wir fangen mit der Station in Europa an. Von der Einheit Europas geht die vereinende Welle hinaus in die Erdenwelt. Ost und West, Arktis und Antarktis, müssen wieder eins werden. Dann ist auch die Hauptaufgabe zu meistern. Erinnerst du dich auch wieder an sie?*

Es wird still in mir und plötzlich is es, als ob von fern meine Seele flüstert: *Die Erde und alles, was zu ihr gehört, soll ein attraktiver, freudvoller Ort der Begegnung, des Lernens und des Austauschs für diesen Teil des Kosmos sein, eine Galaktische Spirituelle Universität.*

Der SANAT KUMARA schaut mir tief in die Augen, als habe er gehört, was meine Seele flüstert. *Niemand ist für das Schicksal der Erde allein verantwortlich, aber für die Erfüllung seiner Lebensaufgaben. Lass nun deinem inneren Wissen und unserer Führung freien Lauf.*

VERZEICHNIS DER HANDELNDEN

In dieser spirituellen Romanserie ist das Leben der handelnden Charaktere auf der Erde ein multi- und interdimensionales Werden und Geschehen. Das macht es unmöglich, ein eindimensionales Personenverzeichnis zusammenzustellen. Was in Personenverzeichnissen anderen Romanserien schlicht Menschen mit Namen sind, sind in diesem Verzeichnis inkarnierte Aspekte von Seelen, die andere Namen, Aufgaben und Komplexitäten haben, als ihre Seele. So ist beispielsweise zwischen der Hauptfigur Lucia und ihrer Seele TRUSIAN zu unterscheiden oder dem schon lange vor Lucia lebenden Goethe und seiner nicht mit Namen bekannten Seele. Schließlich gibt es Seelen, die den inkarnierten Menschen als Meisterlehrer zur Verfügung stehen, wie der SANAT KUMARA, YESHUA und viele mehr. Um das Verzeichnis übersichtlicher zu gestalten, ist es in drei Kategorien unterteilt: das Verzeichnis der inkarnierten Aspekte von Seelen, das Verzeichnis der Seelen und das Verzeichnis der Meisterlehrer. Einleitend ist jede Kategorie definiert. Möge jeder sich das heraussuchen, was für sie oder ihn passend ist.

Verzeichnis der inkarnierten Seelenaspekte

Menschen sind in der dichten Materie inkarnierte Aspekte (ausgewählte Anteile) von Menschen Seelen. Sie sind mit den göttlichen Qualitäten versehen, dies es benötigt, damit sie ihre jeweiligen Lebensaufgaben erfüllen können. Eine menschliche Seele inkarniert nie als Ganzes in einem Menschen, nur jeweils ein ausgewählter Aspekt von ihr. Eine Seele kann zwei oder mehr inkarnierte Aspekte ihrer selbst zugleich führen. Während inkarnierte Aspekte von Menschen ihr Leben in der dritten Dimension in dichter Materie verbringen, bleibt ihre Seele in der vierten, fünften oder sechsten Dimension. Das ist davon abhängig, in welcher Dimension die Seelenfamilie aktiv ist, zu der die Seele gehört.

Ein Mensch ist ein Mensch, weil er eine menschliche Seele hat. Der Körper ist nur eine stoffliche Hülle, ein passendes Vehikel, das für die Inkarnation ausgewählt wird. Anhand der stofflichen Hülle „Körper" vermag niemand zu erkennen, welche Art von Seele den inkarnierten Aspekt *beseelt*.

Eine grafische Übersicht der wichtigsten Familien inkarnierter Seelenaspekte in Band 1 der *Chroniken*.

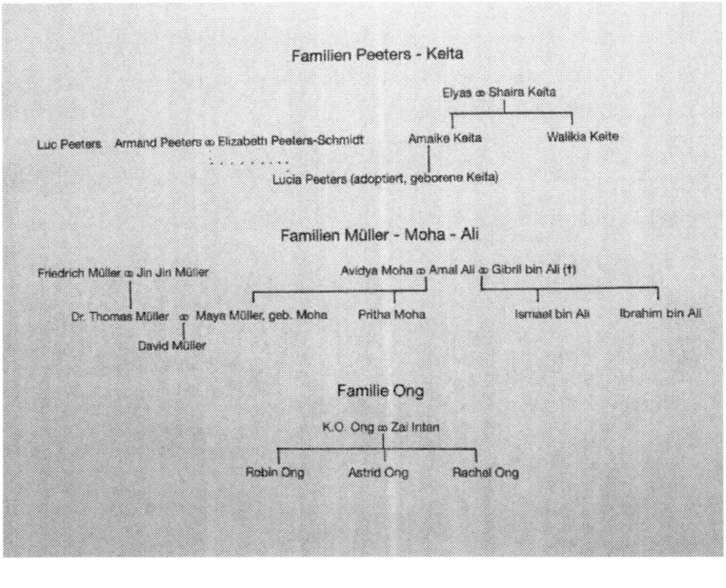

Amaike Keita
Lucias leibliche Mutter, Schamanin, Kongolesin, Tochter von Elyas und Shaira Keita sowie Schwester von Walikia Keita.

Amal Moha
Britin, gebürtige Libanesin, Ehefrau von Avidya Moha, Mutter von Pritha Moha und Maya Müller, geborene Moha, in erster Ehe verheiratet mit Jibrīl bin Ali, Mutter von Ismael und Ibrahim bin Ali sowie Großmutter von David Müller.

Amphion
Regierte mit seinem Bruder die Stadt Theben, deren Stadtmauer er erbaute, in dem er auf seiner Lyra spielte. Von Gott bekam er eine vierseitige Lyra geschenkt, die er um drei weitere Seiten erweiterte und so eine neue Tonart (lydius modus) erfand.

Anubis
Im alten Ägypten zuständig für Totenriten und Mumifizierung, letzter inkarnierter Aspekt einer Conree Seele vom Sirius im Sternbild Canis Major, die heute als Meisterlehrer ANUBIS die Entwicklung der Erde fördert.

Armand Peeters
Belgier, Lucias Adoptivvater, Strafrichter und Ehemann von Elizabeth Peeters-Schmidt.

Avidya Moha
In Indien geborener, britischer Unternehmer im Rohstoffgeschäft, inkarnierter Aspekt von SOLAS. Schwiegervater von Dr. Thomas Müller, Großvater von

David Müller, Vater von Maya Müller und Pritha Moha, Ehemann von Amal Moha sowie Stiefvater von Ismael und Ibrahim bin Ali.

Clemente Chigioni
Kardinal der römischen Kurie, inkarnierter Aspekt der Seele ALANI.

Conny Wong
Ehemalige Freundin von Robin Ong, Hong Kong Chinesin. Ihr Vater ist der Rohstoffhändler Robert Wong.

Dante Alighieri
Inkarnierter Aspekt einer mit Namen unbekannten Conree Seele, italienischer Dichter aus Florenz (1265-1321), Verfasser der Göttlichen Komödie.

David Müller
Sohn von Dr. Thomas und Maya Müller, Enkel von Avidya und Amal Moha sowie Friedrich und Jin Jin Müller.

Dimitri Sámi
Studienkollege von Lucia an der RWTH in Aachen, russischer Staatsbürger, Angehöriger des ethnischen Volkes der Samen.

Elizabeth Peeters-Schmidt
Lucias Adoptivmutter, Deutsche, Lehrerin, verheiratet mit Armand Peeters.

Elyas Keita
Lucias leiblicher Großvater, Kongolese, pensionierter Literaturprofessor, Ehemann von Shaira Keita sowie Vater von Amaike und Walikia Keita.

ETRUTHSIA
Meerkönigin im Deva Königreich, eine Deva Seele.

Fee
Osteuropäische Hausdame von Dr. Thomas Müller in Rüschlikon, Schweiz.

Giacomo Aringhe-Rosse
Italienischer Rohstoffunternehmer und Manager, lebt in New York, inkarnierter Aspekt der Seele ALANOS.

Gloria
Schamanin, wohnhaft in Kolwezi, Demokratische Republik Kongo, Freundin von Lucias Großmutter Shaira Keita. Hat die Ermordung von Lucias Mutter und Großmutter miterlebt.

Grandmother Mepi
Maria, mehrfach inkarnierte Heilerin / Schamanin mit indianischen Wurzeln, Freundin von Lucia, lebt in Lier, Belgien. Ehefrau von Ilan (Ilanato Campita), Wouter.

Ibrahim bin Ali
Britischer Rohstoffhändler in London, Sohn von Amal und Jibrīl bin Ali, Stiefsohn von Avidya Moha, Halbbruder von Pritha Moha und Maya Müller.

Ilan (Ilanato Campita)
Wouter, Ehemann von Grandmother Mepi (Maria), spiritueller Coach und Manager, Freund von Lucia, lebt in Lier, Belgien.

Ismael bin Ali
Britischer Rohstofffinanzier, lebt in London, Sohn von Amal und Jibrīl bin Ali, Stiefsohn von Avidya Moha, Halbbruder von Pritha Moha und Maya Müller.

Jacob Donald Schild
Sich unsichtbar gebender amerikanischer Investor. Arbeitet eng mit Levi H. Summers zusammen.

Jibrīl bin Ali
Brite, gebürtig im Libanon und erster, verstorbener Ehemann von Amal Moha, Rohstoffhändler und Vater von Ismael und Ibrahim bin Ali.

Jin Jin Müller
Mutter von Dr. Thomas Müller, Ehefrau des verstorbenen Friedrich Müller, kanadische Ureinwohnerin, lebt auf Vancouver Island in Britisch Columbia, Kanada.

Johan Wolfgang von Goethe
Inkarnierter Aspekt einer Conree Seele, deutscher Dichter und Naturforscher (1749-1832), Verfasser des „Faust“.

Kappacho
Ein sich ständig daneben benehmender Chef eines Wasserdeva Stammes aus dem Atlantik, der zum Meervolk der japanischen Kappa gehört.

K.O. Ong
Singapur Chinese, Rohstoffhändler, Vater von Robin Ong, Lucias Freund, Ehemann von Zai Intan, Vater auch von Astrid und Rachel Ong.

Laotse
Letzter inkarnierter Aspekt des Meisterlehrers LAOTSE (570-490 v.Chr.), Verfasser des Tao Te King (auch Tao Te Ching geschrieben).

Levi H. Summers
Sich unsichtbar gebender amerikanischer Investor. Arbeitet eng mit Jacob Donald Schild zusammen.

Luc Peeters
Bruder von Armand Peeters, Lucias Adoptiv-Onkel, katholischer Priester in Belgien.

Lucia Peeters
In Kolwezi, Demokratische Republik Kongo, als Lucia Keita geboren. Tochter von Amaike Keita, Nichte von Walikia Keita, Enkelin von Shaira und Elyas Keita, Adoptivtochter von Armand und Elizabeth Peeters. Inkarnierter Aspekt der auf dem Oblan arbeitenden Seele TRUSIAN. Auf der Erde auf Bitten des SANAT KUMARA, um zu seiner Unterstützung als Leiterin eines Spezialteams zu fungieren.

Maya Müller
Mutter von David Müller, Ehefrau von Dr. Thomas Müller, geborene Moha, Tochter von Avidya und Amal Moha, Schwester von Pritha Moha und Halbschwester von Ismael und Ibrahim bin Ali.

Miéko Frei
Japanische Malerin, geborene Matsunaga, Ehefrau des spirituellen Unternehmers Reto Frei, lebt in Rüschlikon, Schweiz.

Nakula Kumar
Bruder von Titiksha Kumar (der ehemaligen Freundin von Avidya Moha) und Sahadeva Kumar.

NÃO
Chaperone von Lucia im Deva Königreich, eine Deva Seele.

Pritha Moha
Indische Tochter von Avidya und Amal Moha, Aryveda Ärztin in Mumbai, Schwester von Maya Müller, Schwägerin von Dr. Thomas Müller, Patentante von David Müller sowie Halbschwester von Ismael und Ibrahim bin Ali.

Raymond Janssens
Direktor von Lucias ehemaligem Gymnasium in Belgien.

Reto Frei
Spiritueller Unternehmer, Ehemann von Miéko Frei, wohnhaft in Rüschlikon, Schweiz.

Robert Wong
Chinesischer Rohstoffhändler aus Hong Kong, Vater von Conny Wong, Robin Ongs ehemaliger Freundin.

Robin Ong
Singapur Chinese, Lucias Freund und Studienkollege an der RWTH in Aachen.

Rumi
Inkarnierter Seelenaspekt einer namentlich nicht bekannten Conree Seele, Persischer Sufi Mystiker, Gelehrter und Dichter (1207-1273).

Sahadeva Kumar
Bruder von Titiksha Kumar (der ehemaligen Freundin von Avidya Moha) und Nakula Kumar.

Shaira Keita
Lucias leibliche Großmutter, Kongolesin, Shamanin, Ehefrau von Elyas Keita und Mutter von Walikia und Amaike Keita.

Shakespeare
Inkarnierter Aspekt der Conree Seele SHO - englischer Dramatiker, Lyriker und Schauspieler (1564-1616).

SILVIAR'I'A
Lucias Drache.

Tasha Ixchel
Aus Brasilien stammende Freundin und Studienkollegin von Lucia an der RWTH in Aachen.

Dr. Thomas Müller
Inkarnierter Aspekt der Menschen Seele THEODAR, kanadisch-deutscher Manager im Rohstoffgeschäft, Vater von David Müller, Ehemann von Maya Müller, Schwiegersohn von Avidya und Amal Moha sowie Schwager von Pritha Moha., wohnhaft in Rüschlikon, Schweiz.

Tilly (Mathilde) Bruyninckx
Lucias Patentante, Mathematikerin, Jugendfreundin von Lucias Adoptivvater Armand Peeters, wohnhaft in Belgien.

Titiksha Kumar
Einstige Freundin von Avidya Moha, Schwester von Nakula und Sahadeva Kumar.

Triton
Meereswesen mit menschlichem Ober- und fischartigem Unterkörper.

Vito Puzo
Giacomo Aringhe-Rosses Body Guard, alias Enzo Morello.

Vyasa
Inkarnierter Aspekt einer mit Namen unbekannten Conree Seele, indischer Weiser, Verfasser der Bhagavad-Gita (Lied des Geistes) und des gesamten Mahabharata (Die große Geschichte der Bharatas).

Walikia Keita
Lucias leibliche Tante, Kongolesin, Schamanin, Professorin in Kinshasa, Schwester von Amaike Keita sowie Tochter von Shaira und Elyas Keita.

William Blake
Inkarnierter Aspekt der Conree Seele SHO, (1757-1827) englischer Dichter, Naturmystiker und Maler.

Zai Intan
Mutter von Robin Ong (Lucias Freund), Astrid und Rachel Ong, Malaysierin, Ehefrau von K.O. Ong, Rohstoffhändler in Singapur.

***

Verzeichnis der Seelen
(in alphabetischer Reihenfolge)

Die Seele besteht aus einem wirbelnden Potential, das sich um einen Funken des Schöpfers und der Schöpferin dieses Universums formt. Der Funke ist immer und überall das Zentrum der Seele. Er enthält einen Auszug aus den Qualitäten des Schöpfers und der Schöpferin. Diese Qualitäten kommen im gesamten Universum zum Ausdruck, wenn die Seele reist und inkarniert, um Erfahrungen zu sammeln. Mit zunehmender Erfahrung nimmt die Verwirbelung um den zentralen Funken zu und die Seele wird zu dem, was wir gemeinhin als „alte Seele" bezeichnen. Die Seele ist die Gesamtheit des Funkens und der um sie wirbelnden Erfahrungen. Neben Menschen Seelen sind heute auch Conree, Core, Deva, Elfen, Engel, Oblan und Tochter Seelen bekannt.

ALANI
Menschen Seele, inkarniert mit dem Aspekt Clemente Chigioni.

ALANOS
Menschen Seele, inkarniert mit dem Aspekt Giacomo Aringhe-Rosse.

AMAYA
Mutter Erde, eine Deva Seele.

BETHOLD
Elfen Seele, führte das Elfen Königreich der Erde. Im Jahr 2013 vereinte das Deva-Engel Königreich sich erneut mit dem Elfen Königreich. Das Deva-Engel-Elfen Königreich wird heute von der Doppelspitze BETHOLD und WISEONE geführt.

EDEL
Seele der inkarnierten Aspekte Shaira Keita und David Müller.

ERZENGEL MICHAEL
Engel Seele, die inkarnierten Aspekten von Menschen Seelen Mut schenkt, wenn es darum geht, entscheidende Lebensveränderungen durchzuführen. Immer geht es darum, die Aufgaben für diese Inkarnation annehmen und umsetzen. Erzengel Michael gewährt allen, die ihn anrufen, göttliche

Sicherheit und göttlichen Schutz.

HONGTYETSEE
Mitglied des Königreiches der Diener, bekannte inkarnierte Aspekte: Nicholas Roerich (russischer Maler, Schriftsteller, Humanist, Philosoph, Forscher, Archäologe und Friedensstifter, 1874-1947) und Wayne S. Petersen (amerikanischer Diplomat, 1941-2017).

KRISHNA
Conree Seele aus dem Sternbild des Orion; wird in der Bhagavad Gita als 8. Inkanation des Gottes Vishnu beschrieben, die seinem Freund und Schüler Arjuna die Notwendigkeit pflichtgemäßen Handelns in Übereinstimmung mit der Seelenaufgabe beschreibt.

LUDOR
Deva Seele, führt die Devas Afrikas.

MOISTARA
Seele der inkarnierten Aspekte Amaike Keita und Miéko Frei.

SANCHA
Seele des inkarnierten Aspektes Elizabeth Peeters-Schmidt.

SANTHRON
Ältester der Seelenfamilie SAN, zu der die Seele SANCHA mit dem inkarnierten Aspekt Elizabeth Peeters-Schmidt gehört.

SOLAS
Seele des inkarnierten Aspektes Avidya Moha.

THEODAR
Seele des inkarnierten Aspektes Dr. Thomas Müller.

TRUSIAN
Seele des inkarnierten Aspektes Lucia Peeters (Keita).

WISEONE
Deva Seele, führt das Engel-Deva Königreich.

ZONCRIET
Große Seele, die den Planeten Erde beseelt und ihr Leben schenkt.

***

Verzeichnis der Meisterlehrer
(in alphabetischer Reihenfolge)

Bei den Meisterlehrern - auch als Weltlehrer, Meister oder Aufgestiegene Meister bezeichnet - handelt es sich um Seelen, die auf ihrer spirituellen Reise der Bewusstseinserweiterung weiter fortgeschritten sind als die inkarnierten Aspekte von Menschen Seelen auf der Erde. Sie haben sich verpflichtet, alle in dichter Materie inkarnierten Seelenaspekte zu lehren, die bereit sind, zuzuhören. Meisterlehrer zu sein ist ein spezifischer Entwicklungspfad auf dem Weg zurück zum Schöpfer und zur Schöpferin. Die Meisterlehrer arbeiten einzeln (meist unter dem Namen ihrer letzten bekannten Inkarnation auf der Erde) und mit anderen gemeinsam daran, das menschliche Bewusstsein durch ihre Botschaften zu erweitern. Die Meisterlehrer vermitteln ihre Lehren und Botschaften bisher durch geschulte Stimmen, die diese Botschaften in Form von Newslettern, Büchern und direkten Channelings, auch in den sozialen Medien, verbreiten.

AFRA
Menschen Seele mit tausendfachen Inkarnationserfahrungen seiner Aspekte bei den Völkern und Stämmen Afrikas. Hüter der Mysterien dieser Stämme und Verbindungsglied zu den Vertretern der indigenen Völker aller anderen Kontinente. Als Meisterlehrer ist er darauf fokussiert, die spirituelle und emotionale Intelligenz der Menschen wieder zu entwickeln.

ANUBIS
Conree Seele vom Sirius im Sternbild Canis Major. Er ist Teil der Entwicklung der Erde seit er sich erinnern kann. Als Meisterlehrer reicht er heute der Menschenfamilie seine helfende Hand mit Fachwissen über Diplomatie und Integration.

DJWHAL KUHL
Meisterlehrer, auch „Der Lehrer der Lehrer“ oder „der Tibeter“ genannt. Er konzentriert sich darauf, die Kernwahrheiten der alten Weisheit an jeden weiterzugeben, den es interessiert. Sein letzter inkarnierter Aspekt vor der Erleuchtung und dem Aufstieg zum Karrierepfad des Meisterlehrers war der des Oberhauptes eines tibetischen Lama Klosters. Seine liebste Inkarnation ist das Leben einer stummen Frau, weil er dort eine andere Form der Kommunikation und eine tiefere Bedeutung des Lehrer Daseins erlernte.

GAUTAMA BUDDHA
Ehemaliger Meisterlehrer und Seele des inkarnierten Aspektes Siddhartha Gautama (563 und 480 v. Chr.). Erwacht zum Gautama Buddha lehrte er die vier edlen Wahrheiten von den Ursachen der Leiden und wie sie

zu überwinden sind. Zuvor hatte seine Seele bereits mit tausenden von inkarnierten Aspekten Erfahrungen gesammelt. Als Meisterlehrer arbeitete er eng mit LORD MAITREYA und YESHUA zusammen, bevor er die Erde verließ. Heute kehrt BUDDHA einmal in Jahr mit großem Energieaufwand zum WESAK Festival zur Erde zurück, um alle Lebewesen auf dem Weg zu höherem Bewusstsein mit neuen und noch höher schwingenden Energien zu versorgen.

IMMACULATA
Die Planetarische Stille Wächterin. Sie hütet im Auftrag von ZONCRIET den ursprünglichen und alle bis heute aktualisierten Pläne für die Erde. Sie arbeitet eng mit dem SANAT KUMARA zusammen, der vor knapp 19 Millionen Jahren die Aufgabe übernahm, den Plan für die Erde gemäß den neuesten Vorgaben zu orchestrieren, zu beaufsichtigen und umzusetzen.

ISIS
Conree Seele aus dem Sternbild des Orion. In ihrer Inkarnation als Isis, die ihr den Namen unter den Menschen gab, personifizierte sie, versinnbildlicht durch ihre Krone, den Thron der Pharaonen. Sie wurde verehrt als Göttin der Zauberei, Hüterin der Toten sowie als Muttergöttin, die Osiris und Horus pflegte. Als Meisterlehrerin ist es heute ihre Mission die Menschen der Erde zu inspirieren, frei von dem zu geben, was sie haben, denn es ist genug für alle da. Im Universum herrscht Überfluss.

KUTHUMI
Meister Lehrer, vormals u.a. inkarniert in den Aspekten Pythagoras, König Baltasar, Franz von Assisi und Shah Jahan. Sein heutiger Fokus liegt auf dem spirituellen

Fortschritt der Menschheit, ihrem Verständnis von Seelenkontinuität und dem Rhythmus von Lebenserfahrung gefolgt von Zwischenleben und nächst folgenden Leben. Liebster inkarnierter Aspekt ist ihm das Leben des Pythagoras, weil es viel dazu beigetragen hat, wer er heute ist.

LADY NADA
Conree Seele vom Sirius im Sternbild Canis Major, die heute als Meisterlehrerin arbeitet. Ihre Aufgabe ist das Heilen von tiefen spirituellen Wunden, spiritueller Fehlleitung und Fehlvorstellungen außerhalb der etablierten Religionen. Sie bringt Licht in die Dunkelheit und Wissen zu den Unwissenden, um die „wie du mir, so ich dir" Verhaltensweisen zu überwinden. Sie hilft Menschen sich zu versöhnen und stärkt das Band zwischen Herz und Verstand.

LAOTSE
Meisterlehrer, der den Weg zum Kern der Dinge weist. LAOTSE zeichnet ein zurückhaltendes Wesen aus. Er arbeitet mit allen, die den Weg des lebenslangen Lernens gehen und ihn bitten, seine Weisheiten des Zeitlosen und des Wandels mit ihnen zu teilen. In seiner letzten Inkarnation als Laotse in China verfasste er das „Tao te King", das zusammen mit der Bibel und dem Koran zu dem am häufigsten übersetzten Büchern in der Geschichte der Menschheit gehört.

LORD MAITREYA
Meisterlehrer und Führer der Gemeinschaft der Meisterlehrer, obwohl diese Führung aus einem Team besteht. Sein Name *Maitreya* bedeutet im Sanskrit „der Liebende", „der Gütige", „der Vereiniger aller Welten" und auch „der Buddha, der wiederkehrt". In Japan wird

er *Miroku* und in China *Mi-lo Fu* genannt. Sein Ziel ist es, den Menschen die Schuppen von ihren Augen zu nehmen, ihnen die Stöpsel in den Ohren zu erweichen ... all die Dinge zu entfernen, die sie davon abhalten, wirklich zu sehen, zu hören und zu wissen. Er hat die Absicht, als Weltenlehrer in der dichten Materie zu erscheinen, zusammen mit einem Team von Meisterlehrern und Außerirdischen Verbündeten. Bevor Atlantis seine volle Blüte erreicht hatte, kam er auf Bitten des SANAT KUMARA zur Erde und arbeitete in Atlantis mit GAUTAMA BUDDHA freudvoll daran, die Menschenfamilie spirituell voranzubringen. Er sieht sich selbst als einen liebenden Lehrer für die Erweiterung des Bewusstseins, der jedem hilft, seinen eigenen Weg zu gehen.

MOHAMMED
Menschen Seele, die die Menschen ermutigt, im Glauben an den einen Gott ihre Führung zu finden. Gottes Führung empfängt der Mensch in der Stille und im Gebet. Gottes Führung anzunehmen bedeutet, die eigenen Lebensaufgaben und das dazugehörende Leben anzunehmen, denn im Islam zu leben bedeutet, Gott ergeben zu sein. Heute beschäftigt sich der Meisterlehrer damit die Menschenfamilie in aller Welt im Glauben an einen Gott der Menschenfamilie zu einen. Dazu arbeitet er eng mit Lord Maitreya und Yeshua zusammen. In Mitten all der Konflikte in der Welt bemüht er sich, den Menschen die Affinitäten und Verbindungen zwischen den Kulturen und Glaubensrichtungen vor Augen zu halten. In der Schönheit der arabischen Schrift offenbart sich dieser Hauch des einen Gottes. Sie ist Musik für die Augen. Jeder Buchstabe lehrt, dass er einen Teil seiner Identität

aufgeben muss, um sich mit dem nächsten Buchstaben zu einem Wort zu vereinen. Nur so kann eine größere Einheit mit Bedeutung entstehen.

MUTTER MARIA
Menschen Seele, bekannt und verehrt durch ihren letzten inkarnierten Seelenaspekt: die Mutter von Yeshua (Jesus) von Nazareth. Licht, Liebe und Mitgefühl machten Mutter Maria tadellos, rein, sauber und bereit, um mit einem Aspekt ihrer Seele Yeshua von Nazareth die geeignete Mutter sein zu können. Es sind die Reinheit ihres Geistes und die Ehrlichkeit ihres Herzens, weshalb gerade sie für diese Aufgabe ausgewählt wurde. Der aktuelle Fokus von MUTTER MARIA als Meisterlehrerin ist der Aufbau einer verbesserten Lebensbasis für Mütter und Kinder. Durch Liebe, Mitgefühl und Unterstützung will sie eine Welt aufbauen, in der Mütter und Kinder frei und geschützt agieren, in der Mütter und Kinder körperlich, geistig, emotional und spirituell gesund leben können. Das beginnt mit dem Zuhause und der Familie.

MIYAMATO MUSASHI
Meisterlehrer aus Japan. In seiner letzten Inkarnation lebte er als Samurai mit demselben Namen von 1584-1645 in Japan und verfasste das Weisheitsbuch „Fünf Ringe“ (japanisch *Gorin-no-sho*). Darin lehrt er den Weg des Kriegers weg von den dunklen Aspekten der Waffen hin zur empfänglichen inneren Leere und damit zum Frieden.

MORYA
Eine alte Menschen Seele, vielfach auf der Erde mit Aspekten inkarniert, unter anderem als die weithin bekannten Noah, Abraham, König Melchior, König

Arthur, Großmogul Akbar und Thomas Moore. Doch schon während der Zeit der Reiche von Lemurien und Atlantis hat er große Veränderungen miterlebt und gestaltet. Sein heutiger Fokus als Meisterlehrer liegt darauf, die Führer der Menschheit als spiritueller Wegbegleiter zu erreichen und ihnen zur Seite zu stehen. Er möchte ihnen die Augen öffnen für das was wirklich ist, damit sie ändern, was jetzt geändert werden muss, einreißen und abbauen, was weg muss und retten, was gerettet werden muss.

OMSTARA
Conree Seele aus dem Sternbild Cygnus. Während der Zeit von Atlantis und später in Ägypten hat sie einige Inkarnationen auf der Erde verbracht. Als Meisterlehrerin arbeitet sie mit und durch die Energie der Freude, um der Dunkelheit in jedem einzelnen entgegenzuwirken. Freude lehren, Freude überall hin tragen und verbreiten, ist ihr Beschäftigung und große Passion zugleich. Sie unterstützt die Gemeinschaft der Meisterlehrer außerdem beim Aufbau progressiver Bewegungen.

SAINT GERMAIN
Conree Seele vom Sternbild Cygnus, Lenker des siebten, violetten Strahls, Meisterlehrer und Heiler, Herr des Wassermann-Zeitalters und der violetten Flamme. Seine Aufgabe ist es, die Menschen zu unterstützen, körperlich, geistig, emotional und spirituell zu heilen, sodass das Individuum auf die Absicht seiner Seele reagieren und ihr folgen kann.
Er meldete sich vor rd. 70.000 Jahren freiwillig für den Dienst auf der Erde. Es folgten bekannte (und noch unbekannte) Inkarnationen in dichter Materie. Zunächst als Adam und anschließend als Hohepriester

in Atlantis (vor rd. 11.500 Jahren). Nach dem Untergang von Atlantis entstanden mehrere Enklaven, in denen diejenigen, die entkamen, die geistigen Lehren und den geistigen Reichtum der Erde mitnahmen, so zum Beispiel in Ägypten. Saint Germain ging jedoch nach Norden in das, was man heute Europa nennt. Er arbeitete zunächst daran den Flüchtlingen aus Atlantis zu helfen und die spirituellen Lehren am Leben zu erhalten. Die Flüchtlingssiedlungen der ehemaligen Atlanter standen miteinander in Kontakt, aber der Kontakt ließ irgendwann nach. An diesem Punkt verließ Saint Germain die Erde, ging zurück nach Hause ins Sternbild Cygnus und arbeitete mit anderen Zivilisationen. Sein Herz hing jedoch traurig den Ereignissen auf der Erde hinterher und so beschloss er, zur Erde zurückzukehren, um heilend zu helfen. Seine Seele inkarnierte sodann mit vielen aufeinanderfolgenden Aspekten, bevor er den Pfad des Meisterlehrers wählte, u.a. als Samuel der Prophet im 11. Jh. vor Chr.; Joseph von Nazareth; als Saint Alban in England, 300 n.Chr.; als Gründer der Platon-Akademie in Athen im 5. Jh.; als Merlin, Ratgeber von König Arthus zwischen dem 5. und 6. Jh.; als Karl der Große (Charlemagne), Kaiser Europas, 747-814; als Roger Bacon, englischer Philosoph und Naturforscher, 1220-1292; als Christopher Columbus, Entdecker Amerikas, 1451-1506; als Francis Bacon, englischer Alchemist, Philosoph und Autor, 1561-1626 und zuletzt als Graf von Saint Germain, 1684-1784, Sohn von Graf Franz II Rákóczi.

SANAT KUMARA
Der SANAT KUMARA, der Herr der Welt und geistiges Oberhaupt des Planeten Erde, ist Titel und Name

zugleich. Seine Aufgabe ist es seit nunmehr fast 19 Millionen Jahren die Pläne für die spirituelle Entwicklung des Planeten Erde gemäß dem göttlichen Plan zu orchestrieren, zu beaufsichtigen und umzusetzen und zwar in allen Königreichen und Dimensionen. Er verkörpert auf der ätherischen Ebene die Seele der Erde, ZONCRIET, die der Erde ihre Lebendigkeit verleiht. SANAT KUMARA ist selbst eine Deva Seele vom Planeten Venus. Seine Aufgabe endet, wenn alle Wesen der Erde sich mit dem Schöpfer und der Schöpferin wiedervereint haben, oder, wenn das Projekt Erde scheitert.

SHO
Conree Seele von den Plejaden. Anfangs kam er zur Erde um dabei zu helfen, die Energien auszubalancieren, die in Atlantis außer Kontrolle gerieten. Das gelang nicht und Atlantis ging unter. SHO blieb als Beobachter und bot Hilfe an, wo sie gewollt war. Aspekte von SHO sind mehrfach auf der Erde inkarniert, unter anderem als Hildegard von Bingen (1098-1179) und William Blake (1757-1827). Heute vertritt er die Plejaden im Stellaren Rat der Erde und steht der Gemeinschaft der Meisterlehrer als Freelancer für Trouble Shooting und bei der Begleitung von inkarnierten Seelenaspekten zur Verfügung.

WHITE EAGLE
Menschenseele mit den Erfahrungen von tausenden inkarnierter Aspekte, u.a. als Hohepriester in Atlantis mit den Namen Zodan, als ägyptischer Hohepriester Is-Ra, als Maya Häuptling Ha-Wa-Tah und als Hiawatha, großer Mohawk Häuptling des Sechs-Völker-Bundes der Irokesen. Der Sechs-Völker-Bund der Irokesen inspirierte Benjamin Franklin zum ‚Albany Plan‘. In

dieser Inkarnation erschien er auch den Vätern der amerikanischen Unabhängigkeitserklärung am Tag der Unterzeichnung und sagte: „Gott hat den Menschen Amerika gegeben, um frei zu sein." White Eagle arbeitet seit der Zeit von Atlantis mit Inkarnationen von Saint Germain zusammen. So rettete er beispielsweise spirituelles Wissen von Atlantis nach Ägypten. Heute arbeitet White Eagle als Meisterlehrer daran die Menschen wieder zurück in die liebende Brüderlichkeit zu führen. Er zeigt den Menschen auf vielfältige Art, dass sie stets in ein Ganzes eingebunden sind.

YESHUA
Meisterlehrer, der heute mit religiösen und nicht-religiösen Gruppen daran arbeitet, den aktuellen spirituellen Entwicklungsprozess der Menschheit zu unterstützen. Er ist jedoch besser bekannt als Jesus von Nazareth. Sein Name aber, und darauf legt er Wert, ist Yeshua, nicht Jesus, denn er wurde in eine jüdische Familie geboren. Er antwortet aber auch allen, die ihn als Jesus anrufen. Seine Mission als Yeshua von Nazareth war es, die Mitglieder der Menschen Familie über ihre Beziehung zueinander, zu ihrer eigenen Seele und zu Gott aufzuklären. Sein Leben als spirituelles Wesen begann auf einem Planeten in der Nähe des äußeren Randes unserer Galaxie. Dort verbrachte er einige Zeit bevor er mit den Sesplenianer, den Lebenswebern, arbeitete. Als er sich im Sternbild des Orion aufhielt, traf er zum ersten Mal das Wesen, das die Menschen als Lord Maitreya kennen. Seither arbeiten sie intensiv zusammen. Sein spirituelles Leben auf der Erde begann, als er mit einer Gruppe von Freiwilligen von den Plejaden zusammen mit Lord Maitreya während der lemurischen Zeitgeschichte

hierher kam.

Yeshua hat mehrere Leben auf der Erde verbracht, sprich Zeiten, in denen Aspekte seiner Seele hier inkarniert waren. Sein Leben als Yeshua (Jesus) wird nach seiner eigenen Auffassung am besten von Edgar Cayce beschrieben. Aber alle Geschichten über dieses Leben – sei es in Schriftrollen, Bücher, Kodizes, Gemälden und Skulpturen – kreieren Vorstellungen von ihm und Erwartungen für den Tag, an dem er zurückkehrt. Und das hat Yeshua in der Tat in sehr absehbarer Zeit im Gefolge von Lord Maitreya vor.

Er sagt, seine schwierigste Herausforderung wird es sein, die Menschen davon zu überzeugen, dass er der ist, der er behauptet zu sein, und nicht der, den die Menschen erwarten. „Die Chancen stehen gut, dass ich nicht der bin, für den sie mich halten. Ich bin nicht der Retter der Welt und ich kehre nicht zurück, um jemanden zu verurteilen."

Printed in Poland
by Amazon Fulfillment
Poland Sp. z o.o., Wrocław

21863796R00224